Medienprojekte in Kindergarten und Hort

Sabine Eder
Norbert Neuß
Jürgen Zipf

Medienprojekte
in Kindergarten
und Hort

Das Nachschlagewerk
für eine kreative Medienarbeit
mit Kindern

im Auftrag der
Niedersächsischen Landesmedienanstalt
für privaten Rundfunk
(NLM)

Schriftenreihe der NLM
Band 3

Die Deutsche Bibliothek - CIP-Einheitsaufnahme

Eder, Sabine:
Medienprojekte in Kindergarten und Hort / Sabine Eder ; Norbert
Neuß ; Jürgen Zipf. Im Auftr. der Niedersächsischen
Landesmedienanstalt für Privaten Rundfunk (NLM). - Berlin : VISTAS,
1999
    (Schriftenreihe der NLM ; Bd. 3)
    ISBN 3-89158-236-6

Herausgeber:
Niedersächsische Landesmedienanstalt
für privaten Rundfunk (NLM)
Seelhorststraße 18
D-30175 Hannover

Schriftenreihe der NLM, Band 3

Copyright © 1999 by
VISTAS Verlag GmbH
Kurfürstendamm 96
D-10709 Berlin
Tel.: 030 / 32 70 74 46
Fax: 030 / 32 70 74 55

e-mail: medienverlag@vistas.de
internet: www.vistas.de

Gestaltung: **schmidtgrafik**, Göttingen
Druck: BOSCH-DRUCK, Landshut

Inhalt

Medienpraktische Projekte rund um die Sinne

Medienpädagogische Elternarbeit

Vertiefungen

Verwendete Symbole:

Materialien   Wichtiger Hinweis   Literaturtips   Vertiefung

Vorwort

Medienpädagogik ist in aller Munde. Seitdem sich unsere und die mediale Umwelt unserer Kinder vervielfacht hat, wird deutlich, daß sich auch die pädagogischen Institutionen mit den medialen Alltagserfahrungen der Kinder beschäftigen müssen. Bisher bleibt es allerdings oft bei der theoretischen Erkenntnis – die praktische Umsetzung findet nicht statt. Jugendschutz in den Medien kann sich nicht einseitig auf Verbote oder die Kontrolle der Einhaltung von Zeitgrenzen beschränken. Medienpädagogik fungiert hier als Ergänzung und nicht als Ersatz für die Verantwortlichkeit der Medienanbieter, den Jugendschutz und die dafür einschlägigen Bestimmungen zu beachten. Eine sinnvolle präventive Medienerziehung muß notwendigerweise bereits im Kindergarten ansetzen, da in diesem Alter die Grundlagen für den Umgang mit Medien gelegt werden. Der bewahrpädagogischen Ansatz, den Kindergarten als medien- oder fernsehfreie Zone zu erhalten, ist in Anbetracht der alltäglichen Mediennutzung von Kindern im Vorschulalter nicht haltbar und nicht zu verantworten.

Mit diesem Buch legt die Niedersächsiche Landemedienanstalt für privaten Rundfunk (NLM) in Zusammenarbeit mit dem Verein Blickwechsel e.V. nicht ein weiteres theoretisches Werk zur Medienpädagogik vor. Vielmehr halten Sie ein »Rezeptbuch« in Händen, das die praktische Arbeit vor Ort unterstützt und allen Interessierten die Durchführung eines medienpädagoischen Projektes in Kindergarten oder Hort ermöglicht. Es werden verschiedene »Rezepte« mit dem notwendigen theoretischen Rüstzeug vorgeschlagen und um die Liste der erforderlichen »Zutaten« ergänzt. Ich hoffe, daß der vorliegende Band Sie anregt, Projekte dieser Art praktisch durchzuführen. Sie werden feststellen, daß Medienpädagogik Kindern sowohl einen aktiven und selbstbestimmten Umgang mit den Medien vermitteln als auch Spaß machen kann. Falls Sie dabei Unterstützung und Hilfe brauchen, wenden Sie sich bitte an uns.

Hannover, im März 1999

Reinhold Albert

Direktor der Niedersächsischen Landesmedienanstalt für privaten Rundfunk (NLM)

Leseleitfaden

Liebe Leserin, lieber Leser,

Diese Publikation entstand aus der gemeinsamen Praxis von Erzieherinnen und MitarbeiterInnen des »Blickwechsel e.V.«. Während des Projekts »Medienpädagogische Qualifizierung von ErzieherInnen« – das Konzept finden Sie auf Seite 19ff – wurden medienpädagogische Praxisprojekte entwickelt, im Kindergarten und Hort durchgeführt und in einem Bericht dokumentiert. Einige dieser Praxisberichte wurden für dieses Buch aufgearbeitet.

Die Symbole, die den jeweiligen Medienprojekten zugeordnet sind, verraten bereits ein wenig über deren Inhalt. Sie finden stets einen kurzen Projektüberblick vor den detaillierteren Beschreibungen. Letztere beinhalten neben der Darstellung der einzelnen Projekttage unter anderem die medienpädagogischen Zielsetzungen, eine Auflistung der benötigten Materialien, Reflexionen über die Medienprojekte sowie Hinweise und Tips zu ihrer Durchführung.

Die Elternbildung gehört zur unserer Gesamtkonzeption und wird in diesem Buch exemplarisch vorgestellt: Im letzten Teil des Buches finden Sie drei Beispiele zur Zusammenarbeit mit Eltern.

Die Vertiefungen in diesem Buch befassen sich mit allgemeinen medienpädagogischen Thematiken und können als Hintergrundtexte gelesen werden.

Wir hoffen, daß Sie bei der Lektüre auf Anregendes stoßen und wünchen Ihnen viel Spaß dabei!

Sabine Eder
Norbert Neuß
Jürgen Zipf

10

Norbert Neuß

»Fernsehen in der Tupperdose«
Umgang mit Medienerlebnissen
im Kindergarten

Zur Einleitung möchte ich zwei kurze Geschichten aus unterschiedlichen
Kindergärten erzählen, um daran drei Perspektiven zu verdeutlichen:
die Perspektive der Kinder, der ErzieherInnen und der Eltern.
Diese drei Perspektiven werden in diesem Buch nicht getrennt,
sondern zusammen gedacht.

Fernsehen in der Tupperdose

Fünf Kinder eines dörflichen Kindergartens sitzen beim Frühstück an einem Tisch. Sie haben ihre Tupperdosen aufgeklappt, essen.ihre Brote, saugen an ihren Milchtüten und erzählen sich folgendes:

Maik[1]: *Was siehst du?*

Lena: *Ähm, Bruder Esel.*

Maik: *Wen?*

Lena: *Jetzt kommt gerade Werbung. Onkel Dittmaier.*

Benni: *Bei mir läuft was anderes.*

Maik: *Was denn?*

Benni: *Knight Rider. Mit KITT, dem Auto, das alles kann.*

Silvi: *Ich gucke lieber Pocahontas. Das haben wir auf Video.*

Benni: *Ne' Mädchensendung. Hihi* (Benni lacht).

Silvi: *Die ist so schön. Die hat ganz lange schwarze Haare.*

Till: *Ähm, und ich habe Notruf gesehen.*

Benni: *Das habe ich auch schon mal gesehen. Da ist einem Kind was passiert, so mit einem Garagentor, voll auf das drauf.*

Maik: *Und dann?*

Benni: *Und dann kam die Mutter, und dann kam der Krankenwagen angedüst und hat das Kind gerettet. (...)*

Die hochkant aufgerichten Frühstücksdosen dienen als Bildschirm für die Vorstellungen und medialen Erinnerungen der Kinder. Sie sitzen ruhig am Tisch und unterhalten sich beiläufig über das gesehene oder vielleicht auch über das gewünschte Fernsehprogramm. Dabei füllen sie den symbolischen Bildschirm mit ihren Phantasien, Bewertungen und Wünschen. Ob die fünfjährige Lena tatsächlich »Bruder Esel« gesehen hat (21.15 Uhr) oder diese Sendung von den Eltern oder Geschwistern aufgeschnappt hat, bleibt unklar.

Wesentlich ist jedoch, daß die Kinder selbständig eine Form gefunden haben, sich über ihre Medienerlebnisse auszutauschen. Für die Kinder wird diese zum morgendlichen

[1] Alle Namen sind in diesem Buch geändert. Geschlecht und Alter sind beibehalten.

Ritual, bei dem das Pausenbrot als Fernbedienung eingesetzt wird. Wie an dem Gespräch zu erkennen ist, deuten die Kinder Identifikationen mit Medienfiguren an, ohne diese genauer ausführen zu können oder zu müssen. Während Maik in diesem Gespräch eher die Rolle des interessiert Fragenden einnimmt, bestimmt Benni den Gesprächsverlauf. So greift er den einzigen Gesprächsimpuls von Till auf und thematisiert daran ein eigenes problematisches Medienerlebnis. Till kommt nicht mehr zu Wort.

Kino in der Bauecke

Ebenfalls in einem dörflichen Kindergarten spielt sich folgendes ab: Drei Kinder verteilen, noch bevor der Morgenkreis beginnt, kleine Zettel, die sie als Eintrittskarte zum Kino bezeichnen. Die Kinder erklären, daß es »gleich, in der Bauecke auf dem Flur« losgehe. Als ich die Bauecke betrete, sitzen schon einige Kinder auf Bänken um eine aus Kästen zusammengestellte Burg. Die drei Kinder kündigen »Die Dalmatiner«, »Den Glöckner« und »Den König der Löwen« gleichzeitig an. Sie stehen nun in ihrer Burg, heulen wie kleine Hunde und hüpfen hin und her. Diese Handlung wiederholt sich mehrmals und stellt den Walt-Disney-Film »101 Dalmatiner« dar. Als nichts Neues in dem Rollenspiel passiert, wird das Publikum unruhig, und einige gelangweilte Kinder gehen. Nun entsteht unter den drei SchauspielerInnen ein Gespräch, bei dem es um den weiteren Verlauf »des Films« geht. Es sollen die Rollen der »Hexe« und des »Scar« verteilt werden. Keiner der SchauspielerInnen will aber diese bösen Figuren spielen. Die Kinder bemerken die Unterbrechung und beenden die Vorstellung mit dem Satz: »Wir müssen uns noch beraten.« Für die DarstellerInnen als auch für die ZuschauerInnen bleibt dies etwas unbefriedigend.

Die Kinder haben hier einen eigenständigen Versuch zur Bearbeitung ihrer Medienerlebnisse unternommen, allerdings haben zwei Umstände ihren »Film« gestoppt und ihre Weiterbearbeitung behindert. Zum einen gab es Probleme mit der Rollenverteilung des ›Bösen‹, zum anderen hat jedes der drei Kinder sein aktuell erinnertes Medienerlebnis in das Rollenspiel eingebracht und dadurch das Entwickeln einer gemeinsamen Szene erschwert. Gerade bei Rollenspielen, die Medienerlebnisse von unterschiedlichen Kindern aufgreifen, sind pädagogische Hilfestellungen nötig. Jedes Kind denkt zunächst an seine eigenen medienbezogenen Figuren, Handlungen oder Szenen, die es gern spielen möchte. Um zu einem gemeinsamen Rollenspiel zu kommen, ist jedoch das nötig, was die Kinder am Ende ihres »Films« feststellen: gegenseitiges Beraten und Austauschen.

Medienerlebnisse aus Kinderperspektive

Für Kinder gehören die Medien, die Medienangebote und die Medienerlebnisse zur unittelbaren Erlebniswelt. Kinder leben heute nicht mehr mit oder ohne Medien sinnvoll oder nicht sinnvoll, sondern sie leben in Medienwelten. Die von Erwachsenen immer noch vorgenommene Vorstellung von zwei Welten, nämlich der realen Welt, in der man echte Erfahrungen macht und der künstlichen Welt der Medien, in der man nur Erfahrungen aus zweiter Hand macht, greift zu kurz, weil Kinder über mediale Angebote ihre Gespräche organisieren, ihre Wünsche äußern und Handlungen gestalten. Bestimmte Medienerlebnisse werden Teil der eigenen Identität und Selbstdarstellung. Kinder eigenen sich die sie umgebende Welt mit ihren Mitteln und Möglichkeiten an. Ihre symbolischen Formen der Weltaneignung sind das Spiel, das Gespräch, das Phantasieren sowie das Zeichnen und Gestalten. Darin werden auch Medienerlebnisse verwoben und sichtbar.

Zur Medienkompetenz gehört es in besonderem Maße, die Fülle der Fernseherlebnisse bzw. aller Medienerlebnisse zu verarbeiten. Wie die beiden Geschichten andeuten, tun Kinder das kontinuierlich, in dem sie ihre Tobespiele mit den für sie relevanten Figuren ausstatten, sich in beiläufigen Gesprächen über Filme unterhalten oder indem sie assoziativ vor sich hinträumen. ErzieherInnen können immer wieder beobachten, wie wichtig Gespräche über Fernsehsendungen oder Medienfiguren zur Behauptung des Status von Kindern in der Gruppe sind.

Die Gespräche über die Fernseherlebnisse am Frühstückstisch und das organisierte Kino sind für diese Kinder selbstverständlicher Teil der Umweltaneignung. Für sie ist das nichts Besonderes, sondern etwas Alltägliches und Nötiges.

Medienerlebnisse aus ErzieherInnenperspektive

Anders geht es häufig ErzieherInnen. Ihnen fallen Medienspiele der Kinder eher negativ auf: zum einen, weil sie darin keine eigenständigen Spielinhalte sehen, sondern Nachahmung, zum anderen, weil Medienspiele andere Gruppenaktivitäten stören. Außerdem werden darin Hinweise auf nicht kindgerechte Medienrezeption gesehen. Diese Befürchtungen sind teils berechtigt, teils unberechtigt. Denn zunächst ist es für ErzieherInnen schwer feststellbar, was die Kinder in der Familie tatsächlich gesehen haben und wie die Familie mit dem Fernsehen umgeht. Hat Lena wirklich »Bruder Esel« gesehen oder hat sie das beim morgendlichen Frühstück aus einem Gespräch zwischen Vater und Sohn aufgeschnappt? Vieles bleibt Spekulation – was ein klärendes Gespräch mit den Eltern nicht gerade erleichtert. Denn ein Kind, das häufig Medienerlebnisse äußert, ist nicht automatisch ein Vielseher und ein Kind, das von sich aus überhaupt keine Medienerlebnisse äußert, ist nicht unbedingt eines ohne Medienerlebnisse.

Dennoch sind die Bedenken von ErzieherInnen ernst zu nehmen. Sie stellen fest, daß Kinder, schon bevor der Kindergarten beginnt, ihre erste »Fernsehportion« bekommen haben. Den sich daran anschließenden kindlichen Äußerungen, die als aggressiv, laut und störend wahrgenommen werden, stehen die ErzieherInnen dann nicht immer offen und engagiert gegenüber, sondern skeptisch, ärgerlich und ablehnend. »Wie können die Eltern das nur zulassen, daß Kinder schon vor dem Kindergarten den Fernseher anschalten?« fragt eine Erzieherin ratlos. ErzieherInnen erleben sich dann als diejenigen, die ausbaden müssen, was in der Familie falsch oder problematisch läuft. Häufig lähmt diese Opferperspektive auch den Glauben an eigene Handlungs- und Beeinflussungsmöglichkeiten. Doch wie sollen ErzieherInnen mit den Medienerfahrungen der Kinder im Kindergarten umgehen? Wie können sie ihnen konstruktiv begegnen? Die vorangegangenen Beispiele von Kindern zeigen selbstgefundene Möglichkeiten, Medienerlebnisse auszudrücken. Diese und andere Formen sollten im Kindergarten nicht unterbunden, sondern unterstützt werden. Obwohl aufgrund von Medienerlebnissen auch viele Kampf- und Abenteuerspiele stattfinden, sind dies längst nicht die einzigen Formen kindlicher Bearbeitung. Beide Beispiele deuten die Notwendigkeit von pädagogisch angeleiteten Methoden an. Denn:

▶ Bei den selbstgefundenen Ausdrucksmöglichkeiten bearbeiten die Kinder ihre Medienerlebnisse in sozialen Situationen des Kindergartens. Nicht jedes Kind kann sich in der Gruppe mit seinen individuellen Medienerinnerungen einbringen und durchsetzen.

▶ Kinder spielen eher positiv erlebte Medienfiguren nach; problematisch erinnerte Medienerlebnisse werden häufig umgangen.

▶ Die Vielzahl der Medienerlebnisse und die Identifikation mit dem Guten erschwert beim Rollenspiel die Entwicklung einer gemeinsamen »Filmgeschichte«.

Deshalb zeigt dieses Buch, wie ErzieherInnen die üblichen Formen der kindlichen Weltaneignung nutzen können, um Kinder bei der Bearbeitung ihrer Medienerlebnisse zu unterstützen. In diesem Buch wird ein konstruktiver Ansatz der Medienerziehung vorgestellt, der akzeptiert, daß Medien und Medienerfahrungen von Kindern in ihrer Entwicklung eine immer bedeutendere Rolle spielen. Ein möglicher Ort für eine spielerische Bearbeitung und Begleitung der kindlichen Medienerfahrungen ist der Kindergarten. Ansatzpunkt für eine auf die Lebenswelt der Kinder bezogene Kindergartenpädagogik können die medienbezogenen Spiele und Gespräche sein. »Ausdrucksstarke, das heißt intensive und extensive Medienspiele sprechen deshalb eher für einen Kindergarten und für das pädagogische Konzept von Erzieherinnen« (BARTHELMES u.a. 1991, S. 103). Dabei geht es um das Aufgreifen und Bearbeiten der Medienerfahrungen von Kindern mit Hilfe von medienpraktischen Angeboten und Projekten.

Die Grundlage für dieses Vorgehen ist das Akzeptieren und Annehmen der kindlichen Erfahrungen. Der erste Schritt zu einem pädagogischen Handeln muß also sein, herauszubekommen, welche Rolle die Medien und ihre Figuren für die Kinder spielen. Dieses medienpädagogische Handeln fördert eine aktive Auseinandersetzung mit den aktuellen Themen und Figuren. Außerdem sollen Kinder schon im Kindergarten Medien nicht nur als »Konsuminstrumente« sondern auch als »Gestaltungs- und Produktionsinstrumente« kennenlernen. Den Kindern wird ein spielerischer Freiraum angeboten, den sie für die Auf- und Bearbeitung ihrer Medienerfahrungen nutzen können. »Nicht um Verbote oder Miesmachen geht es, sondern darum, die in den Fernsehthemen und -zeichen gebundenen Gefühle in unmittelbare Formen der Weltaneignung zu überführen« (ROGGE 1992, S. 128). Das stellt jedoch hohe Anforderungen an die Flexibilität des Kindergartens und speziell an die einzelnen ErzieherInnen. Diese fühlen sich hinsichtlich medienpädagogischer Fragestellungen oft unsicher und nicht ausreichend aus- und fortgebildet. Folgende Fragen treten in Gesprächen mit ErzieherInnen immer wieder auf:

▶ Wie lassen sich die medienbezogenen Äußerungen der Kinder verstehen?

▶ Welche medienpädagogischen Projekte kann man mit Kindergartenkindern umsetzen?

▶ Wie können wir medienpädagogische Maßnahmen gegenüber den Eltern oder anderen ErzieherInnen begründen?

▶ Wie können wir die Eltern in die medienpädagogische Arbeit einbeziehen?

▶ Wo können wir Unterstützung bekommen?

Medienerlebnisse aus Elternperspektive

Eltern bekommen von den medialen Äußerungen der Kinder im Kindergarten und den Gefühlen der ErzieherInnen kaum etwas mit. Gerade wenn Kinder aus Sicht der Eltern zu viel oder zu nicht kindgemäßen Zeiten fernsehen, hoffen sie, daß ihre Kinder nicht allzu offen über ihre Medienerlebnisse sprechen. Dahinter steht die Befürchtung, sich einer pädagogischen Belehrung von Seiten der ErzieherInnen aussetzen zu müssen. Hervorgerufen wird diese Befürchtung auch durch das schlechte Gewissen der Eltern, bei der Erziehung der Kinder etwas falsch zu machen. Das Ergebnis vieler Gespräche von Eltern und ErzieherInnen ist dann häufig Konfrontation. Die Eltern erkennen nicht immer, daß sie mit ihrem Erziehungsverhalten im allgemeinen und ihrer Medienerziehung im besonderen auch in andere Bereiche hineinwirken. Sie meinen, daß es Familiensache sei und die ErzieherInnen nichts angehe, wann, was und wie oft das Kind fernsieht.

Hier treffen zwei Parteien mit unterschiedlichen Wertesystemen aufeinander. Es tritt die Problematik des »bizentralen Erziehungssystems« (Vgl. HUPPERTZ/SCHINZLER 1985, S. 190ff) auf. Das bedeutet, daß zwei Gruppen von InteressenvertreterInnen mit ihren jeweiligen Erziehungszielen auf das Kind Einfluß nehmen wollen. Gerade beim Fernsehen treten diese Interessenunterschiede deutlich hervor und behindern zumeist ein ehrliches Gespräch. Weil »Fernsehen« als schwieriges Gesprächsthema zwischen ErzieherInnen und Eltern wahrgenommen wird, bleibt es häufig ganz tabuisiert.

Ziel des Buches

In diesem Buch werden unsere Fortbildungskonzeption und deren Ergebnisse vorgestellt. Diese Konzeption führt zu einer berufsbezogenen und berufsangewandten medienpädagogischen Qualifizierung und versetzt ErzieherInnen in die Lage, eigene Projekte im Kindergarten zu planen und durchzuführen. Diese Praxisarbeit ermöglicht konstruktive Auseinandersetzungen zwischen Eltern, ErzieherInnen und Kindern zu medienbezogenen Themen. Die beschriebenen Projekte sind Ergebnisse der gemeinsamen Arbeit von ErzieherInnen und den MedienpädagogInnen des Blickwechsel e.V.. Es wird deutlich, wie vielfältig und notwendig medienpädagogischen Arbeit im Kindergarten sein kann. Dieses Buch soll Anregungen und Hilfestellungen für die Durchführung eigener medienpädagogischer Projekte anbieten.

Norbert Neuß, Blickwechsel e.V.

Stufenweise medienpädagogische Qualifizierung von ErzieherInnen

Das Konzept

Die bisherigen Erfahrungen des Blickwechsel e.V. zeigen, daß ErzieherInnen großes Interesse an medienpädagogischer Fortbildung haben. Neben dem Wunsch nach allgemeinen Informationen zum Thema ›Kinder und Medien‹ tritt immer wieder die Frage auf, welche medienerzieherischen Projekte man im Kindergarten durchführen kann. Medienpädagogische Fortbildungsveranstaltungen finden aber in der Regel außerhalb des Alltags in renommierten Bildungs- und Fortbildungsinstitutionen in Form von Tagungen statt. Über diese Arbeit hinaus ist eine solche »Feiertagsmedienpädagogik« erweiterungsbedürftig. Medienpädagogik muß dort ihre Angebote machen, wo Menschen mit Medien umgehen, nämlich in deren Alltag und in deren Arbeits- und Lebenswelt. Deshalb muß Medienpädagogik neben zentral organisierten Angeboten verstärkt einen flexiblen Einsatz vor Ort bereitstellen.

Oftmals sind monokausale Gefährdungstheorien Grundlage für stark moralisierendes oder verbotsorientiertes Erziehungsverhalten. Deshalb ist es ein Fortbildungsziel, ErzieherInnen dafür zu gewinnen, Medien als einen Bestandteil der kindlichen Alltagswelt zu erkennen, um dadurch zu positiven, unterstützenden Erziehungsmaßnahmen zu gelangen. Das bedeutet, den Wechsel innerhalb der Medienpädagogik von der eindimensionalen Medienwirkungstheorie zu den nutzen- und rezeptionsorientierten Ansätzen nochmals zu vollziehen, jetzt jedoch als praktisches Fortbildungsangebot für ErzieherInnen. Im Gegensatz zur Grundschule lassen sich im Kindergarten offene medienpädagogische Angebote, die von den Kindern nach ihren Bedürfnissen und Interessen wahrgenommen werden können, leichter realisieren. Auch wenn die Rahmenbedingungen im Kindergarten für die Medienerziehung günstig erscheinen, kann von ErzieherInnen Medienerziehung nicht einfach eingefordert werden, zumal in der ErzieherInnenausbildung kaum medienpädagogische Kompetenzen vermittelt werden (vgl. Six u.a. 1998). Deshalb ist es sinnvoll und notwendig, die stufenweise medienpädagogische Qualifizierung von ErzieherInnen anzubieten. Dieses

Fortbildungsmodell wurde aus der medienpädagogischen Praxisarbeit des Blickwechsel e.V. entwickelt. Damit ErzieherInnen qualifiziert werden, selbst medienpädagogische Projekte mit den Kindern durchzuführen, benötigen sie neben medienpädagogischem Fachwissen auch eine persönliche Form der Praxisbegleitung. Medienpädagogik wird im Sinne einer »Erlebnis- und Handlungspädagogik« initiiert. Das mittlerweile mehrfach durchgeführte Fortbildungsmodell verknüpft somit die medienpädagogische Qualifizierung von ErzieherInnen mit der medienpädagogischen Praxisarbeit im Kindergarten. Die dadurch gewährte Verzahnung von Informationsvermittlung, alltags- und lebensweltorientierter Analyse kindlicher Mediennutzung sowie praktischer Medienerziehung hat unter anderem den Vorteil, daß auch Hindernisse bei der Umsetzung einer tragfähigen Medienpädagogik erkannt werden können.

»Projektorientierte Fortbildung« bedeutet also, daß ErzieherInnen medienpädagogische Projekte selbständig entwickeln und im Fortbildungsverlauf gemeinsam mit anderen ErzieherInnen und MedienpädagogInnen planen, ausprobieren und reflektieren. Jeweils zwei ErzieherInnen eines Kindergartens nehmen an der Fortbildung teil und führen gemeinsam die medienpädagogischen Projekte als gruppenübergreifendes oder als gruppeninternes Angebot in ihrem Kindergarten durch. Während der konkreten Planungs-, Durchführungs- und Dokumentationsphase bekommen sie die flexible Unterstützung der MedienpädagogInnen. Dabei bietet die Projektmethode den großen Vorteil, daß die medienpädagogischen Kompetenzen direkt im Arbeitsprozeß angeeignet werden. Lern- und Vermittlungsprozesse werden innerhalb dieser Fortbildung so gestaltet, daß Handlungen und Reflexionen sowie die sachlich-medienpädagogischen Themen aufeinander bezogen sind und eine Einheit bilden. Die Durchführung von medienpädagogischen Projekten ist für die ErzieherInnen ein forschendes Lernen in einer Gruppe, bei der sie diesen Lernprozeß selbst mitgestalten und mitsteuern. Dieser Freiraum an Gestaltungsmöglichkeit macht es möglich, die medienpädagogischen Projekte speziell auf die Bedingungen des jeweiligen Kindergartens (vgl. S. 43 in diesem Buch) und die Bedürfnisse der Kinder zu beziehen. Im folgenden wird beschrieben, wie der didaktische Aufbau dieser Fortbildungskonzeption aussieht.

Projektorientierte Fortbildung

»Projektorientierte Fortbildung« impliziert ein mehrstufiges Vorgehen, bei dem die Selbständigkeit und Selbsttätigkeit der ErzieherInnen Grundlage ist. Sie bekommen eine komplexe Fortbildung angeboten, die durch die Projektorientierung die Nähe zum Erziehungsalltag in den Kindergärten herstellt. Die folgende Schritte der Fortbildung erstrecken sich über einen Zeitraum von ca. einem Jahr.

Zweitägige Grundlagenfortbildung mit allen ErzieherInnen zu medienpädagogischen Grundfragen

Da die Fortbildung von außen initiiert ist, werden zunächst die Erwartungen der ErzieherInnen in all ihren Facetten eruiert und das Konzept sowie der medienpädagogische Ansatz vorgestellt. Außerdem werden medienpädagogische Problemlagen in den einzelnen Kindergärten und medientheoretische Informationen (z.B. Medienalltag der Kinder, Medienwirkungen, Wahrnehmung) aufeinander abgestimmt, um den ErzieherInnen praxisrelevantes Wissen zu vermitteln. Davon ausgehend werden gemeinsam mit den ErzieherInnen die relevanten Themen der Kinder besprochen und in entsprechende medienpädagogische Projekte integriert. Jedes Team hat am Ende dieser Grundlagenfortbildung eine erste Idee für ein medienpraktisches Projekt im eigenen Kindergarten.

Vierwöchige Vertiefungs- und Konzeptionierungsphase des Projektes innerhalb der einzelnen ErzieherInnenteams

In der folgenden Zeitspanne arbeiten die einzelnen Teams ihre Projekte weiter aus. Dabei soll Klarheit über Zielsetzung, Dauer, Vorgehensweise und mediale Bearbeitungsmöglichkeiten geschaffen werden. Damit die ErzieherInnen ihre Projekte medienpädagogisch einordnen, begründen und reflektieren können, bekommen sie von den MedienpädagogInnen eine dem Thema entsprechende Literaturauswahl zugesendet. Wenn innerhalb dieser Vertiefungs- und Konzeptionierungsphase Schwierigkeiten oder Fragen auftreten, so werden die ErzieherInnen durch die MedienpädagogInnen individuell beraten.

Eintägige Vorbereitungsfortbildung

Während dieser eintägigen Fortbildung stellt jedes ErzieherInnenteam die Konzeption und Idee des medienpädagogischen Projekts der Gesamtgruppe vor. Neben den didaktischen Zielen und dem Vorgehen im Kindergarten werden auch ganz konkrete Fragen (z.B. Zeitplan, benötigtes Material usw.) besprochen. Durch die gegenseitigen Rückfragen und Anmerkungen überdenken die Teams nochmals ihre Konzeption und räumen Unklarheiten aus. Am Ende dieses Fortbildungstages hat jedes Team einen medienpädagogischen Projektplan für den eigenen Kindergarten fertiggestellt.

Phase der Durchführung und Dokumentation
innerhalb der beteiligten Kindergärten

Innerhalb der nächsten Wochen werden die unterschiedlichen Einheiten so ausgeführt, wie die einzelnen Teams sie ausgearbeitet haben (ein- oder mehrtägige Aktionen, ein- oder mehrwöchige Maßnahmen). In dieser Phase unterstützen die MedienpädagogInnen die ErzieherInnen lediglich bei der Dokumentation und Reflexion des Projektes. Von besonderer Wichtigkeit für die Fortbildungskonzeption ist die sorgfältige Dokumentation der Projektverläufe innerhalb der unterschiedlichen Kindergärten. Die Dokumentation sollte neben einzelnen Kurzinterviews mit Kindern und ErzieherInnen auch Videoaufzeichnungen und Fotos einschließen. Am Ende jedes einzelnen Projektes steht eine unmittelbare Reflexionsrunde mit dem ErzieherInnenteam.

Eintägige Nachbereitungsfortbildung –
Berichte und Reflexion über den Verlauf der Projekte

In dieser Phase der Fortbildung geht es darum, daß die ErzieherInnen den Verlauf ihres Projektes den anderen ErzieherInnenteams anschaulich vorstellen (Mediendidaktik). Dazu benutzen die ErzieherInnen ihre medialen Dokumentationen (Video, Foto, Ton usw.). Deshalb muß das gesammelte Material vor dieser Fortbildung von den ErzieherInnen gesichtet und mit Hilfe der MedienpädagogInnen hinsichtlich der mediendidaktischen Brauchbarkeit und der medienpädagogischen Relevanz überprüft werden. Bedeutsame medienpädagogische Szenen müssen erkannt und sondiert werden. Gemeinsam mit anderen ErzieherInnenteams reflektieren sie ihre Projekte und Erfahrungen. Dies Phase bringt insbesondere transformierbare Ergebnisse bezüglich medienpädagogischer Elternbildung hervor.

Sechswöchige Verschriftlichungsphase des Projektes

Jedes ErzieherInnenteam schreibt einen kurzen Bericht über die medienpädagogische Einheit. In diesem Bericht sind die grundlegende Idee, die didaktischen Ziele, der Ablauf (Zeitplanung, benötigtes Material usw.), eine anschauliche Schilderung des Verlaufs (persönliche Meinung von Kindern und ErzieherInnen) sowie kritische Anmerkungen und Hinweise enthalten. Bei der formalen und inhaltlichen Gestaltung werden die ErzieherInnen von den MedienpädagogInnen unterstützt.

Halbtägige Feedback-Fortbildung

Zum Abschluß der stufenweisen medienpädagogischen Qualifizierung findet eine Gesamtreflexion des Fortbildungsmodells statt. Die Ergebnisse werden für die Weiterentwicklung des Qualifizierungsprojekts genutzt.

Folgende Aspekte heben die ErzieherInnen in ihrem persönlichen Resümee über die Fortbildung und den Fortbildungsverlauf hervor:

Bewertung des Fortbildungsmodells

► Das ErzieherInnenteam: Obwohl die Projektkonzeption vorsieht, daß jeweils zwei ErzieherInnen aus einem Kindergarten gemeinsam an der Fortbildung teilnehmen, ist es nicht allen Einrichtungen möglich gewesen, zwei ErzieherInnen zu entbehren. Das liegt vor allem an der Größe des Kindergartens und des dort arbeitenden Teams. In einem großen Team von z.B. zwölf ErzieherInnen können die KollegInnen die Fehlzeit der teilnehmenden ErzieherInnen besser ausgleichen. Dies ist gerade für kleinere Kindergärten, wie sie in den dörflichen Regionen vorkommen, problematisch. Die am Projekt beteiligten ErzieherInnenteams bestätigen jedoch, daß es gut ist, zu zweit an der Fortbildung teilzunehmen. Dafür gibt es mehrere Gründe. Zum einen empfinden sie es als angenehm, das erarbeitete medienpädagogische Wissen nach den Fortbildungen gemeinsam zu diskutieren und so offene Fragen zu klären. Zum anderen vereinfacht dies die Planung, Durchführung und Dokumentation eines medienpädagogischen Projektes im eigenen Kindergarten.

► Mehr Sensibilität: Eine ErzieherIn beschreibt die »Wirkung der Fortbildung« folgendermaßen: »*Der Informationsblock am Anfang war für mich ganz wichtig. Ich verstehe jetzt mehr von den Kindern und habe mehr Verständnis für sie. Bei mir hat es wirklich so etwas wie einen Blickwechsel gegeben. Das haben auch die Kinder gemerkt, daß ich da sensibler wurde. Die kamen zu mir und merkten, daß man da jetzt mit mir reden kann. Ich wurde offener für ihre Erfahrungen und die erzählten mir einfach viel mehr. Ich nehme einfach viel mehr Medienspuren wahr.*« Daß die ErzieherInnen nicht nur die Informationen der Fortbildung aufgenommen und verstanden, sondern auch praxisnah angewendet haben, zeigt diese Aussage. Ganz selbstverständlich benutzt diese ErzieherIn das medienpädagogische Fachwort »Medienspuren«. Erfreulich ist auch, daß die Einstellung der Erzieherin auf die Kinder eine Wirkung hat und sie diese bei den Kindern wahrnimmt und reflektiert. Eine andere Erzieherin bringt etwas ähnliches auf die Kurzformel:

»Ich lasse mehr zu«. Damit meint sie die offenere und interessiertere Haltung gegenüber den Medienerlebnissen und den geäußerten Verarbeitungsformen.

▶ Alltagssituationen noch stärker bearbeiten: Mehrere ErzieherInnen betonen, daß sie gerade die Rollenspiele und das Üben von Gesprächen zu Kinderzeichnungen außerordentlich hilfreich finden. Medienerziehung kann sinnvoll in die alltägliche Arbeit integriert werden, wenn deutlich an den erzieherischen Alltagssituationen angeknüpft wird. Das bedeutet, situations- und handlungsorientiert zu arbeiten, indem die Alltagssituationen und -erfahrungen zu medienbezogenen Spielen, Gesprächen und Spielarrangements bearbeitet und analysiert werden.

▶ Finanzielle Spielräume: Die finanzielle Unterstützung der Niedersächsischen Landesmedienanstalt hat den ErzieherInnen Freiräume bei der Projektplanung und Dokumentation ermöglicht. Ein Erzieher formuliert das folgendermaßen: *»Wir haben für unser Projekt zwar nur 150 Mark Materialkosten gebraucht, aber das ist sonst schon sehr schwierig.«* Damit ist eine Problematik angerissen, die insbesondere die Medienarbeit im Kindergarten betrifft. Projektarbeit und insbesondere medienbezogene Projektarbeit kostet mehr, als der übliche Erziehungsalltag. Häufig stehen jedoch gerade kleineren Einrichtungen sehr begrenzte finanzielle Mittel zur Verfügung. Die ErzieherInnen kommen so häufig in Entscheidungsnot, z.B. entweder neues Bastelmaterial anzuschaffen oder ein Projekt durchzuführen.

▶ Intensive Elternarbeit: *»Ich muß sagen, so einen intensiven Elternabend haben wir selten gehabt. Die wurden richtig hineingenommen in das Thema. Sonst schlafen die gleich ein. Man mußte eher sagen, daß wir jetzt zum Ende kommen müssen.«* Bei der erfolgreichen Durchführung der Elternabende haben sicherlich auch die jahrelangen Erfahrungen, Methoden und Kompetenzen der MitarbeiterInnen vom Blickwechsel e.V. eine Rolle gespielt. Dennoch zeigen die Berichte der Elternabende, daß ihre thematische und methodische Unterschiedlichkeit auch sehr stark mit der Durchführung der medienpädagogischen Projekte und dem Engagement der ErzieherInnen zusammenhängen.

▶ Dokumentation: Belastung und Sensibilisierung: Als Belastung empfanden die ErzieherInnen das Verschriftlichen des eigenen Projektes und der damit gemachten Erfahrungen.

Obwohl die MedienpädagogInnen das Abtippen übernommen haben, ist das Aufschreiben als Hemmnis wahrgenommen worden. Allerdings bestätigt eine Erzieherin, daß die sorgfältige Dokumentation auch Lernmöglichkeiten eröffnet und Sensibilität fördert: *»Als ich mir das noch mal angehört habe und gleichzeitig alles abgeschrieben habe, sind mir Sachen aufgefallen, die habe ich ja währenddessen gar nicht so gehört. Aber anstrengend war es doch. Ich meine, das habe ich ja alles am Feierabend gemacht.«* Die Reflexion von Ereignissen läuft im Kindergarten zumeist im kollegialen Gespräch. Die Aufgabe der Dokumentation und Verschriftlichung stellt eine hohe Herausforderung für ErzieherInnen dar, eröffnet jedoch auch neue Reflexionsmöglichkeiten. Für zukünftige Projekte muß überlegt werden, wie diese Reflexionsarbeit noch stärker durch die Begleitung der MedienpädagogInnen unterstützt werden kann.

▶ Wirkungen im Kindergartenteam: Dieses Modellprojekt mit seiner umfangreichen Fortbildungskonzeption hat über die persönliche Qualifizierung der einzelnen ErzieherInnen auch zu einer Beschäftigung mit dem Thema in den beteiligten Kindergärten geführt. Das Team hat durch die qualifizierten ErzieherInnen »Fachfrauen« bzw. »Fachmänner« für medienpädagogische Fragen in der eigenen Einrichtung erhalten. So gab z.B. in einem Kindergarten das durchgeführte Projekt den Anstoß für unterschiedliche Folgeprojekte in anderen Gruppen des Kindergartens. Dabei hat die qualifizierte ErzieherIn die Beratung der KollegInnen übernommen und die erworbenen Kenntnisse weitervermittelt. Das zeigt, daß die stufenweise medienpädagogische, berufsbezogene und berufsangewandte Qualifizierung effektiv, praxisnah und erfolgreich verlaufen ist.

▶ Eine medienpädagogische Basis: Auch an der folgenden Aussage einer Erzieherin kann man ablesen, daß neben der praktischen Qualifikation auch eine inhaltliche Basis für die Legitimation von Medienpädagogik im Kindergarten geschaffen wurde. Dies ist eine Grundlage, die über das technische Handhaben von Medien weit hinausgeht: *»Die Fortbildung hat mir eine gute Basis gegeben für Medienpädagogik. Da holt mich so schnell keiner runter. In der Ausbildung hatten wir ja nur ›technische Mittler‹, wir nannten das ›Knöpfchenkunde‹. Aber das ist doch was ganz anderes. Gut, Geräte muß man auch bedienen können, aber das ist zu wenig.«*

Wie dieses Projekthandbuch zeigt, ermöglicht die medienbezogene Projektarbeit das notwendige Verständnis für spezifische Verhaltensweisen der Kinder. Es geht in Zukunft weiterhin darum, Erfahrungsbereiche der Kinder, ErzieherInnen und Eltern miteinander zu verknüpfen und zu kultivieren. Das bedeutet auch, zukünftig Projekte zu entwickeln und durchzuführen, die sich nicht ausschließlich an eine Zielgruppe richten, sondern die Erfahrungen unterschiedlicher Zielgruppen für einen gegenseitigen Lernprozeß zu nutzen.

1. Vertiefung:
Rollenspiele in der medienpädagogischen Ausbildung

»Rollenspiel ist das Erfahren eines Problems unter unbekannten Bedingungen und zwar in der Absicht, dadurch eigene Gedanken zu erweitern und eigenes Verständnis zu gewinnen.«

(MORRY VAN MENTS)

Das Rollenspiel als Konfliktlösungsmöglichkeit und Interaktionserprobung

Rollenspiele befähigen Menschen, sich in andere hineinzuversetzen, andere Erwartungen wahrzunehmen und eigene Bedürfnisse in den Interaktionsprozeß einfließen zu lassen, um einen gemeinsamen Konsens zu finden.

Immer wieder kommt es im Kindergarten zu Auseinandersetzungen zwischen ErzieherInnen und Kindern, wenn letztere ihre Medienerlebnisse nachspielen oder SpielzeugheldInnen mitbringen. Deshalb stellt das Rollenspiel ein wichtiges Element in der Qualifizierung von ErzieherInnen dar, denn es erlaubt, sich Konfliktsituationen auf eine kreative Weise zu nähern.

Rollenspiele sind eine Sonderform des darstellenden Spiels. In der medienpädagogischen Ausbildung können sie auf eine bessere Bewältigung von Alltagssituationen vorbereiten und stellen damit ein Mittel zur Förderung von oben genannten Grundqualifikationen dar. Ausgangspunkt für den Einsatz von Rollenspielen ist zumeist eine Problemsituation, in der die Beteiligten nicht mehr weiterwissen. Im Spiel wird versucht, die »Knackpunkte« des Problems zu entdecken und den Problemknoten Stück für Stück zu lösen. Dem Problem wird dadurch notwendiger Diskussionsraum zur Verfügung gestellt, ohne daß sich die Diskussion auf den Austausch von gegensätzlichen Positionen reduziert. Durch einen Rollenwechsel kann man sich in eine andere Rolle hineinversetzen. Zum Beispiel übernimmt die Erzieherin die Rolle eines Kindes, mit dem sie in einen Konflikt geraten ist, und ein Kollege schlüpft in die Rolle der Erzieherin und gestaltet diese nach deren Vorgaben aus. Man reagiert und agiert dabei anhand einer bestimmten »Rollenidentität« auf das Spiel der MitspielerInnen. Die Perspektive, die dabei eingenommen wird, läßt sich mit folgenden Fragen umschreiben:

▶ Was will ich, und was erwarte ich
von den anderen?

▶ Was erwarten und was wollen
die anderen von mir?

▶ Wie weit will, kann und muß ich
darauf eingehen?

▶ Was akzeptieren die anderen von dem,
was ich von ihnen erwarte?

Sich in einem Rollenspiel mit diesen
Fragen zu befassen, ermöglicht es, einen
anderen Blick auf eine Situation zu werfen.
Die Spielenden sehen dabei mit den Augen
der anderen. Je intensiver der/die Spieler-
In die Position der anderen wahrnimmt
und empathisch mitfühlend versteht, desto
mehr steigert sich seine/ihre soziale Sensibilität und ebenso seine/ihre Selbstwahr-
nehmungsfähigkeit. So können Motivatio-
nen, Einstellungen und Positionen anderer
erkannt und eigenes Verhalten analysiert
werden. Nur wer »sich mit dem eigenen
Erleben und der eigenen Person auseinandersetzt, ist zu einem kreativeren, flexible-
ren Verhalten und angemesseneren Pro-
blemlösungen fähig« (VOGELSANG 1994,
S. 146). Dies geschieht bei einem Rollenspiel inmitten einer simulierten, aber
erlebten bzw. erfahrbar gemachten Handlung. Die Beobachtung des eigenen Selbst
aus einer gewissen Distanz heraus bietet
die Möglichkeit, eigene Einstellungen und
Verhaltensweisen zu überdenken und

wenn nötig zu korrigieren. Im Unterschied
zur erlebten Wirklichkeit interagieren die
SpielerInnen bei dieser Form des problem-
orientierten Rollenspiels relativ angst-
und sanktionsfrei. Es wird eine »Quasi-
Realität« hergestellt, in der zwar die Gefühle als real erlebt werden, Folgen allerdings
nicht zu befürchten sind.

Zu Beginn des Rollenspiels werden in
der Spielgruppe einige Punkte zu seiner
Ausgestaltung geklärt:

▶ Es besteht immer die Möglichkeit, das
Spiel zu unterbrechen und etwaige Störun-
gen zu thematisieren.

▶ Die zu spielende Situation kann eine
tatsächliche oder eine ausgedachte Situation sein.

▶ Die von einem Konflikt betroffenen
Personen sollen möglichst nicht sich selbst
spielen, sondern sinnvollerweise die Rolle
des Gegenübers einnehmen.

▶ Die Spielenden können (nach Abspra-
che) aus der Handlung aussteigen und die
Rollen tauschen, um dadurch das gleiche
Spiel um kleine Variationen zu erweitern.

▶ Die Dauer des Rollenspiels wird von
den Spielenden festgelegt. Durch ein Zeichen geben sie bekannt, wann das Spiel
beendet ist. Danach verbleiben sie noch in
ihren Rollen und die Spielleitung übernimmt die Moderation.

Die ErzieherInnen werden nach einer
Aufwärmphase (Klatschspiele, rasche

Interaktionsspiele) gebeten, sich z.B. in Dreier-Teams (Gruppengröße je nach Spielsituation) zusammenzusetzen und sich in etwa 20 Minuten auf eine Konfliktsituation zu verständigen. Anschließend sind sie aufgefordert, die Rollen zu verteilen und das Spiel ein-, zweimal zu proben. Dabei kommt es nicht darauf an, Texte auswendig zu lernen, sondern zu versuchen, den Konflikt herauszuarbeiten. Auf kleinen Kärtchen können sich die SpielerInnen Notizen zur Ausgestaltung der Rolle machen (Name, Alter, Charakter, Verhaltensweisen, Ziele etc). Diese »Rollenkarte« auszufüllen, hilft, die übernommene Rolle im Spiel authentischer einzunehmen. Für die SpielerInnen ist es wichtig zu wissen, daß sie tatsächlich die Rolle einer Person spielen und nicht sich selbst. Das gibt ihnen einen sog. »Rollenschutz« und verhilft zur notwenigen Distanz für die Reflexion (nicht sie, sondern eine andere Person verhält sich so oder so). Die Spielleitung übernimmt in der Vorphase und nach dem Spiel die Moderation (je nach Absprache auch während des Spiels). Die zuschauenden ErzieherInnen werden von der Spielleitung gebeten, das Rollenspiel genau zu beobachten: *»Bitte schaut genau hin, beobachtet die Situation! Wo erkennt ihr einen Konflikt?«* Die SpielerInnen begeben sich nun in die fiktive Situation. Die Spielleitung führt kurz in das Geschehen

ein. Diese Phase gehört bereits zum Spiel, da sie die einzelnen Charaktere nach ihrem Rollennamen, nach ihrem Befinden und nach der aktuellen Situation befragt. Den imaginären Raum, in dem die Szene abläuft, läßt sich die Moderation ebenfalls beschreiben. Durch diese Rollenbefragung und die Beschreibung des Raumes finden die SpielerInnen leichter in die Spielhandlung hinein, und die Inszenierung wird für die ZuschauerInnen greifbarer.

Der Verlauf des Rollenspiels »Tot, tot, tot«

Dann wird gespielt. Die Dialoge ergeben sich aus den vorher kurz skizzierten Rollen. Gespielt wird die nun folgende Konfliktsituation, der wir im Nachhinein den Titel: »Tot, tot, tot« gegeben haben. Die Situation gliedert sich in zwei aufeinander aufbauende Szenen, die sich in einem Kindergarten zugetragen haben. Folgende Rollen wurden für die Darstellung benötigt: ein Junge, Nico (4), ein Mädchen, Katrin (4) und Mona, eine Erzieherin (32).

Szenenteil I

Diese Szene spielt im Morgenkreis. Die Kinder erzählen, was sie am Vortag alles erlebt haben. Die Erzieherin Mona begrüßt die Kinder und eröffnet das allmorgendliche Ritual:

Mona: »*Guten Morgen. Also ich bin gestern spazierengegangen, und da sind mir ganz viele Marienkäfer aufgefallen. Die saßen auf den Blumen, das fand ich sehr schön, und ich habe mich gefreut. Willst du mal erzählen, was du erlebt hast, Nico?*«

Nico: »*Ich hab' gestern wieder Mario gespielt, und dann bin ich mit dem Bus gefahren, und dann bin ich in den Kindergarten gekommen.*«

Mona: »*Hm, wo spielst du denn Mario?*«

Nico: »*Zuhause.*«

Mona: »*Mit jemandem zusammen oder alleine?*«

Nico: (entrüstet) »*Alleine!*«

Mona: »*Hm.*«

Nico: »*Morgens, vor'm Kindergarten!*«

Mona: »*Hm, und was ist das, Mario?*«

Nico: »*Da spielt der Mario mit und der ist dann immer tot!*«

Mona: »*Hm, ist das ein Freund von dir?*«

Nico: »*Nee, der ist im Fernsehen, und dann springt der immer, und dann wird der immer kleiner, und dann ist der tot!*«

Mona: »*Das ist so eine Figur? Und was machst du dann dabei?*«

Nico. »*Ich muß da immer auf so ein Ding drücken!*«

Mona: »*Hm!*«

Katrin: »*Das ist aber ein komisches Spiel!*«

Szenenteil II
Spielhandlung in der Puppenecke.
Freispiel.

Mona: »*Ihr könnt euch was zum Spielen suchen...*«

Katrin: (zu Nico)»*Wo wollen wir denn hingehen?*«

Nico: »*In die Puppenecke. Du bist die Mutter!*«

Katrin: »*Dann deck' ich jetzt denTisch!*« (deckt den Tisch)

Mona: »*Braucht ihr noch etwas?*«

Katrin: »*Eine Tischdecke!*«
(Erzieherin geht und sucht eine Decke)

Mona: »*Ich habe keine Decke gefunden!*«

Katrin: »*Wir brauchen jetzt auch keine mehr, geht auch ohne!*«

Katrin: »*Bitteschön, dein Frühstück!*«

Nico: »*Willst du auch was trinken?*«

Katrin: »*Nee, ich mag jetzt nicht trinken. Und was machen wir jetzt?*«

Nico: (springt plötzlich, hüpft durch den Raum und brüllt) »*Tot, tot, tot!*«

Katrin: (springt auch auf, hüpft und brüllt) »*Tot, tot, tot!*«

Mona: (schüttelt bestürzt den Kopf) »*Was ist das denn jetzt wieder?*«

Die Spielhandlung wird hier von den SpielerInnen beendet. Das geschieht in der Regel kurz nach der Eskalation, also dem Höhepunkt des Konfliktes. Die SpielerInnen bleiben danach auf ihren Plätzen und in ihren Rollen. In die nun folgende Diskussion werden die SpielerInnen miteinbezogen, und zwar als die Personen, deren Rollen sie eingenommen haben. Die Spielleitung moderiert und strukturiert die Diskussion, sie achtet darauf, daß die SpielerInnen mit ihren Rollennamen angesprochen werden. Das ist wichtig, da sonst der Rollenschutz verletzt wird.

Moderartorin (M) zur Erzieherin Mona:
> *»Wie geht es dir jetzt?«*
Mona: *»Ich bin etwas verstört, weiß nicht, warum die so rumhüpfen und »tot« rufen, weiß nicht, was ich da machen soll«*
M: *»Und Du Nico, wie geht's Dir?«*
Nico: *»Gut!«*
M: *»Und dir Katrin?«*
Katrin: *»Gut, das ist lustig!«*

Die Spielleitung befragt nun die ZuschauerInnen nach dem Verlauf des Rollenspieles:
> *»Was ist vorgefallen, was habt ihr beobachten können?«*

Die ZuschauerInnen erläutern ihre Sicht: Daß die Erzieherin im Morgenkreis wenig mit Nicos Aussagen anfangen konnte, war ihnen aufgefallen. Und trotz ihres Nachfragens konnte sie nicht klären, wer oder was denn »Mario« letzendlich sei.

M: *»Hat Nico das bemerkt, daß sie damit nichts anfangen konnte?«*
Zuschauerin (Z):
> *»Ja, schon, der fühlte sich, denke ich, ganz gut, etwas erklären zu dürfen. Der fand das wohl auch normal, daß sie nicht wußte, was ›Mario‹ ist!«*
Z: *»Aber die Erzieherin hat seine Ausführungen unkommentiert stehen lassen!«*
M: (an Mona) *»Wie war das für dich, warst du etwas enttäuscht darüber, daß Nico soviel über dieses ›Mariospiel‹ in den Morgenkreis eingbracht hat?«*
Mona: *»Nein, ich wollte schon Interesse zeigen für das, was er zu erzählen hat (...)«*
M: *»Habt ihr es auch so erlebt, das sie Interesse zeigte?«*
Z: *»Nein, eher nicht. Das Interesse war für Nico gar nicht verständlich, das war so ein typisches Erwachseneninteresse: ›Was ist das? Was macht man da und da?‹ Damit kommt man an das Kind nicht ran!«*
M: (an Nico) *»Wie war das für dich?«*
Nico: *»Ich dachte, na, die hat ja keine*

Ahnung. Ich habe mich dann so
richtig toll gefühlt, ich konnte
meiner Erzieherin was erzählen,
was sie nicht kennt!«

M: (an die ZuschauerInnen) *»Die nächste*
Szene spielte in der Puppenecke, was
habt ihr da gesehen?«

Die ZuschauerInnen schildern wieder
ihre Beobachtungen. Einige waren ebenfalls sehr überrascht darüber, daß Nico
plötzlich aufsprang und »tot, tot, tot« rief.
Andere vermuten, daß eine häusliche
Situation (Tisch decken) nachgespielt
wurde und für Nico das Computerspielen
dazugehörte. Die Situation gibt ihm also
den Impuls für sein Tun, und Katrin spielt
dann einfach mit.

Z: *»Genau, die findet das toll. Wenn da*
ein Kind anfängt, was zu rufen oder
zu machen, dann ist das bei den
anderen Kindern oft so, daß sie ein-
fach mitmachen!«

Z: *»Die Frage ist ja, wieweit*
soll/darf/muß man in so ein Rollen-
spiel der Kinder eingreifen. Die zie-
hen sich ja extra zurück, um in
Ruhe ein Spiel aufzubauen. Dieses
›tot, tot, tot‹ ist erstmal
erschreckend und man sollte sie im
Auge behalten. Beobachten ja, ein-
greifen nein!«

Z: *»Ich wäre da, glaube ich, dazwi-*
schen gegangen!«

M: (zu Mona) *»Was ging dir durch*
den Kopf?«

Mona: *»Ich war hilflos, ich wußte nicht,*
was ich machen sollte, da hab
ich nur den Kopf geschüttelt und
was gemurmelt« (...) *»Das Wort*
›tot‹ hat mich erschreckt, völlig
losgelöst so einfach in einem
netten Spiel, das hat mich nach-
denklich gemacht. Das kam ja
schon mehrere Male vor!«

M: (zu Nico) *»Wie kommst du denn*
dazu, sowas zu spielen und zu
rufen?«

Nico: *»Weil mir das gefällt. Ich finde*
das gut, wie der Mario da hüpft,
und dann ist der weg, dann ist
der tot. Ich finde das gut, weil
der immer hüpft, und hüpfen
finde ich toll!«

In der Diskussion werden die »Knackpunkte« mehr und mehr eingekreist.
Dadurch, daß mehrere über die gleiche
Situation reden, kommen vielfältige
Gesichtspunkte und auch Bewertungen der
Situation zur Sprache. Hierbei erleben alle,
wie vielschichtig ein und dieselbe Situation
sein kann. Es besteht nun die Gelegenheit,
den Konflikt erneut zu spielen. Hierbei
können verschiedene Modifikationen vor-

genommen werden. So kann entweder eine Zuschauerin die Rolle der Erzieherin übernehmen und nach ihrer Auffassung interpretieren, oder aber die gleiche Spielerin bringt eigene Verhaltensänderungen in die Ausgestaltung der Rolle ein. Es wird deutlich, wie unterschiedlich Interaktionen in einem ähnlichen Kontext ablaufen können. Nach einiger Zeit werden die SpielerInnen und die ZuschauerInnen wieder aus ihren Rollen entlassen. Dieser Abschluß, den die Spielleitung übernimmt, ist außerordentlich wichtig und notwendig: Aus der sehr emotionalen Bindung an eine Rolle müssen die Spielenden entlassen werden, um ihre Rolle wieder aus einer objektiv-distanzierten Haltung betrachten zu können. Denn das Spiel braucht Hingabe, die Analyse bedarf der Distanz. Erst wenn die Distanz aus dem Rollenspiel erreicht wurde, kann eine Analyse des Geschehenen erfolgen. In der Auswertungsphase wird das Rollenspiel von »außen« betrachtet und das medienbezogene Spiel von Nico und Katrin beurteilt. Einige Punkte wurden bereits in der ersten Diskussionsphase erläutert: Kinder reagieren häufig sehr impulsiv auf Spielideen von anderen, insbesondere dann, wenn diese so ausgefallen sind wie Nicos. Dieser erschreckt uns durch seine Ausrufe »tot, tot, tot«. Das liegt daran, daß für viele Erwachsenen das Thema »Tod« oder »Töten« im Zusammenhang mit Kindern oftmals noch ein Tabuthema ist.

ErzieherIn (E):   »*Es ist nicht so ein Thema wie Essen!*«

E: »*Das würde ich nicht pauschalisieren, für mich ist der Tod kein Tabuthema!*«

Moderatorin (M): »*... und töten?*«

E: »*Töten schon eher!*«

E: »*Ist das etwa normal, wenn Kinder Leichenwagen spielen? Ist das so normal, wie wenn sie Autorennen oder Krankenwagen spielen? Ich finde das nicht normal!*«

M: »*Schau genau hin, was spielen sie da? Warum spielen sie das? Warum hüpfen sie denn hoch und spielen tot?*«

E: »*Im Spiel ›Supermario‹ läuft das wirklich so ab, da hat man ein paar Leben und muß Aufgaben lösen. Dabei hüpft die Spielfigur Mario, und wenn die Aufgabe nicht entsprechend gelöst wird, fällt sie runter und ist ›tot‹ oder jedenfalls weg!*«

M: »*Das ist ein guter Hinweis. Der Tod kann, muß aber nicht unweigerlich Nicos Thema sein. Dies wird durch deine Erklärung gezeigt. Das Spiel ist toll, hüpfen ist toll. Das ist etwas, was Nico gerne tut!*«

Wenn wir Nicos Spiel und die Bedingungen genauer betrachten, können wir sein Verhalten besser einordnen. Es zeigt sich, daß Nico in seinem Spiel mit Katrin nicht in erster Linie die Thematik »Tod« behandelt. Der Junge liebt es vielmehr zu hüpfen und herumzutoben. Augenscheinlich macht es ihm auch Spaß, seine Erzieherin durch die Ausrufe »Tot, tot, tot!« zu provozieren. Das Computerspiel »Supermario« erfüllt weitere Interessen und Vorlieben von Nico: Die bunten Bilder, in denen sein Medienheld in der Computersimulation auftaucht, begeistern ihn. Mit Hilfe des Joystick kann er seine Geschicklichkeit ausbauen und ein wenig das Gefühl von gezielter Einflußnahme erleben. All diese Ergebnisse zusammen liefern ein Erklärungsmuster für Nicos Verhalten. Das bedeutet, daß wir nur dann eine Situation angemessen erklären können, wenn wir einfühlsam mögliche Bedeutungen des kindlichen Spielverhaltes interpretieren, ohne zu pauschalisieren. Nur so werden wir die Beweggründe der Kinder erkennen und entsprechende Angebote anbieten oder Gespräche führen können. Ansonsten verlieren wir uns zu leicht in voreiligen Bewertungen, die am Thema eines Kindes oftmals völlig vorbeizielen.

Das Rollenspiel als ein Verfahren in der medienpädagogischen ErzieherInnenausbildung bietet somit eine sinnvolle Möglichkeit, Probleme aus dem Kindergartenalltag in der Simulation widerzuspiegeln und zu bearbeiten. ErzieherInnen können durch diese spielerische Methode ihre oft alltäglich gewordenen Entscheidungs- und Kommunikationsvorgänge reflektieren und den Umgang miteinander neu überdenken.

FREUDENREICH, DOROTHEA / GRÄSSER, HERBERT / KÖBERLING, JOHANNES: Rollenspiel: Rollenspiellernen für Kinder und Erzieher; mit vielen Spielvorlagen; für Kindergärten, Vorklassen und erste Schuljahre. Hannover, Dortmund, Darmstadt, Berlin 1976.

HARTUNG, JOHANNA: Verhaltensänderung durch Rollenspiel. Düsseldorf 1977.

VAN MENTS, MORRY: Rollenspiel: effektiv. Ein Leitfaden für Lehrer, Erzieher, Ausbilder und Gruppenleiter. München 1991.

VOGELSANG, HEIDE: Spielpädagogik: Aspekte und Probleme des Spielens. Göttingen 1994.

2. Vertiefung:
»Ist der Power-Ranger ein Kuscheltier?«
Die Bedeutung von Medienfiguren

Paul stürmt auf die Erzieherin zu und begrüßt sie stürmisch: »*Ich habe heute meinen Power-Ranger mitgebracht. Guck mal, der kann den Kopf drehen und die Beine.*« Die Erzieherin ist etwas überrascht, läßt sich aber den Power-Ranger von Paul zeigen. »*Das sind die Augen. Der kann nämlich überall hingucken*«, erklärt Paul, »*der paßt nämlich auf mich auf. Ich packe den mal in meine Hosentasche. Darf ich den behalten?*« Nachdem sich die Erzieherin den Power-Ranger mit Paul gemeinsam angesehen hat, erklärt Paul noch einmal, daß er ihn in die Hosentasche stecken möchte und jetzt spielen geht. Die Mutter steht, ohne etwas zu sagen, dabei. Die Erzieherin nimmt Paul beiseite und sagt: »*Paul, sieh mal, der ist ganz neu und war sicherlich auch teuer. Du weißt, daß Kuscheltiere erlaubt sind, aber keine Spielsachen. Wenn du willst, kannst du den anderen Kindern den Power-Ranger zeigen, und dann kannst du ihn hier bei uns auf den Schreibtisch legen oder in deinen Rucksack stecken, so daß nichts daran kaputt geht.*« Paul findet das allerdings gar nicht gut und be-schwert sich lautstark: »*Nee, ich mag den gern in meiner Tasche haben.*« Die Erzieherin bekräftigt jedoch die Regelung des Kindergartens und ihre Meinung: »*In der Hosentasche geht er dir aber sicherlich kaputt, weil du ganz viel rumspringst und tobst. Wir legen den jetzt hier auf den Schreibtisch, und dann kannst du ihn auch jederzeit wegnehmen und den anderen zeigen.*« Paul sagt gequält: »*Naa gut.*« Jetzt mischt sich Pauls Mutter in das Gespräch ein und sagt entschuldigend zur Erzieherin: »*Tut mir leid, daß das wieder passiert ist, aber wir hatten es so eilig heute morgen.*« Die Erzieherin weist die Mutter zurecht: »*Ich denke, Sie kennen die Regel. Und wenn Sie jetzt den Power-Ranger nicht mitnehmen, dann packen wir ihn weg. Damit diesem Teil auch nichts passiert.*« Die Mutter sagt kleinlaut: »*Ja, in Ordnung.*«

Außerordentlich unterschiedlich sind die Umgangsweisen des Kindergartenteams und der einzelnen ErzieherInnen mit mitgebrachtem Spielzeug und den Medienfiguren.

Im Folgenden sind drei Formen des Umgangs mit Spielzeug- oder Medienfiguren dargestellt:

Übersicht über den Umgang mit Medienfiguren

1. **Es gibt einen Spielzeugtag in der Woche an dem auch Medienspielzeug mitgebracht werden darf.**

Vorteile für Kinder

▶ Dieses Ritual kann Kindern helfen, nicht jeden Tag einen vertrauten Gegenstand von zu Hause mitnehmen zu müssen.

Vorteile für ErzieherInnen

▶ ErzieherInnen können auf den Spielzeugtag verweisen.

Vorteile für Eltern

▶ Eltern können Kinder auf diesen Tag hinweisen. Die Verantwortung für den Umgang mit mitgebrachtem Spielzeug ist geteilt.

Nachteile für Kinder

▶ Bringt ein Kind eine vertraute Spielfigur außerhalb des Spielzeugtages mit, muß es selbst deutlich machen, daß es sich um eine Kuscheltier handelt.

Nachteile für ErzieherInnen

▶ ErzieherInnen müssen erklären können, warum Spielzeug heute erlaubt und morgen verboten ist.

Nachteile für Eltern

▶ Eltern müssen/sollten sich an den anderen Tagen durchsetzen.

2. **Es ist alles zu jedem Zeitpunkt zugelassen, wenn es durch dieses Spielzeug nicht zu extremen Spielstörungen kommt.**
In diesem Fall käme es in eine Extra-Ecke im Kindergarten.

Vorteile für Kinder

▶ Die Kinder werden mit ihren Bedürfnissen akzeptiert und ihnen wird ein selbständiger Umgang mit dem mitgebrachten Spielzeug eingeräumt.

▶ Außerdem ist mehr Auswahl und Austausch von Spielzeug unter den Kindern möglich.

Vorteile für ErzieherInnen

▶ ErzieherInnen greifen in die Bedürfnisse und Wünsche der Kinder nur dann ein, wenn durch die Spiele mit dem mitgebrachten Spielzeug andere Kinder in ihrem Spiel eingeschränkt oder gestört werden.

Vorteile für Eltern

▶ Wünsche nach immer ›neuem Spielzeug‹ können durch die Form des ›geteilten Spielzeugs‹ im Kindergarten leichter zurückgewiesen werden.

Nachteile für Kinder

▶ Kinder könnten das eigene, mitgebrachte Spielzeug benutzen, um andere Kinder vom Spiel auszugrenzen (»Das ist mein Spielzeug. Damit darfst du nicht spielen«). Besitzdenken wird so verstärkt.

Nachteile für ErzieherInnen

▶ Die ErzieherInnen werden täglich mit Spielzeug konfrontiert, das ihren eigenen Werten und ihrem eigenen ›Geschmack‹ widerspricht. Das erfordert viel Toleranz und eine offene Werthaltung gegenüber diesem Spielzeug.

▶ Außerdem fühlen sich ErzieherInnen stärker in die Pflicht genommen, auf das Spielzeug der Kinder aufzupassen.

Nachteile für Eltern

▶ Eltern müssen damit rechnen, daß das Spielzeug nicht oder nur teilweise wieder mit nach Hause gebracht wird.

▶ Außerdem können durch das Spielen ›neue‹ Spielzeugwünsche beim eigenen Kind geweckt werden (»Ich möchte das auch haben, was der/die hat«).

3. Es ist nicht erlaubt, Spielzeug mitzubringen, weil genügend Spielzeug vorhanden ist. Eine Ausnahme sind Kuscheltiere.

Vorteile für Kinder

▶ Kinder erleben nicht, daß andere Kinder mit dem mitgebrachten Spielzeug ›protzen‹ oder ›angeben‹.

▶ Das eigene Spielzeug kann nicht kaputt gehen.

Vorteile für ErzieherInnen

▶ Allen Kindern steht dasselbe Spielzeug zur Verfügung. Dadurch entsteht möglicherweise weniger Streit und Neid.

Vorteile für Eltern

▶ Da die Regelung durch den Kindergarten vorgegeben ist, können Eltern das Kind darauf verweisen.

Nachteile für Kinder

▶ Kinder müssen ›beweisen‹ oder ›argumentieren‹, daß es sich nicht um ein gewöhnliches Spielzeug handelt, sondern um ein Kuscheltier.

Nachteile für ErzieherInnen

▶ ErzieherInnen müssen mitgebrachtes Spielzeug ›ausspionieren‹ und einsammeln. Dabei müssen sie entscheiden, ob das Spielzeug ein Kuscheltier ist oder nicht.

Nachteile für Eltern

▶ Eltern müssen unter Umständen dem Kind jeden Morgen erklären, daß Spielzeug nicht erlaubt ist.

Zur Bedeutung von Kuscheltieren

Die Bedeutung von Kuscheltieren, Teddybären und Schmusekissen hat der psychoanalytische Forscher WINNICOTT untersucht. Er hat beobachtet, daß die Kommunikation zwischen Kindern und Erwachsenen häufig ihren Weg über Objekte wie z.B. Teddybären oder Schmusekissen nimmt. WINNICOTT bezeichnet sie als *Übergangsobjekte* mit einer eigenen Realität. Ihre Realität liegt im Übergang von Außenwelt und der Innenwelt des Kindes. Da Übergangsobjekte nicht phantasiert, sondern real sind, kann man sie nicht allein der Innenwelt des Kindes zurechnen. Kennzeichnend für das Übergangsobjekt ist sowohl das Gegenständliche als auch das dem Gegenstand zugeordnete Imaginäre, bzw. Illusionäre. Übergangsobjekte sind gleichermaßen gegenständlich und symbolisch. Ihre Funktion liegt in der Unterstützung des Ablöseprozesses des Kindes von der Mutter bzw. von der Familie. »Das Objekt repräsentiert den Übergang des Kindes aus einer Phase der engsten Verbundenheit mit der Mutter in eine andere, in der es mit der Mutter als ein Phänomen außerhalb seines Selbst in Beziehung steht.« (WINNICOTT 1973, S. 25). Durch Stofftiere o.ä. werden diese Prozesse erleichtert und ermöglichen so dem sich ablösenden Kind mehr Autonomie und Bewegungsspielraum. Ein Kuscheltier ist mehr als ein Spielzeug zum Kuscheln. Kinder können ihm auch Geheimnisse erzählen oder es als stummen Vertrauten bei sich haben. Die »Vertrauten« (Gegenstände) bedeuten für Kinder auch eine symbolische Verbindung nach Hause. Mit ihnen kann familiärer Schutz, Geborgenheit, Wärme und Sicherheit verbunden sein. Die Kuscheltiere erinnern die Kinder an anderen Orten z.B. im Kindergarten an die familiäre Verläßlichkeit. Diese Gewißheit ermöglicht es Kindern nach und nach, immer mehr die eigene Selbständig-

keit zu entdecken und zu erweitern. Allerdings ist das, was das Kind bewußt oder unbewußt mit dem Übergangsobjekt verbindet, nicht von außen erkennbar. Deshalb läßt sich an der äußeren Form eines solchen Spiel- oder Kuschelgegenstandes auch nicht erkennen, welche inneren Beziehungen das Kind zu diesem Gegenstand hat. Erst durch Handlungen und den Umgang mit dem Spielzeug zeigt das Kind, ob es mehr als ein Spielzeug ist.

Auch zu Medienfiguren entwickeln Kinder eine innere Beziehung und bearbeiten dadurch häufig eigene entwicklungsbedingte Fragen und Themen. Sie lassen sich folgendermaßen zusammenfassen:

▶ Machtphantasien: stärker sein wollen als andere, weil man sich selbst als schwach erlebt.
▶ Gerechtigkeit: gewitzt, mit List, Tücke und Magie ›das Böse‹ besiegen wollen.
▶ Großwerden: die Angst, erwachsen werden zu müssen, und gleichzeitig der Wunsch, erwachsen zu werden, weil man sich selbst als klein erlebt.
▶ Alleinsein: Einsamkeit, Verlassensein oder -werden.
▶ Umweltkatastrophen und -zerstörung: Bedrohung für die eigene Existenz.
▶ Naturkatastrophen: Ängste im Zusammenhang mit Feuer, Wasser, Blitz u.ä.
▶ Geschlechtlichkeit: Fragen nach dem

eigenen Geschlecht und den damit zusammenhängenden Erwartungen.

▶ Tod und Sterben: Suche nach Erklärungen.

▶ Ich und andere: Freunde finden, Banden gründen.

▶ Erwartungen: Was kommt auf mich zu, z.B. im schulischen Bereich?

▶ Schwangerschaft und Geburt: Wo kommen die Babys her?

▶ Eigentum: Besitz schützen und persönlichen Raum beanspruchen.

▶ Umgang mit Gefühlen: z.B. Eifersucht auf Geschwister.

▶ Übernatürliche Wesen: Verzauberung, Verwandlung, Geister, Gespenster.

Durch Handlungen, Charakter und Aussehen bieten zahlreiche Medienfiguren Kindern eine Möglichkeit, an eigene Themen und Fragen anzuknüpfen. Wenn zum Beispiel ein Kind an »Simba« (aus dem Film »König der Löwen«) eigene Fragen über das »Groß-werden« stellt und sie mit »Simba« bearbeitet, dann hat sowohl die Filmfigur als auch das Stofftier »Simba« eine symbolische Bedeutung. Häufig liegt gerade in diesem Umstand begründet, warum Kinder bestimmte Medienfiguren auch als »echtes« Spielzeug um sich haben möchten. Insofern können auch Medienfiguren möglicherweise Kuscheltiere sein, weil sie auf etwas Innenweltliches (Themen oder Fragen des Kindes) verweisen können. Auch wenn die Spielfigur des Power-Rangers uns von seiner martialischen Ausstrahlung oder seiner ästhetischen Gestaltung nicht besonders gefällt und schon gar nicht kuschelig erscheint, müssen wir dennoch einräumen, daß auch derartige Figuren die Bedeutung eines Kuscheltieres zugewiesen bekommen können.

Norbert Neuß

Der Kindergarten
als Begegnungsstätte

Der Kindergarten stellt einen wichtigen Treffpunkt im Leben von Kindern dar und ist gleichzeitig Lebensraum, in dem wichtige Erfahrungen zur Entwicklung von sozialen, körperlichen, sprachlichen und kognitiven Kompetenzen gemacht werden.

Aufgabe des Kindergartens ist es »... sicherzustellen, daß die Kinder selbst vielfältige sinnstiftende Erfahrungen machen können. Wichtig ist, daß die Kinder im Kindergarten einen akzeptierenden und behaglichen Lebensort finden, wo sie die verwirrenden Erlebnisse des sich schnell verändernden Lebens, das viele Erwachsene in Krisen und Unsicherheiten stürzt, verarbeiten können« (COLBERG-SCHRADER u.a. 1991, S. 24).

Im Kindergarten

► sollen sich Eltern, Kinder und ErzieherInnen wohl fühlen;

► können Kinder kontinuierliche Beziehungen zu Gleichaltrigen und Erwachsenen aufbauen;

► sollen Kinder gerne sein, weil sie dort in ihrer einzigartigen Persönlichkeit angenommen und liebevoll in einem Klima der Toleranz betreut werden und Spaß haben;

► sollen Eltern und ErzieherInnen gemeinsam über Erziehung nachdenken;

► sollen Kinder Themen ihrer Lebenswelt kennenlernen und thematisieren dürfen (z.B. Umwelt, Arbeit usw.).

Individuelle und situative Förderung

Grundsätzlich sollte die ganzheitliche Förderung der individuellen körperlichen, geistigen und sozialen Möglichkeiten eines Kindes zu einer eigenverantwortlich handelnden und gemeinschaftsfähigen Persönlichkeit Ziel und Aufgabe einer Kindertagesstätte sein. Gerade das bedarf keiner festen pädagogischen Programme, die Kindern übergestülpt werden, sondern eines liebevollen akzeptierenden und unterstützenden Umgangs, der sich *situativ* auf die aktuellen Themen, Bedürfnisse und Lebensumstände der einzelnen Kinder einläßt.

40

Alle Formen der Unterstützung können aber nur in der Zusammenarbeit und dem Austausch mit den Eltern gelingen. Deshalb ist es wichtig, mit den Eltern im Gespräch zu bleiben, ihre Sorgen, Nöte und Wünsche aufzugreifen und in die Arbeit einzubeziehen, damit sich auch die Eltern dort wohl fühlen und den Kindergarten als eine gemeinsame Begegnungsstätte mit anderen Menschen für sich und ihre Kinder schätzen lernen können.

Umgang mit Kindern

ErzieherInnen sollten sich als PartnerInnen der Kinder verstehen und *ehrlich* mit ihnen und mit sich selbst umgehen. Das schließt auch ein, Grenzen zu setzen und eigene Gefühle ehrlich zu äußern, solange dies für die Kinder nachvollziehbar ist. Niemand kann immer und jederzeit angemessen und richtig (re-)agieren und jedem Kind in der Gruppe gleichermaßen gerecht werden. Dennoch gibt es bestimmte Verhaltensweisen, die sich als hilfreich im Umgang mit Kindern erweisen.

So erwarten Kinder ganz häufig direkt oder unausgesprochen von Erwachsenen Bewertungen für ihr Tun und Handeln. Es ist wichtig, in solchen Situationen die Subjektivität des eigenen Urteils herauszustellen: nicht *»Das macht man nicht!«*, sondern eher *»Ich finde das nicht gut, weil ...«*; nicht, *»Das hast Du gut gemacht«*, sondern eher *»Mir gefällt das gut, weil...«*. So wird deutlich, daß keine absolute, für jeden allgemeingültige und scheinbar objektive Bewertung vorgenommen wird. Eine subjektiv formulierte Einschätzung läßt Raum für andere Entscheidungen und Meinungen und akzeptiert die Möglichkeit des Irrtums bzw. der Fehleinschätzung.

Das gleiche gilt in ganz besonderem Maße für die Bewertung von Eigenschaften kleiner wie großer Menschen. Deshalb sollte niemals die Person in ihrer Gesamtheit bewertet werden, sondern es muß deutlich sein, daß nur bestimmte Verhaltensweisen stören bzw. gefallen. Nicht *»du bist frech, böse, aufsässig, nervig«*, sondern *»mich macht das sauer, nervös, wütend, wenn du dich so oder so verhältst«*. Nicht *»du bist lieb oder der/die ist lieb«*, sondern *»ich finde das toll oder ich mag das, wenn ...«*.

Genaues Beobachten

Im Spiel setzen sich Kinder aktiv mit ihrer Umwelt auseinander, entwickeln ihre Identität, erproben ihre Fähigkeiten und erwerben soziale Kompetenzen. Besonders sinnvoll ist es deshalb, wenn ErzieherInnen die Kinder und ihre Spielentwicklung genau beobachten, um jeweils angemessene Anregungen zu geben und Materialien bereitzustellen. Das gilt vor allem für solche, die die Phantasie der Kinder anregen und zum Experimentieren herausfordern (vgl. dazu 3. Vertiefung, S. 56). Kinder sollten von ihnen auch ermuntert werden, ihren eigenen Gefühlen und Wünschen Beachtung zu schenken und sie auch zu äußern, ebenso aber sollten Kinder auch lernen können, Verantwortung für ihr Handeln zu übernehmen, Grenzen einzuschätzen und den Freiraum anderer zu respektieren.

Eine partnerschaftliche Beziehung zu Kindern entwickeln

PädagogInnen neigen dazu, stets so nett und verständnisvoll zu sein, daß sie selbst eigene Gefühle verbergen und ignorieren. Das kann dazu führen, daß sie niemals wütend werden, aber auch nie wirklich ausgelassen, lustig oder herzlich sind. Für Kinder ist es dann recht schwer einzuschätzen, mit wem sie es zu tun haben. Wenn Kinder merken, daß Erwachsene ehrlich mit ihren eigenen Gefühlen umgehen, sich ihrer Schwächen bewußt sind und ihr Handeln nachvollziehbar bleibt, kann eine partnerschaftliche Beziehung entstehen. Dabei ist »Bescheidenheit ... eine alte und wichtige pädagogische Tugend. Doch darunter verstehe man nicht die Zurückstellung aller Bedürfnisse – man verstehe darunter auch das Eingeständnis – zumindest sich selbst und gegenüber den Kindern – daß man nicht alles richtig machen kann« (BEHR/ WALTERSCHEID-KRAMER 1990, S. 181).

Konflikte lösen

Wie anderen Erwachsenen fällt es sicher auch ErzieherInnen nicht immer leicht, sich zurückzunehmen, wenn Kinder ein Problem haben oder einen Konflikt durchstehen müssen, zumal sie oft ja auch um Hilfe gebeten werden oder SchiedsrichterIn spielen sollen. Solche Situationen bergen die Gefahr, Lösungen vorweg- oder abzunehmen, die Kinder um die Möglichkeit bringen, selbst Erfahrungen zur (Konflikt-)Lösung zu machen. So wird ihnen vermittelt, daß sie es nicht allein schaffen und es Erwachsene eben besser oder schneller machen oder entscheiden können. Bei jeder Art von Intervention sollte zudem deutlich werden, worum es sich handelt: um einen Wunsch, einen Rat, ein Verbot oder um ein persönliches Urteil. Auf diese Weise wissen Kinder, woran sie sind.

ROGGE, JAN-UWE: Kinder brauchen Grenzen. Reinbek 1993.

COLBERG-SCHRADER u.a.: Soziales Lernen im Kindergarten: Ein Praxisbuch des DJI, München 1991.

Norbert Neuß

Bedingungen von Medienprojekten im Kindergarten

Bei der Durchführung von Medienprojekten in Kindergärten sind insgesamt mindestens vier Aspekte entscheidend, die das Gelingen des Projekts bestimmen.

Kindergarteninterne Verabredungen: Die KollegInnen

In fast jedem Kindergarten werden interne Regeln und Verabredungen getroffen, auf die sich die ErzieherInnen einigen. Insbesondere bei brisanten Themen verständigen sich die ErzieherInnen häufig auf einheitliche Regelungen, damit sie in schwierigen Fragen nicht von den Eltern oder den Kindern gegeneinander ausgespielt werden. Dies ist zumeist auch bei dem Umgang mit Medienfiguren so. Denn es ist für jedes ErzieherInnenteam eine Frage, ob Medienfiguren in den Kindergarten mitgebracht werden dürfen, welchen Stellenwert diese Figuren in der Gruppe bekommen sollen und welche Begründungen dafür Kindern und Eltern gegeben werden. So kommt es innerhalb des Teams zu Verabredungen, die aufgrund von Erfahrungen oder persönlicher Einstellungen zu diesem Thema bestehen.

Durch die Teilnahme einzelner ErzieherInnen an Fortbildungsveranstaltungen verändert oder erweitert sich zumeist ihre Einstellung gegenüber bestimmten Themen. Insofern werden durch den Einfluß und die Ziele einer Fortbildung (siehe dazu S. 19 in diesem Buch) auch die Absprachen des Kindergartenteams berührt und möglicherweise in Frage gestellt. Deshalb ist ein Medienprojekt im Kindergarten immer ein Teamprojekt. Eine Erzieherin dieser medienpädagogischen Fortbildung gibt z.B. zur Rückmeldung: »*Ja, unser Team hat auch ganz gespannt gefragt, was denn da auf der Fortbildung war. Wir haben denen das kurz erzählt. Das ist jedoch nicht so einfach zu vermitteln. Einige haben sich gewundert, daß wir jetzt etwas anders zu diesem Thema stehen. Das hat sie irritiert.*« Weil medienpädagogisches Wissen und medienpädagogische Praxis Bestandteile der Fortbildungskonzeption sind, gewinnt die Medienpädagogik nicht nur für die teilnehmenden ErzieherInnen an Bedeutung, sondern führt auch innerhalb des Kindergartenteams zu einer erneuten Thematisierung und Auseinandersetzung.

Situationsansatz und Offene Kindergartenarbeit: Das Kindergartenkonzept

Eine besondere Qualität der in diesem Buch beschriebenen Projekte liegt in der Verbindung von medienpädagogischer Arbeit und dem Situationsansatz. Dies liegt in der Fortbildungskonzeption begründet, da die ErzieherInnen die medienpädagogischen Projekte selbst durchführen und somit neben dem »medienpädagogischen Blick« auch noch den »gruppen- bzw. kindergarteninternen Blick« besitzen. MedienpädagogInnen, die von außen in den Kindergarten kommen, können zwar durchdachte und gut vorbereitete medienpädagogische Aktivitäten durchführen, allerdings sind sie immer mit der Schwierigkeit konfrontiert, daß die medienpädagogische Aktion möglicherweise an den Bedürfnissen und aktuellen Themen der Kinder vorbeigeht.

Was ist unter dem Begriff »Situationsansatz« zu verstehen, und wie steht er mit medienpädagogischen Projekten in Verbindung? Die Diskussion um den Situationsansatz im Elementarbereich hat Jürgen Zimmer (DJI München) bereits vor 25 Jahren angeregt. Zimmer umschreibt als Kennzeichen des Situationsansatzes die »Orientierung des Lernens an Lebenssituationen von Kindern, die Verbindung von sozialem und sachbezogenem Lernen, die Einrichtung altersgemischter Gruppen, die pädagogische Mitwirkung von Eltern und anderen Erwachsenen, ein dialogisches Verhältnis von Lehrenden und Lernenden« (ZIMMER 1995, S. 21). Insofern verstehen sich ErzieherInnen auch als Lernende und als entwicklungsbegleitende PartnerInnen von Kindern.

Weniger als ein klares Konzept oder eine Methode ist der Situationsansatz mehr eine Einstellung zur Organisation von Lernprozessen im Kindergarten. Jede Einrichtung und jede Erzieherin, die in ihrem pädagogischen Konzept den Situationsansatz berücksichtigt, paßt diesen Ansatz den Rahmenbedingungen des Kindergartens (z.B. Trägerschaft) an. Der Situationsansatz sollte eine »Jahreszeitenpädagogik« ergänzen, die ihre Inhalte ausschließlich nach Themen richtet, die von außen vorgegeben sind. Denn es muß auch darum gehen, Themen, die in der Kindergruppe aktuell sind, wahrzunehmen und die pädagogischen Aktivitäten daraufhin auszurichten. Der Situationsansatz ist folglich als eine Erweiterung der »Jahreszeitenpädagogik« zu verstehen; als ein Ansatz, der die klassischen Kindergartenthemen (auch konfessionelle Themen, wie z.B. Weihnachten und Ostern) um kindorientierte Themen (z.B. Medienthemen) ergänzt und damit zur Partizipation von Kindern am Kindergartenalltag beiträgt.

Das bedeutet auch, daß die Planung des Kindergartenalltags offener und entritualisierter verläuft. Es geht also um Themenergänzung, nicht um Themenverdrängung! Davon ausgehend werden sinnzusammenhängende Projekte gestaltet und kindorientierte Impulse gegeben. Somit wird die Lebenssituation und das Umfeld der Kinder intensiver in die Kindergartenarbeit einbezogen, weil der Situationsansatz häufiger von aktuellen Themen und Problemlagen ausgeht und weniger von traditionellen vorgegebenen Themen. Denkt man den Situationsansatz weiter und versucht, die bereits beschriebenen gesellschaftlichen Veränderungen von Kindheit (vgl. dazu S. 247) einzubeziehen und zu berücksichtigen, dann bedeutet das, ihn noch stärker problemorientiert, themenorientiert und lebensweltorientiert auszurichten.

Mit der Entwicklung des Situationsansatzes ging gleichzeitig eine Reform hinsichtlich der Öffnung der Kindergärten einher. Es läßt sich eine äußere und innere Öffnung der Kindergartenpädagogik und ihrer Bedingungen unterscheiden. Zur Öffnung des Kindergartens nach außen gehört z.B. die Mitarbeit der Eltern oder das gemeinwesenorientierte Arbeiten. Zur Öffnung des Kindergartens nach innen gehören die Umgestaltung des Kindergartens hinsichtlich der Nutzung und Ausstattung der Räumlichkeiten, d.h. die traditionelle Aufteilung der »Funktionsecken« (Puppenecke, Bauecke, Kuschelecke usw.) wird aufgehoben und es werden im gesamten Kindergarten unterschiedliche Erfahrungsräume eingerichtet, die den Funktionsecken weitgehend entsprechen. Ein Vorteil besteht darin, daß sich die einzelnen Angebote (Bauen, Tobespiele, Vorlesen, Zeichnen, Backen usw.) nicht gegenseitig stören. Das führt weg von den ErzieherInnen als Allround-Talente und hin zu einem angebotsorientierten Arbeiten. ErzieherInnen, die im normalen Gruppendienst arbeiten und sich für »Meditationen mit Kindern« interessieren, können dies kaum in ihren Gruppen durchführen, weil nie alle Kinder dafür zu motivieren sind. Bei einem offenen Konzept können sie dieses Angebot anbieten, und es machen nur die wirklich interessierten Kinder mit. Das bedeutet auch mehr Flexibilität der Angebote und deren Nutzung. Die Konsequenz ist auch eine Öffnung der Tagesstruktur, d.h. ritualisierte Abläufe (Morgenkreis, Freispiel, Frühstück, Beschäftigungszeit, Schlafen) werden stärker den Bedürfnissen der Kinder angepaßt. Auf diese Weise ist auch die Integration eines Medienprojektes in den normalen Ablauf des Kindergartens viel einfacher, weil es neben dem Backen in der Küche und dem Turnen in der Turnhalle steht.

Platz für medienpädagogische Aktivitäten: Die Räumlichkeiten
Medienpädagogische Projekte benötigen in der Regel einen zunächst kaum gestalteten Raum. Ob man auf eine medienpädagogische Phantasiereise geht, ein Fotolabor einrichtet

oder eine neue Spiellandschaft aufbaut – immer ist Platz nötig, der zur freien Gestaltung genutzt werden kann. Das kann die Eingangshalle des Kindergartens sein, wenn diese groß genug ist und wenn das Projekt auch nach außen, auf andere Kinder oder Eltern wirken soll. Es spricht jedoch auch einiges dafür, einen separaten Raum zu haben, in dem in aller Ruhe und ohne Ablenkungen von außen medienpädagogische Projekte über einen gewissen Zeitraum entfaltet werden können.

Medienthemen sind Familienthemen: Die Eltern

Nach wie vor sind medienpädagogische Projekte nicht so selbstverständlich wie der Laternenumzug oder das Bemalen von Ostereiern. Das liegt zum einen daran, daß die Mediennutzung in der Regel in der Familie stattfindet und somit einem intimen Bereich angehört. Insbesondere Eltern, die glauben, sie würden ihr Kind zu lange oder die ›falschen‹ Sendungen sehen lassen, stehen Medienprojekten skeptisch gegenüber. Sie befürchten, daß durch die Fernsehäußerungen der Kinder ein ›schlechtes Licht‹ auf sie falle. Es gibt auch Eltern, die einen eher bewahrpädagogisch, beschränkenden Umgang mit dem Fernsehen in der Familie pflegen. Sie erwarten häufig unausgesprochen vom Kindergarten, daß jener den »Schutz- und Schonraum der Kindheit« aufrechterhält. Aus dieser Motivation und Überzeugung heraus stehen auch sie Medienprojekten skeptisch gegenüber. Deshalb ist die Zusammenarbeit mit Eltern besonders wichtig. Durch Elternbriefe, Rundschreiben oder Elternabende sollten die Eltern über geplante medienpädagogische Projekte informiert werden. Dabei ist es sinnvoll, mit ihnen den geplanten Ablauf und die medienpädagogischen Ziele durchzusprechen.

REGEL, GERHARD / WIELAND, AXEL JAN (Hg.): Offener Kindergarten konkret. Veränderte Pädagogik in Kindergarten und Hort. Hamburg 1993.

Elke Göttert, Anja Waldschmidt, Norbert Neuß

»Unser Haus der Träume«
Medienpädagogische Bearbeitungsformen
von Pippi Langstrumpf

Wer kennt sie nicht, die Pippi Langstrumpf? Pippi Langstrumpf ist als Medienfigur bei
ErzieherInnen und Eltern akzeptiert und wird als ein Vorbild für die Kinder angesehen.
Aber was finden Kinder und Erwachsene an Pippi so toll? Warum erinnern sich Eltern
so gern an ihre Zeit mit Pippi? Sicherlich, weil sie ein selbstbewußtes Mädchen ist,
das die Norm- und Wertvorstellungen von Erwachsenen in Frage stellt, ohne dafür
bestraft werden zu können. Zudem besitzt sie phantastische Kräfte und hat tolle
Ideen und ist daher gerade für Mädchen eine geeignete Identifikationsfigur. Pippi
wirkt immun gegen moralische oder pädagogische Belehrungen, wie sie z.B. von
Toms und Annikas Mutter oder der Erzieherin Prüselise vorgenommen werden. Sie
bleibt innerlich unbesiegbar, was sie auch nach außen durch ihre Kraft symbolisiert.
Pippi ist die, die durch Ideenreichtum und Phantasie andere
motiviert, Verrücktheiten auszuprobieren. Als moralisches
Gegenbild sind ihr Tom und Annika gegenübergestellt, die
immer wieder das moralische Gewissen der Eltern
verkörpern und Pippi hinterfragen, sich dann
aber doch von Pippis Anregungen und
verrückten Argumenten überzeugen lassen.
Diese Pippi, die heimlich eine antipäda-
gogische Haltung transportiert, müßte
Eltern und ErzieherInnen mit einem stark
normativen Erziehungskonzept eigentlich
herausfordern. Vielleicht auch aus diesem
Grund wurde Pippi für eine Woche in einen
dörflichen Kindergarten »geholt«, um mit
ihr viele eigene Abenteuer zu
erleben.

Projektverlauf im Überblick

1. Tag

Die Mediengalerie: Gespräche über Medienerlebnisse und Filme.
Erstellen einer Collage von Kindersendungen und Fernsehfiguren
(ca. 60 Minuten)

Ausschneiden und Aufkleben von Zeitungsbildern (Collage), Aufstellen von Medienfiguren, Videos, Kassetten usw., Aufhängen der Collage, Betrachten und Sprechen
über die Mediengalerie.

2. Tag

Der Kinotag (ca. 60 Minuten):
Ansehen eines Ausschnitts aus dem Film »Pippi Langstrumpf«
(ca. 20 Minuten)

Die Kinder bekommen die Aufgabe, auf die Villa Kunterbunt zu achten: »Wie sieht die
Villa aus? Was für Möbel und Gegenstände sind in dem Haus?« Gespräche über
bestimmte Szenen.

3. Tag

Aufbau und Gestaltung der Villa Kunterbunt (ca. 90 Minuten)

Zeichnen, Hinstellen, Aufbauen, Umräumen, Erzählen, Absprechen, Einigen,
Aufhängen, Fragen, Beobachten, Lachen.

4. Tag

Der Fototermin: Nachstellen und Fotografieren bestimmter Filmszenen
(ca. 90 Minuten)

Nachdenken, welche Szenen gefallen haben und überlegen, wie man sie darstellen
kann. Helfen, die Szenen herzustellen, sich umzuziehen, zu fotografieren. Gestalten
der Szenen, Absprache, wer was macht, Auswerten des Tages und der Fotos,
Aufräumen.

5. Tag

Freies Rollenspiel in der Villa Kunterbunt (ca. 90 Minuten)
»Ihr könnt heute alles machen, was ihr gerne möchtet!«

48

Rahmenbedingungen des Projektes

Die ErzieherInnen dieses Kindergartens arbeiten nach einem halboffenen Konzept mit Stammgruppen. In jeder Gruppe sind zwei ErzieherInnen und eine Praktikantin. Bisher wurde in diesem Kindergarten noch kein medienpädagogisches Projekt durchgeführt. An dem Projekt nehmen 18 Kinder im Alter von 5 und 6 Jahren teil.

Didaktische und medienpädagogische Ziele

▶ Den Kindern soll ein »assoziativer Freiraum« (BACHMAIR 1984) angeboten werden.
▶ Kinder leben ihre Träume aus und begeben sich bewußt in die Traum- oder Phantasiewelt der Pippi Langstrumpf.
▶ Neben diesem medienpädagogischen Ziel sollen durch ein solches Projekt auch soziale Kompetenzen gefördert werden.

Projektverlauf

1. Tag
»Blinky Bill und Benjamin Blümchen« – Die Mediengalerie

Ort: Gruppenraum
Zeit: ca. 60 Minuten
Materialien: Fernsehzeitungen, Poster, Bilder, eine große Pappe, Kleber, Scheren, Stifte und natürlich die mitgebrachten »Ausstellungsstücke« für die Mediengalerie

Zum Einstieg in das Projekt hören wir uns jeden Morgen die Musik von Pippi Langstrumpf an. Es werden Ausschnitte aus Fernsehzeitschriften verschiedener Kindersendungen auf den Teppich gelegt. Die Kinder suchen sich einen bekannten und beliebten Ausschnitt aus, halten nacheinander ihr Bild hoch und erzählen etwas darüber. Roman berichtet begeistert von Szenen aus dem »König der Löwen« und Olaf von »Popeye«, der *immer Spinat ißt und dann stark wird«*. Die Kinder nutzen diesen Rahmen, um ausführlich und mit glänzenden Augen über ihre Medienlieblinge zu erzählen. Auch über die übriggebliebenen Zeitungsausschnitte sprechen wir mit den Kindern. Im Anschluß daran erstellen wir aus den Bildern eine Mediencollage. Die Kinder besprechen untereinander, was sie toll finden und wo die ausgeschnittenen Bilder aufgeklebt werden sollen. Die entstandene Collage wird im Flur hinter einem kleinen Tisch aufgehängt. Die anderen Mediensachen, die die Kinder mitgebracht haben, bauen wir gemeinsam auf dem kleinen Tisch auf. Folgende Medienartikel haben die Kinder für die Galerie mitgebracht:

▶ Eine Rotkäppchen-Handpuppe und ein Benjamin Blümchen Puzzle.
▶ Spieltiere: Bambi, Schlümpfe, Alf, Die Maus, Fuchs (von Schwäbisch Hall), Ernie und Bert, Kaa, der kleine Eisbär, Bugs Bunny, das Biest, der kleine Saurier, Fußball- und Arztschlumpf, Herr Nilsson.
▶ Videokassetten: In einem Land vor unserer Zeit II, Aladin, Cap und Capper, Schneewittchen.
▶ Hörspielkassetten: Nils Holgerson, Das Dschungelbuch, König der Löwen, Benjamin Blümchen.
▶ Bücher: Das Buch mit der Maus (verschiedene), König der Löwen, Tom und Jerry, Pippi Langstrumpf, Aristocats, Bambi.

Die Mediengalerie besteht aus der Collage und den mitgebrachten »Ausstellungsstücken«. Wir sind erstaunt über die vielseitigen Kenntnisse der Kinder, denn sonst erzählen sie im Tagesablauf nur wenig über Fernseherlebnisse oder Videos. Die Mediengalerie, die im Eingangsbereich des Kindergartens aufgebaut ist, regt auch Kinder aus anderen Gruppen an, offen und begeistert von ihren Medienerfahrungen und ihren Medienfiguren zu erzählen. Beim Erzählen sind sie sehr sicher, weil sie merken, daß sie die ExpertInnen für das Kinderprogramm und ihrer Erlebnisse damit sind.

2. Tag
»Pippi ist die Stärkste« – Das Kino

Ort: Musikraum

Zeit: 30 Minuten Video, 10 Minuten Besprechung, 20 Minuten Besprechung

Medien: Videorecorder und Fernseher

Film: Pippi Langstrumpf I

Die Kinder verfolgen den Film von Anfang an sehr konzentriert und äußern sich spontan bei bestimmten Szenen. So erkennt Marco den Filmausschnitt wieder: »*Das kenne ich schon, die klettern gleich auf 's Dach.*« Als Pippi ihr Pferd oder das Auto der Polizisten hochhebt, staunen die Kinder. Christine sagt: »*Pippi ist die Stärkste auf der Welt!*« und Sophie antwortet: »*Es kann auch Frauen geben!*« Während des Films sind die Kinder sehr aufgeregt und lachen so viel, daß sie manches vor Lachen gar nicht richtig verstehen. Sie sind die ganze Zeit sehr konzentriert und erzählen spontan über die Erlebnisse. Nach dem Film erfolgt ein kurzes Filmgespräch über die Szenen, die den Kindern besonders gefallen haben. Sie sind vor allem begeistert von den Polizisten auf dem Dach und erzählen, daß sie es gut finden, wie Pippi die beiden veralbert hat und wie sie vom Dach gesprungen ist.

Nach dem Filmgespräch begeben wir uns zur Bühne, um den Aufbau der Villa zu besprechen. Dort liegen schon verschiedene Sachen bereit: Decken, Globus, Gardinen, Mal- und Bastelmaterial, Tisch, Schaukelpferd, Verkleidungssachen. Die Kinder meinen, daß wir weiterhin folgende Dinge benötigen: Möbel, Stühle, ein Bett, ein Pferd und einen Affen, Gold, Tom und Annika, zwei Polizisten, ein Dach, Pippi, Herrn Nilsson, einen Teppich, Teller, Tassen, einen Herd, eine Pfanne, Lampen und die Tür. Als wir merken, daß einigen Kindern noch nicht richtig klar ist, daß wir die Villa Kunterbunt aufbauen wollen, setzen wir das Stofftier »Herrn Nilsson« zur Gesprächsleitung ein. Ihm hören die Kinder aufmerksamer zu und entwickeln erste Ideen. Herr Nilsson spricht mit den Kindern und fragt: »*Kennt ihr mich denn?*«; »*Wißt ihr, wo ich wohne?*«; »*Das wird lustig, wenn wir die Villa Kunterbunt bauen!*«; »*Kann ich dann dort wohnen?*«

3. Tag
»In der Villa muß es doch unordentlich sein!«
Aufbau der Villa Kunterbunt

Ort: Bewegungsraum (Bühne)

Zeit: (ca. 60 Minuten)

Material: Tapete, Tusche, Pinsel, Gardinen, Bettlaken, Decken, alte Schuhe, Verkleidungssachen, Kostüme von Pippi Langstrumpf, Globus, Taschen, Koffer, Ofen, alte Töpfe und Schüsseln, Schaukelstuhl, Schaukelpferd, Bett, Kerzenleuchter, alte Bilder, Spiegel, Goldtaler und Waffeln, Pfannen, Bastelmaterial, Luftballons, Schlittschuhe, Krepppapierstreifen, Luftballon als Lampe

Die Kinder beginnen nur zögerlich mit dem Aufbau der Villa. Sie schauen sich um, setzen sich auf das Schaukelpferd, berühren die verschiedenen Sachen und sehen sich die Tapete an der Wand an. Wir geben Hinweise, daß sie gern die Farbe benutzen können, um auf der Tapete zu zeichnen. Nun möchten alle Kinder zeichnen, und wir legen auch das

Bastelmaterial (bunte Krepppapierstreifen) heraus, um zum Schmücken der Villa zu motivieren. Langsam bekommen die Kinder verschiedene eigene Ideen. Sie hängen Gardinenreste an, zeichnen auf der Tapete und legen Decken in den Schaukelstuhl. Steffi sagt: *»In der Villa muß es doch unordentlich sein!«* Lars stellt den Kerzenleuchter auf den Tisch, und Heike und Luise sehen sich die Verkleidungssachen an und legen sie in eine Ecke der Villa. Die Schuhe stellen sie an Pippis Bett. Als Lampe hängt Kai einen Luftballon auf. Jetzt werden auch die Goldstücke – es ist gekauftes Schokoladengeld – ausgepackt und in den Koffer getan. Langsam sieht unsere Villa richtig wohnlich aus.

Am Ende der Spielaktion betrachten wir die Villa von außen. Die Kinder erzählen, was sie gemalt haben: ganz viele bunte Sonnen und den kleinen Onkel. Die Kinder sind sich

einig, daß ihre Villa toll aussieht und es Herrn Nilsson bestimmt Freude macht, darin zu wohnen. Herr Nilsson berichtet dann zum Schluß, daß morgen ein Fototermin stattfindet und wir einige Szenen aus dem Film nachstellen können.

4. Tag
»Kann Pippi denn wirklich zwei Polizisten hochheben?«
Der Fototermin

Ort: Bewegungsraum; »Villa Kunterbunt«
Zeit: 90 Minuten
Material: Polaroid-Kamera, Filme, Papiertüten, Verkleidungssachen

Am vierten Tag wollen wir Szenen aus dem Film nachstellen und mit der Sofortbildka-mera fotografieren. Dazu begeben wir uns in den Bewegungsraum und fragen die Kinder, welche Szenen sie nachstellen und fotografieren wollen. Eine Erzieherin schreibt die Äuße-rungen der Kinder auf. Die Kinder nennen folgende Szenen:

- ▶ als Pippi die beiden Polizisten hochhebt,
- ▶ als Pippi, Tom und Annika aus dem Bonbonladen kommen,
- ▶ als die Kinder in der Apotheke »Meduzin« kaufen,
- ▶ als Pippi, Tom und Annika die Goldstücke hochwerfen,
- ▶ als Pippi den »Kleinen Onkel« hochhebt,
- ▶ als die Polizisten «Kling und Klang» auf dem Dach sind,
- ▶ als die beiden Einbrecher aus dem Gefängnis ausbrechen,
- ▶ als Pippi das Auto hochhebt,
- ▶ als Tante Broselius in die Villa kommt und die Kinder sieht.

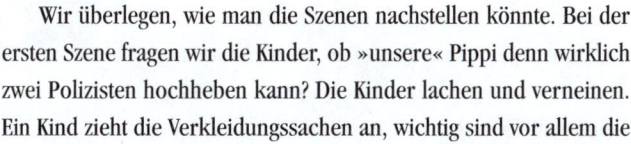

Wir überlegen, wie man die Szenen nachstellen könnte. Bei der ersten Szene fragen wir die Kinder, ob »unsere« Pippi denn wirklich zwei Polizisten hochheben kann? Die Kinder lachen und verneinen. Ein Kind zieht die Verkleidungssachen an, wichtig sind vor allem die übergroßen Schuhe. Alle freuen sich über die lustige Verkleidung. Nun beginnt der Aufnah-metermin. Das erste Bild wird nachgestellt. »Pippi« stellt sich in die Mitte und die »Polizi-sten« stellen sich neben sie auf zwei Stühle. Dann wird diese Szene so fotografiert, daß nur

Pippi und die »Polizisten« ohne die Stühle auf dem Bild sind. Auf dem Foto sieht es tatsächlich so aus, als ob Pippi zwei Kinder hochhebt. Hier erleben die Kinder, wie man mit trickreichen Fotos die Wirklichkeit verändern kann. Die Kinder finden es spannend, daß das Foto bei einer Sofortbildkamera gleich herauskommt.

Jeweils abwechselnd darf ein Kind das Foto halten, während sich das Bild langsam vor den Augen der Kinder entwickelt. Sie sind völlig aufgeregt und jeder möchte es betrachten. Bei jeder Aufnahme ist nun von allen viel Phantasie gefordert. Für die Bonbonladenszene holen wir große Tüten, die mit mit Zeitungen gefüllt sind. Als Auto, welches Pippi hochhebt, fungiert der Traktor eines Kindes. Für das Dach nehmen wir ein bemaltes Tuch, legen es über die Heizung, und die beiden Polizisten steigen darauf. Während einige Kinder sich bereits wieder neu verkleiden, machen andere Kinder einige Fotos mit der Sofortbildkamera. Am Ende sehen wir uns gemeinsam die Fotos an und kleben sie auf. So können alle, auch die Eltern, sich die Fotos ansehen.

Wir kündigen für den nächsten Tag an, daß dann alle Kinder in der Villa Kunterbunt spielen können. Das finden gerade die Kinder gut, die sich unbedingt noch mal als Pippi oder Tante Broselius verkleiden möchten.

5. Tag
»Kochen, Eislaufen und Reiten«
Freies Rollenspiel in der Villa Kunterbunt

Ort: Villa Kunterbunt (Bühne)
Zeit: 90 Minuten
Material: Videokamera, Stifte, Kopien von
Pippi Langstrumpf-Bildern, Schminke

Wir begeben uns gemeinsam zur Villa Kunterbunt, wo die Kinder sich sofort als Pippi, Annika, Tom oder Tante Broselius zu verkleiden beginnen. Eine ganze Weile sieht es so aus, als ob kein richtiges Rollenspiel zustande kommt. Einige Kinder malen die Schwarzweißbilder von Pippi an und laufen in der Villa herum, andere hüpfen auf den Matratzen, die auf der Erde liegen. Auf dem »kleinen Onkel« reitet immer jemand. Dann entdecken die Kinder den Koffer mit den Goldstücken, werfen sie immer wieder in die Höhe und beginnen, die Schokotaler zu essen. Nach und nach probieren die Kinder selbständig eigene Spiele und Rollenspiele aus. Da läuft Susanne mit viel zu großen Schlittschuhen als Pippi auf der »Eisfläche«. Luise spielt Annika und hilft Pippi, daß sie nicht umkippt. Lars hat sich als Einbrecher verkleidet und Tom rennt hinter ihm her, um den Koffer mit den Goldstücken zurückzuholen. In einer anderen Ecke haben einige die Schminke entdeckt und malen sich mit so viel Schminke an, wie auf das Gesicht geht. Andere Kinder beginnen zu »kochen« und tragen die Töpfe zum Tisch. Auf einmal ist überall etwas los.

Nach etwa einer Stunde geht die Intensität der Spielhandlungen zu Ende. Wir setzen uns für eine kurze Abschlußrunde im Kreis zusammen und die Kinder erzählen noch, was sie empfunden haben und wie es ihnen gefallen hat. Susi sagt: »*Wir durften heute alles.*« und Maik meint: »*Wir brauchten nicht aufzuräumen, das war gut.*«

Die Rollenspiele und Aktivitäten der Kinder wurden an diesem Tag mit einer Videokamera aufgezeichnet. Dies ist hilfreich, um die vielen einzelnen Handlungen der Kinder als filmbezogene Spiele zu erkennen und als didaktisches Material für den Elternabend aufzubereiten.

Nach dem Ende des Projektes wird die Villa noch ca. sechs Wochen von den Kindern zum freien Spielen genutzt. Danach werden die Sachen wieder abgebaut und die Materialien an die Eltern zurückgegeben.

Organisatorische Hinweise:

Für dieses Projekt ist eine gute Zusammenarbeit mit den Eltern nötig, da sehr viel Material zum Aufbau der Villa Kunterbunt besorgt werden muß. So werden aber die Eltern miteinbezogen und erfahren auch inhaltlich etwas von der Projektarbeit. Ebenso wichtig ist die Zusammenarbeit im Team, denn die anderen ErzieherInnen müssen sich auf die Projekttage einstellen und bereit sein, sich verstärkt um die jüngeren Kindern zu kümmern. Das erfordert eine Änderung der gewohnten Tagesabläufe.

3. Vertiefung:
Phantasie – Gedanken über den Umgang mit unsichtbarer Realität

Redensarten, die die Phantasie betreffen, gibt es positive wie negative. Eine von ihnen lautet: *»Der phantasiert mal wieder«*. Was verbirgt sich hinter diesem Satz? Der, der phantasiert, bewegt sich offensichtlich außerhalb der Realität. Aber welche Realität ist denn gemeint? Genau genommen bewegt sich der Phantasierende nur außerhalb der Realität des außenstehenden Beobachters. Deshalb werden Menschen mit »blühender Phantasie« auch manchmal als »Spinner« bezeichnet. Ihre »Hirngespinste« beziehen sich nicht nur auf das, was sichtbar ist, sondern auf das, was unsichtbar ist, das, was man sich in Gedanken herbeiwünscht, den Tagtraum, die Utopie.

Was aber ist Phantasie und wie läßt sie sich beschreiben? Der Erziehungswissenschaftler Ludwig Duncker charakterisiert die Phantasie folgendermaßen: Sie verweise auf unsichtbare und verborgene Welten, sei mehrdeutig, schillernd, vielschichtig und deshalb oft nicht so recht greifbar; sie liebe das assoziative Verbinden, die flüchtige Idee, das Vereinen des Widersprüchlichen. Die Phantasie sei lustbetont und liebe die Unordnung, das Chaos, die flüchtige Zuordnung; sie sei prozesshaft und scheine eher wild und schrankenlos zu sein, sie sei nur schwer kontrollierbar und trage anarchische Züge (vgl. DUNCKER 1994, S. 463). Das Phantasieren ist also ein Tätigkeit, bei der eine gewisse Abwendung von der real wahrgenommenen Wirklichkeit erfolgt und eine eigene Phantasiewelt entworfen wird. Dabei passiert nichts ohne die aktive Vorstellung des Phantasierenden. Damit ist das Phantasieren auch ein Vermögen der Autonomie und Selbstbestimmung. Niemand kann meine Phantasien sehen, kontrollieren oder bestimmen.

Wohl auch aus diesem Grund gibt es eine paradoxe Spannung zwischen Erziehung und Phantasie. Einerseits möchte Erziehung die Phantasie und Kreativität fördern, andererseits möchten Erziehung und Erziehende das Kind in eine bestimmte Richtung lenken, ihm bestimmte Werte vermitteln, bestimmtes sozial erwünschtes Verhalten beibringen. Später dann in der Schule Inhalte vermitteln, abfragen und bewerten. Die Phantasie sperrt und verweigert sich jedoch diesen Zugriffen.

Bilder und Phantasien

Phantasie und Wirklichkeit stehen sich aber nicht als einfache Gegensätze gegenüber. Das Phantasieren ist eine Umbildung der Wirklichkeit. Die Phantasie hat ihren Ausgangspunkt immer in der Realität. Auch ein Kind phantasiert nicht ganz aus eigenem, inneren Impuls, sondern seine Phantasien haben Bezüge zu seiner Wirklichkeitswahrnehmung. In ihr nehmen auch Medienerlebnisse und mediale Bilder eine immer bedeutendere Rolle ein.

Behindern nun vorgefertigte, perfektionierte Fernsehbilder die kindliche Phantasie oder können sie sie auch anregen, vielleicht sogar fördern? Dieser Frage möchte ich mit einem Satz von Elias Canetti nachgehen. Er schreibt:»Stark fühlt sich, wer die Bilder findet, die seine Erfahrung braucht« (CANETTI 1980, S. 130). An mediale Bilder können dann eigene Phantasien angebunden werden, wenn diese Bilder zu Suchbildern für eigene Erfahrungen werden. So können sie eine identitätsbildende Rolle erhalten, weil sie den Menschen herausfordern, ihm seine Befindlichkeiten spiegeln oder seine Einstellungen und Handlungen bekräftigen.

Aber der Satz Canettis sagt noch mehr. Es mag auch Bilder geben, die für die eigene Erfahrung nicht gebraucht werden können, weil sie sich verselbständigen und nicht mehr zur Stärkung der Identität beitragen. Ein Kind kann möglicherweise mit einigen Bildern nichts anfangen: Es kann keine eigenen Erlebnisse und Phantasien zu den medialen Bildern und Geschichten entwickeln, weil die Bilder keinen Bezug zum eigenen Leben haben und sie deshalb nicht mit eigenen Erfahrungen verknüpft werden können.

Phantasien und symbolische Verarbeitung

Ob es Kindern gelingt, an mediale Bilder eigene Phantasien zu heften und ausgehend von medialen Bildern eigene phantastische Geschichten weiterzuspinnen, kann nur durch den symbolischen Ausdruck von Kindern (Spiele, Zeichnungen, Gestaltungen usw.) entdeckt werden. Dabei werden die medialen Geschichten nicht einfach nachgeahmt, sondern mit Hilfe der eigenen Erfahrungen verarbeitet. Neben nachahmenden Elementen enthält die symbolische Verarbeitung auch immer Umformungen. Umformungen sind Teil des Aneignungsprozeßes, bei dem die Kinder ihre medialen Wahrnehmungserlebnisse mit ihren bisherigen Erfahrungen verknüpfen und damit zumeist thematische Fragen bearbeiten. Verknüpfen, Uminterpretieren und (Neu-) Arrangieren sind wesentliche Elemente des Phantasierens. »Es geht darum, jenen inneren Schauplatz der Vorstellungskraft zu thematisieren, der sich in der

Phantasietätigkeit seinen Raum schafft und der im handelnden Umgang mit der Wirklichkeit einen kreativen Ausdruck annimmt« (DUNCKER 1994, S. 465). Anhand zweier Beobachtungen aus unterschiedlichen Kindertagesstätten möchte ich beschreiben, um was es bei der Unterstützung von Phantasie und Phantasietätigkeit von Kindern geht.

Beobachtung 1:
»Setz' Dich da hin...«

Es soll eine Phantasiereise ins Land der Indianer gemacht werden. Die Kinder sind schon sehr gespannt. Nachdem sich alle Kinder verkleidet haben, geht es los. Auch wir ModeratorInnen haben uns verkleidet und angemalt. Skeptisch beobachten zwei ErzieherInnen unser »kindisches Verhalten«. Wir gehen mit den Kindern auf die Phantasiereise, so wie es in einigen der vorgestellten Projektberichte beschrieben ist. Dabei begeben wir uns mit in die Phantasiewelt, regen dazu an, Dinge zu hören, zu sehen und innerlich zu empfinden, die eigentlich nicht sinnlich wahrzunehmen sind. Das motiviert die Kinder, sich mit in die Phantasiewelt zu begeben und eigene Phantasien zu »spinnen« und zu äußern. So ruft die fünfjährige Gianna: »*Da hinten regnet es. Ich höre schon das Plätschern.*«

Die ErzieherInnen sind diese Form des Spiels nicht gewohnt. Wir machen zwar auch das Frühstück in der Indianerwelt, eine große »Indianermahlzeit«, die zur Stärkung für das Bestehen weiterer Abenteuer eingenommen werden soll. Jedoch greifen die ErzieherInnen an vielen Stellen in das Spiel ein, indem sie die Kindern kommandieren und korrigieren: »*Setz' Dich mal da hin, Julius*«, »*Iß' ordentlich*« oder »*Sei mal ruhig*«. Sichtbar wird daran das Verständis von einer hierarchischen, lenkenden Erziehung. Das Verhältnis der ErzieherInnen zu den Kindern ist eher autoritär und weniger partnerschaftlich.

Der Prozeß des phantastischen Spiels wird durch die Form dieses allgemeinen pädagogischen Umgangs immer wieder unterbrochen und die Kinder aus ihrer Rolle als IndianerInnen herausgerissen. Das Spiel zeichnet sich aber gerade durch seine prozeßhafte Entwicklung aus, bei dem die Welt aus einem »So-Tun-Als-Ob« entsteht. Dieses Verständnis erfordert jedoch auch von den Erwachsenen, sich durch Handeln und Sprechen auf diese »So-Tun-Als-Ob-Ebene« zu begeben. Es ist nicht eine Phantasiereise *für* Kinder, sondern eine *mit* Kindern. Wer Kindern phantasievolles und kreatives Spiel ermöglichen will, sollte sich selbst dafür sensibilisieren, Phantasie erstickende Äußerungen zu vermeiden. So ist es beispielsweise ein großer

Unterschied, ob die Kinder mit ihrem
›richtigen‹ Namen oder mit den verabrede-
ten IndianerInnennamen angesprochen
werden. Auch um die Verarbeitung von
Medienerlebnissen im Spiel zu verstehen
und zu unterstützen, ist es hilfreich, sich
auf diese prozesshaften Abläufe einzulassen. Dann geht es darum, sich auch mal
von den Spielideen der Kinder einnehmen
zu lassen und mitzuphantasieren und nicht
nur die Position des distanzierten Zuschau-
ers einzunehmen.

Beobachtung 2:
»Teddys an der Leine«

Häufig gibt es Auseinandersetzungen
zwischen Eltern und ErzieherInnen über
die pädagogische Konzeption im Kindergarten. Einige Eltern möchten, daß ihre
Kinder schon im Kindergarten auf die
Schule vorbereitet werden, Leistungen
bringen und sich mit anderen Kindern
messen. In diesem Zusammenhang sehen
es manche Eltern auch gern, daß Kinder
›Bastelgeschenke‹ mit nach Hause bringen,
weil sie daran erkennen, was ihr Kind im
Kindergarten erzeugt hat und wie es mit
den dort gestellten Aufgaben zurecht-
kommt.

Ein Beispiel hierfür ist das Erlebnis
von Niklas, der gerade seinen sechsten
Geburtstag gefeiert hatte. Als sein Vater ihn
wie immer mittags aus dem Kindergarten

abholte, fragte er seinen Sohn: *»Und was
habt ihr heute gemacht?«* Niklas antwor-
tete: *»Wir haben heute Teddys gebastelt.«*
Der Vater ist darüber erfreut und möchte
sich den Teddy ansehen. Niklas zieht seinen Vater in den Gruppenraum. Dort hängt
am Fenster eine Leine, an dem zwölf ausgeschnittene, braune Teddys hängen. *»Und
welcher ist Deiner?«*, fragt der Vater.
Niklas steht vor der Leine und zeigt auf
einen Teddy. Als der Vater ihn gerade loben
will sagt Niklas: *»Nein, der war's«* und
zeigt auf einen anderen Teddy. Allerdings
wirkt er dabei auch nicht sehr überzeu-
gend. Der Vater ist verwundert und sagt
leicht ärgerlich: *»Was, du weiß nicht mal,
welchen Teddy du gebastelt hast?«* Er
dreht sich um und verläßt mit seinem Sohn
den Kindergarten. Niklas hatte, wie alle
anderen Kinder auch, nach einer Schablo-
ne einen Teddy aus der Pappe ausgeschnitten und daran die gelben Ohren, die rote
Nase und die weißen Augen geklebt. Zwar
hatte Niklas einen Teddy gebastelt, jedoch
hatte er ihn nicht identifizieren können,
weil sein Teddy ein »Fließbandbär« war,
der genau so aussah wie alle anderen.

Beide Beobachtungen verdeutlichen
das gleiche: Die Phantasie von Kindern
kann durch *Prozesse* und *Produkte* unterstützt und gefördert, aber auch behindert
und eingeschränkt werden. »Phantasievoll

sind Produkte wohl dann, wenn sie etwas Neues zeigen, eine neue Sichtweise enthalten, wenn sie Fragen entzünden, Neugier schaffen, Interesse wecken« (DUNCKER 1994, S. 472). Phantasietätigkeit von Kindern zu verlangen, sie aber auch zu Bastelarbeiten anzuregen, die wenig Raum für eigene Gestaltungen, Phantasien und Anordnungen lassen, ist widersprüchlich. Es geht prinzipiell – in Familie und Kindergarten – darum, ein anregungsreiches Milieu für Phantasietätigkeit zu schaffen.

Dabei sollte der Kontakt zwischen Kindern und Erwachsenen nicht ausschließlich unter der Perspektive der »Realitätsvermittlung« betrachtet werden. Auch Duncker sieht es als notwendig an, daß Erwachsene im Spiel den Kontakt und den Dialog mit den Kindern suchen und herstellen. »Den Kontakt herstellen heißt, mitspielen können, sich auf die Phantasien der Kinder einlassen und mit ihnen gemeinsam an einer Phantasie weiterbasteln können« (DUNCKER 1994, S. 471). Dieses Einlassen auf die Ausdrucksweisen des Kindes fordert Erwachsene stark heraus, gibt ihnen gleichzeitig aber die Chance, die Kinder selbst in den Formen ihrer Phantasietätigkeit zu entdecken. Dabei werden sie herausfinden, daß Phantasietätigkeit schwerlich in einen sichtbaren und überprüfbaren (materiellen) Zustand zu bringen ist. Wenn Erwachsene sich sensibel mit den Phantasien der Kinder beschäftigen, an der Welt ihrer Geschichten, Wünsche und Gestalten teilhaben und vielleicht selbst in diese Welt der eigenen und fremden Phantasien eintauchen, dann fühlen sich auch Kinder mit ihren Formen des Erlebens und Ausdrucks ernstgenommen. Sie erleben, daß Erwachsene diesen Formen einen Eigenwert zusprechen, der nicht aus einem Vergleich mit den Formen der Aneignung und Äußerung von Erwachsenen entsteht. Damit Erwachsenen diese Achtung vor dem kindlichen Phantasieren gelingt, damit sie den Eigenwert nicht nur spielen, sondern wirklich spüren, müssen sie erkennen, daß sowohl ihre Formen der Weltaneignung als auch die der Kinder eigene Qualitäten haben.

DOEHLMANN, MARTIN: Die Phantasie der Kinder und was Erwachsene daraus lernen können. Frankfurt a.M 1985.

DUNCKER, LUDWIG / MAURER, FRIEDEMAN / SCHÄFER, GERD E: (Hg.): Kindliche Phantasie und ästhetische Erfahrung. Wirklichkeiten zwischen Ich und Welt. Langenau-Ulm 1990.

Ramona Fischer, Ulla Wagner, Sabine Eder

»Hollywood –
Wir spielen unsere HeldInnen selbst!«

Ein medienpädagogisches Projekt
zur Bearbeitung von kindlichen Themen

In unserem Kindergarten arbeiten wir mit Anteilen der offenen Gruppenarbeit. Unter der Woche finden zwei Gruppentage und drei Angebotstage statt. Es gibt im Haus, dessen Gruppen- und Arbeitsräume auf drei Etagen großzügig verteilt sind, eine Krippengruppe, zwei Kigagruppen und eine Hortgruppe mit insgesamt 80 Kindern. An dem durchgeführten Projekt haben insgesamt 17 Kinder im Alter von 3-6 Jahren teilgenommen.

Vorüberlegungen

Wir erleben immer wieder, daß die Kinder ihre »Fernseherfahrungen« in den Kindergarten hereintragen. In vielen Zeichnungen und Bildern, die entstehen, tauchen Figuren aus bestimmten Fernsehsendungen auf, und im Rollenspiel werden häufig Szenarien aus Filmen nachgebaut und -gespielt. Zumeist handelt es sich dabei um Kämpfe, die mit lautem Gebrüll ausgefochten werden. Wir fragten uns bisweilen skeptisch: »*Leben Kinder nur noch in einer Fernsehwelt? Können sie das, was sie dort sehen und aufgreifen überhaupt schon bearbeiten? Was genau fasziniert die Kinder an diesem Medium?*«

Zur Projektvorbereitung wollen wir die Fernseherfahrungen der Kinder etwas genauer analysieren. Durch bewußte Beobachtungen und intensive Gespräche möchten wir herausbekommen, welche Fernsehereignisse oder -figuren die Kinder beschäftigen. Um einen wirklichen Austausch miteinander zu fördern und um zu möglichst realistischen Ergebnissen zu gelangen, muß unsere Vorgehensweise von Akzeptanz und Aufgeschlossenheit geprägt sein.

Wir möchten unseren Kindern die Möglichkeit geben, sich im Kindergarten für einen begrenzten Zeitraum sehr intensiv mit ihren FernsehheldInnen und -geschichten zu befassen. Hierzu sind mehrere Aktionen geplant. Zunächst können die Kinder ein Bild malen, auf dem sie ihr »liebstes Fernseherlebnis« darstellen. Danach soll eine »HeldInnengalerie« – eine Austellung der MedienheldInnen auf DINA 4 Bögen – erstellt werden. Geplant ist weiterhin, den Kindern Raum für Rollenspiele zu einem Medienthema zu geben. Die Ergebnisse der vorangegangenen Gespräche und Aktionen bedingen die Themenstellung. (Vorweggenommen sei an dieser Stelle, daß wir uns mit dem Thema »Gut-sein / Böse-sein« beschäftigt haben.) Diese Rollenspiele wollen wir anschließend mit einer Videokamera aufzeichnen. Die Kinder können so im Nachhinein die von ihnen gespielten Szenen betrachten und kommentieren. Darüberhinaus denken wir, daß das Sehen eines »eigenen Films« den Kindern die Machart vom »echten« Fernsehen ein Stück weit näherbringt.

Für die Aktionen stehen den Kindern insgesamt acht Tage (jeweils ein Tag pro Woche) zur Verfügung. Da die Familie für das kindliche Medienverhalten eine wichtige Rolle spielt, planen wir zusätzlich einen Elterngesprächsabend. Hier können die Eltern und Erziehungsberechtigten über unsere Projektschritte und -inhalte informiert werden.

Medienpädagogische Ziele

▶ Medienspuren unterschiedlichster Art sollen aufgespürt und Bearbeitungshilfen angeboten werden.

▶ Die Auseinandersetzung mit Leit- und Vorbildern (»MedienheldInnen«) soll angeregt werden.

▶ Im angeleiteten Rollenspiel können Medienerlebnisse spielerisch aufgearbeitet werden.

▶ Das Vertrauensverhältnis zwischen Kindern und Erzieherinnen soll über die Beschäftigung mit Medienthemen ausgebaut werden.

▶ Durch die Akzeptanz ihrer (Medien)-Themen kann das Selbstvertrauen der Kinder gestärkt werden.

▶ Durch den Projektcharakter kann das Gruppengefühl gestärkt und somit soziale Kompetenz gefördert werden.

▶ Durch Gespräche über Medienerlebnisse kann der sprachliche Ausdruck erweitert und somit die Entwicklung kommunikativer Kompetenzen ausgebaut werden.

Projektverlauf im Überblick

Zeitrahmen: ca. acht Wochen (einmal wöchentlich)

Projektteil I: Vorbereitung und Themenfindung

1. Tag

Malaktion: Malen von Fernseherlebnissen

Die Kinder malen ein Bild über ein Medienerlebnis aus dem Fernsehen/Kino, was ihnen gut gefallen hat. Anschließend führen wir mit den Kindern Gespräche über die Bilder.

2. + 3. Tag

Gespräche über Fernseherfahrungen und FernsehheldInnen

Gespräche über die LieblingsheldInnen und -sendungen der Kinder. Sammeln von Postern und Bildern von »FernsehheldInnen« mit Unterstützung der Eltern.

4. Tag

Galerie der FernsehheldInnen

»HeldInnen«-Bilder werden zu einer großen Ausstellung zusammengestellt.

Elterngesprächsrunde – Wir stellen unser Projekt vor!

Inhalte, Sinn und Zweck der Medienerziehung im Kindergarten.

Projektteil II: »Gut und Böse«

5. Tag

»Du hast angefangen! Nein Du!«

Die Bilderbuchgeschichte »Du hast angefangen...« wird vorgelesen. Anschließend finden spontane Rollenspiele statt.

6. Tag

»Wie sehe ich aus, wenn ich gut/böse bin?«

Gespräche über »gute« und »böse« Medienfiguren. Vorbereitung auf den Filmtag.

7. Tag

Darstellendes Spiel + Filmaufnahmen: »Gut und Böse«

Verkleiden, Schminken, Rollenspiele. Filmen der Szenen durch eine Medienpädagogin.

8. Tag

Filmschau

Die gefilmten Rollenspiele werden angesehen und besprochen.

Zweite Elterngesprächsrunde

Projektverlauf

Projektteil I

1.Tag
Malaktion: Malen von Fernseherlebnissen

Dauer: ca. 2 Stunden

Vorbereitung:

▶ Absprache mit den Kolleginnen bzgl. Raumnutzung und Betreuung der Kinder

▶ Zuschneiden der Malpapiere

▶ Malpapiere auf den Tischen befestigen

▶ Wachs- und Buntstifte bereitlegen

▶ Kassettenrekorder testen und bereithalten (für die Dokumentation der Gespräche)

Durchführung

Zum Einstieg in das Projekt wird mit allen 17 Kindern eine Malaktion durchgeführt. Das Malen von Fernseherlebnissen scheint uns eine geeignete Bearbeitungsform und eine gute Vorbereitung auf das zu sein, was in den nächsten Wochen folgen sollte. Erst wenn wir wissen, ob wir die Fernseherfahrungen der Kinder richtig eingeschätzt haben und welche Themen die Kinder bewegen, können wir weitere Projektschritte überlegen. Die Ergebnisse der Malaktion und die anschließenden Gespräche, die wir mit den Kindern über ihre Bilder führen wollen, sollen für unsere weitere Planung die Grundlage bilden.

Im Stuhlkreis wird die Aufgabenstellung gegeben: *»Heute könnt ihr etwas malen, was Euch im Fernsehen oder im Kino besonders gut gefallen hat!«*

Einige Kinder haben anfängliche Schwierigkeiten, da es bei uns unüblich ist, nach einer Aufgabenstellung zu malen. Durch direkte Hilfestellungen: *»Was siehst Du denn gerne, erzähl' mal!«* fallen ihnen dann doch ganz viele Szenarien ein. *»Na, dann such Dir eine Sache heraus und die malst Du dann!«* Diese kurzen Sätze machen es den Kindern leichter, zu ihren »inneren« Bildern und Erinnerungen vorzudringen.

Nach ca. eineinhalb Stunden haben alle Kinder ein Bild fertiggestellt. Wir treffen uns im Gruppenraum, setzen uns in einem Halbkreis auf den Boden und sprechen über die entstandenen Werke. Dabei stellt sich heraus, daß die Zeitdauer für die Aktion sehr lang war. Die Kinder können sich nur noch schwer konzentrieren und haben keine Lust mehr zum

Reden. Wir beschließen, die Malaktion zu beenden und hängen die Bilder gemeinsam im Gruppenraum und im Flur auf. Einige Kinder möchten, daß wir die Namen der »HeldInnen« neben die Zeichnung auf das Blatt schreiben. Grundsätzlich sind wir gegen das »Erwachsenenschreiben« auf Kinderzeichnungen, da ein Bild dadurch allzuleicht verändert wird. Da der Wunsch aber von vielen Kindern wiederholt wird, gehen wir letztendlich darauf ein.

Nach einer Pause führen wir mit einigen Kindern Einzelgespräche (vgl. NEUSS/POHL/ZIPF: Erlebnisland Fernsehen 1997, S. 21-50) über ihre gemalten Werke durch.

Reflexion

Für die meisten Kinder war die Malaktion eine gute Möglichkeit, ihre Fernseherlebnisse auszudrücken. Auf elf von 17 Bildern werden Fernseh- oder Kinoereignisse (aus der »Sendung mit der Maus«, aus Abenteuerfilmen wie »Robin Hood« oder »Pocahontas«) thematisiert. Bei den meisten Bildern wird der Medienbezug allerdings nur durch Nachfragen deutlich.

Mona malte beispielsweise ein Haus, in dem jemand fernsieht, den Fernseher allerdings kann man nicht erkennen. Auch Lasse brachte beim Erzählen über sein Bild Fernseherlebnisse ein, die auf dem Bild gar nicht zu sehen sind. Auf dem Bild von Yue-Jen – sie hatte anfangs verzweifelt versucht, die Disneyfigur »Goofy« zu malen, konnte aber ihre Vorstellung von dieser Zeichentrickfigur nicht so perfekt umsetzen, wie sie es wohl beabsichtigt hatte – waren ein Haus und ein Garten zu sehen. War sie von ihrer ursprünglichen Idee, »Goofy« zu malen, völlig abgewichen? Nein, denn Goofy, so stellte sich im Gespräch heraus, war in dem Haus, er wohnt darin. Mehrere Kinder malen ihre häusliche Situation – das eigene Haus, den Garten, die Familie. Bezüge zu Fernseherfahrungen sind bei diesen Kindern trotz der Aufgabenstellung nicht ersichtlich.

Für uns waren die Gespräche über die Bilder sehr aufschlußreich, durch sie bekamen wir einen Überblick über die Szenerien. Adrian, der eine Kampfszene gemalt hatte, erklärte uns ganz genau, wer auf seinem Bild ein »Guter« und wer ein »Böser« ist. Das hätten wir durch das bloße Ansehen des Bildes nie bemerkt. Um diese Details zu erfahren, versuchten wir, obwohl wir keine Freundinnen von kämpferischen Szenerien sind, interessierte und sachliche Fragen zu stellen, z.B.: »*Warum haben Eure Ritter denn keine Gesichter?*« Prompt bekommen wir von Lasse (6) zur Antwort: »*Die haben doch eine Rüstung an, das Gesicht ist unterm Helm, die sehen doch nur durch die kleinen Schlitze!*« Den Ritterfiguren, so erzählt er, ist es möglich, sich zu verwandeln, so daß der »Gute« plötzlich auf die gleiche Art und Weise wie der »Böse« kämpfen kann und dadurch zum Gewinner wird. Die Darstellung von Gut und Böse scheint in den Bildern mit Kampfzenen von zentraler Bedeutung zu sein. Die Beispiele zeigten uns sehr deutlich, daß man ein Bild durch bloßes Betrachten nicht wirklich entdecken kann. Erst ein Gespräch gibt genauere Informationen darüber, was sich auf einem Kinderbild »tatsächlich« abspielt! Zu bedenken ist, daß manche Kinder gerne phantasieren und es ihnen Spaß macht, in ihr Bild nachträglich etwas hinzuzudichten, um auf diesem Wege Aufmerksamkeit zu erlangen.

Die gesamte Malaktion macht uns auf die kindlichen Themen aufmerksam. Deutliche Unterschiede waren zwischen (einigen) Jungen und (einigen) Mädchen zu erkennen. Während die Jungen kämpferische Spielszenen malten, in denen Stärke, Größe, Körperlichkeit und die Auseinandersetzung mit »gut« und »böse« eine Rolle spielten, so schienen für viele Mädchen von vorrangiger Bedeutung das Aussehen zu sein. Kleidung, Haare und »Schönheit« wurden thematisiert, kämpferische Szenerien eher abgelehnt.

Carlos (5jährig) erzählt zu seinem Bild:

C: »*Die Burg brennt, und dann haben die Bösen die gelöscht, das sind die Bösen, und die kämpfen grad.*«

E: »*Kämpfen die mit Schwertern?*«

(Carlos nickt)

C: »*Und das sind zwei Geier* – Pause – *von Robin Hood.*«

E: »*Ach, das ist aus dem Film »Robin Hood«, was Du gemalt hast?*«

C: »*Robin Hood, Robin Hood, Robin Hood, ist der und das ist sein Freund Little John und das ist ein Feuerritter, der schießt die Kanonen.*«

E: »*Der Feuerritter, gehört der zu Robin Hood?*«

C: »*Zu den* – Pause – *zu Robin Hood.*«

E: »*Und die mit den Schwertern?*«

C: »*Die kämpfen gegen die Bösen!*«

Mandy (5jährig) erzählt, auf die Frage was sie gemalt habe:

M: »*Pocahontas.*«

E: »*Was ist noch zu sehen außer Pocahontas?*«

M: »*Die Sonne, die lacht, weil die Pocahontas so schön gekleidet ist.*«

E: »*Hast Du das im Fernsehen gesehen?*«

M: »*Im Kino und den Videofilm haben wir. Aber zu Hause haben wir das schon mal im Fernsehen gesehen, die richtige Pocahontas als richtigen Film. Nur da hatte sie ein richtiges Kleid angehabt, aber die sehen so ähnlich aus wie die richtigen.*«

E: »*Warum fandest Du die Pocahontas gut?*«

M: »*Weiß nicht, – Pause – weil die so schön aussieht.*«

E: »*Aha. Das sind die Haare?*«

M: »*Ja, die sind ganz lang.*«

E: »*Und das?*«

M: »*Ein schönes Kleid.*«

E: »*Was hat Dir noch gefallen im Film?*«
(Mandy denkt nach)

M: »*Die haben so dolle gekämpft, das fand ich nicht so schön.*«

E: »*Aha.*«

M: »*Das haben wir aufgenommen, aber hat Mama überspielt, weil das so blöde war. Die haben sich auch nicht getraut, schon mal zu den anderen, zu den weißen Männern hinzugehen.*«

E: »*Weißt Du auch, warum die sich nicht getraut haben, dahin zu gehen?*«

M: »*Weil die gegen die gekämpft hätten. Die hatten schon ein Adler getötet ... das arme Adlerkind.*«

Uns wird deutlich, daß Bilder und Äußerungen der Kinder immer in Bezug zu ihren konkreten Lebensthemen (stark-sein, schön-sein, gut-sein etc.) und somit auch zu ihrem Geschlecht stehen. Diese Bezüge bedingen die Wahl und die Interpretation der Fernsehsendungen.

2. + 3. Tag
Gespräche über Fernseherfahrungen und FernsehheldInnen

Dauer: jeweils 20 Minuten

Vorbereitung

▶ Vorüberlegung: Welche Fragen stelle ich, welche Antworten könnte es geben?

▶ Kassettenrekorder mit Kassette und Mikrofon für die spätere Aufzeichnung der
Gespräche bereitstellen (vorher testen!)

▶ ein großes Blatt Papier, Stifte

Durchführung

Im Stuhlkreis erzählen uns die Kinder mit großem Enthusiasmus, was sie am Wochenende im Fernsehen geschaut haben. Sie zählen ganz ungestüm alle bekannten Figuren auf
(vgl. Elterninfoplakat S. 70). Wenn wir einen Figurennamen nicht richtig verstehen und
nachfragen müssen, sind die Kinder besonders interessiert, denn jetzt sind sie die ExpertInnen! Sie betonen den Namen der Medienfigur ganz deutlich und erklären uns mit
großem Eifer, um welche Figur es sich handelt, z.B.:

E: »*Was sind denn Strümpfe?*«

Anton: »*Ja, kennst Du denn keine Strümpfe? Das sind doch so kleine, blaue Zwerge!*«

Judith: »*Die heißen Schlümpfe!*

E: »*Ja, ich glaube, die kenne ich auch!*«

Anton: »*Du mußt auch die aufschreiben, die Ibo auf seinen Schuhen hat!*«

E: »*Was hat denn Ibo auf seinen Schuhen, die kenne ich nicht!?*«

Lena: »*Sailor Moon, heißt die!*«

E: »*Kenne ich gar nicht, habe ich noch nie gehört, Zellamuh?*«

Es entwickeln sich weiterhin Gespräche über den Besitz von Videofilmen, dazugehörigen Audiokassetten, Bilderbüchern und Gegenständen, auf denen die Figuren vorkommen
(Keks- und Butterbrotdosen, Turnschuhen, Rucksäcken, T-Shirts etc.). Zwischendurch
beginnen einige Kinder immer wieder damit, Filmmelodien zu singen. Daraus entwickelt
sich schnell ein lustiges Ratespiel.

Zum Abschluß fragen wir, ob denn jemand ein Poster oder ein größeres Bild von einer
der genannten Figuren zu Hause hat und schlagen vor, diese mitzubringen, um sie im Gruppenraum aufzuhängen. Die Kinder sprechen sofort begeistert darüber, welche Bilder sie
besitzen und mitbringen könnten.

Nach Beendigung der heutigen Aktion reden die Kinder noch lange über das Vorhaben und über ihre Medienlieblinge.

Durch einen Aushang an unserer Pinnwand fordern wir die Eltern auf, uns bei der Sammlung von MedienheldInnen zu unterstützen. Leider bleibt die erste Resonanz gering, und es werden nur wenige Bilder von »HeldInnen« mitgebracht. So entwerfen wir ein zweites, informativeres Plakat. So wissen die Eltern, worum es in den nächsten Tagen gehen soll und können besser einordnen, worüber ihre Kinder zu Hause berichten

---

ELTERNINFOPLAKAT

Für unser Projekt »Medienerziehung« suchen wir Bilder (Fotos, Poster o.ä) von Medienfiguren oder MedienheldInnen, welche die Kinder aus Büchern, Comics, Fernsehsendungen, Videokassetten, Kinofilmen, Computerspielen oder von Hörspielkassetten kennen. Das können Figuren sein, die sie besonders lieben oder auch solche, die sie besonders doof finden. Es besteht die Möglichkeit, daß wir das Bild fotokopieren.

Die Kinder nannten im Gespräch folgende Figuren und Film- bzw. Buchtitel:
Der kleine Däumeling, Robin Hood, Tischlein-deck-Dich, Pocahontas, Die Schöne und das Biest, Räuber Hotzenplotz, König der Löwen, das Dschungelbuch, Mogli, Die Toy-Story, Benjamin Blümchen, Ronja Räubertochter, Hänsel und Gretel, Schneewittchen und die sieben Zwerge, Das kleine Gespenst, Die Schlümpfe, Die Kinder vom Süderhof, Batman, Superman, Muscleman, Power-Ranger, Tom und Jerry, Arielle, Alle unter einem Dach, Sendung mit der Maus, Rapunzel, Dornröschen, Bonkers, Flipper, Fury, Free Willy, Cowboys, Winnetou, Soldaten, 101 Dalmatiner, Edgar mit den Scherenhänden, Little Food, Rocky und seine Freunde, Peter Pan, Pinocchio, Barney und seine Freunde, O'Melly, Winnie Puh, Biene Maja und Willi, Seppel, Mr. Bean, Max und Moritz, Glücksbärchen, Bambi, Käpt'n Balu, Käpt'n Blaubär, Gargoyles, Sesamstraße, Die Gummibärenbande, Aristocats, Rotkäppchen, Die Kinder von Bullerbü, Die neugierige Hexe, Die kleine Hexe, Pippi Langstrumpf, Donald Duck, Mickey Mouse, Darkwing Duck, Goofy, Snoopy, Fizzli-Puzzli, Zilly die Zauberin, Die drei kleinen Schweinchen und der böse Wolf, Der gestiefelte Kater, Ein Schweinchen namens Babe, Bibi Blocksberg, Sailor Moon, Alladin, Herkules, Tiere aus dem Meer, – vom Bauernhof, – in der Wildnis. Spiderman, Baywatch, Mini-Playback-Show, Chip und Chap, Cap und Capper, Hallo Spencer, Siebenstein, Löwenzahn, Die Simpsons, Heidi, Mein lieber Biber, Fred Feuerstein, Jim Knopf, Lila Launebär, Popeye, Bitte lächeln!, Pingu, Unsere kleine Farm, Calimero, Der rosarote Panther, Forsthaus Falkenau.

Am darauffolgenden Aktionstag haben die Kinder Bilder, die sie aus Fernsehzeitungen ausgeschnitten haben, dabei, und wir legen diese auf ein großes Blatt Papier in die Mitte des Stuhlkreises. Manche haben auch Bücher, Plüschtiere und Figuren zu Videofilmen oder Fernsehsendungen mitgebracht und finden dadurch besondere Beachtung und Anerkennung bei anderen Kindern.

Reflexion

Die Kinder zeigten reges Interesse und waren wohl auch etwas überrascht darüber, daß sie so offen über ihre Fernsehlieblinge berichten durften. Sie konnten ihr ExpertInnenwissen kundtun und erfuhren von uns Akzeptanz, Aufgeschlossenheit und Interesse gegenüber den doch sonst so verpönten Figuren und Filmen. Wir waren uns gar nicht so bewußt darüber, wie sehr ihnen an dieser offenen Auseinandersetzung lag und wie sehr wir diese Themen bisher ausgeklammert hatten!

4. Tag
Galerie der MedienheldInnen

Dauer: 30 Minuten

Vorbereitung

▶ Fotokopieren aller Figuren aus den mitgebrachten Büchern etc.

▶ Ausschneiden und Aufkleben auf buntes Tonpapier (DINA 4) mit Hilfe der Kinder

▶ Wir Erzieherinnen stellen fest, daß sich unter den mitgebrachten Medienfiguren keine kämpferische Figur, wie z.B. ein »Power-Ranger« oder ein »Superman« befindet. Diese Figuren fehlen gänzlich, obwohl gerade die Jungen diese »Helden« gerne nachspielen. Wir entschließen uns daher, bis zum nächsten Aktionstag auch solche Figuren aufzustöbern und zu fotokopieren

Durchführung

Insgesamt haben wir am 4. Tag 65 Bilder kopiert und aufgeklebt. Beim Aufhängen der »FernsehheldInnen« helfen viele Kinder mit. Sie erkennen die Figuren wieder und führen erste Gespräche: »*Das habe ich mitgebracht!*« »*Das kenne ich, das Video hab' ich*«, »*Ich hab 'ne Kassette.*«, »*Das gucke ich immer!*« Auch wir kommen hierbei mit einigen

Kindern ins Gespräch. Manche sind sehr aufgeregt und erzählen im ganzen Kindergarten, was da Tolles aufgehängt wird.

Im Stuhlkreis sehen wir uns die große »Galerie der FernsehheldInnen« an und sprechen über die Figuren. Die Kinder erkennen viele Figuren wieder und können sie dem jeweiligen Film/Buch zuordnen. Manchmal erzählen sie auch von den Abenteuern und Erlebnissen der jeweiligen Figuren und was ihnen daran ge- oder mißfallen hat. Den jüngeren Kindern fällt es schwer, die Figuren und die dazugehörigen Filme auseinanderzuhalten. Sie nennen Ernie und Bert und meinen die »Sesamstraße« oder sie sagen »Pocahontas« und meinen den Waschbären und den Kolibri, die beiden lustigen Begleiter von Pocahontas. Aber auf unser Nachfragen antworten sie dann doch mit genauen Informationen.

Einige Figuren, die wir einem Dinosaurierbuch entnommen haben, werden dem Film »In einem Land vor unserer Zeit« zugeordnet, den die Kinder gut kennen. Sie abstrahieren die Figuren, der Tyrannosaurus Rex wird zu dem aus dem Film bekannte »Scharfzahn« und der Diplodocus wird zum »Langhals«. Die Medienfigur »Garfield«, die wir in der Galerie aufhängen, kennt keines der Kinder, er ist wohl eher eine »Erwachsenenfigur«.

Die Kinder erzählen uns, welche Figuren sie gut finden und warum:

E: »Wer ist hier zu sehen?«

Dennis: »Micky Maus!«

E: »Aber Micky Maus ist nicht allein,
            kennt ihr die anderen auch?«

Dennis: »Ja, das ist Goofy, das ist Carlo,
            das ist Minnie Maus.«

E: »Wie findet ihr die?«

K (viele):»Die sind lustig!«

Nina: »Der ist schlau, der Micky,
            der weiß immer einen Ausweg!«

Anton: »Der Carlo ist böse und Micky
            und Goofy sind dann mit der Poli-
            zei die Guten und dann kommt
            der Kater Carlo in den Knast!«

E: »Und wer ist auf diesem Bild
            zu sehen?«

Maike: »*Schneewittchen.*«

E: »*Ist das Schneewittchen? Hat die den Spiegel in der Hand?*«

Maike: »*Nein, das ist die Königin!*«

E: »*Wie findest Du die Stiefmutter von Schneewittchen?*«

Maike: »*Sie ist gut!*«

E: »*Warum meinst Du, daß sie gut ist?*«

Maike: »*Sie sieht so schön aus, sie hat so ein schickes Kleid an!*«

E: »*Aha! War die aber zu Schneewittchen lieb?*«

Maike: »*Nee, die hat sie weggeschickt!*«

Reflexion

Die Kinder hatten viel Spaß beim Basteln ihrer »HeldInnengalerie«. Von großer Wichtigkeit war der Austausch untereinander, der durch das gemeinsame Tun angeregt und in anschließenden Gesprächen vertieft wurde. Nachdem die »Galerie« fertiggestellt war, wollten wir Erzieherinnen das Projekt gerne thematisch weiterführen. Wir hatten durch die vorangegangenen Tage den Eindruck gewonnen, daß sich viele Kinder mit dem Thema »gut-sein« und »böse-sein« beschäftigten. Viele der Jungen verbanden mit »gut« vorwiegend Attribute wie z.B. Stärke und Mut, Gewinnen im Kampf; die meisten Mädchen verbanden damit gutes Aussehen und schöne Kleider. Auch im Freispiel beobachteten wir diese Unterschiede. Während die Jungen sich Utensilien für Kampfszenen bastelten, um sich gegen das Böse zur Wehr zu setzen, waren die meisten Mädchen dabei, sich schön anzuziehen, zu schminken und zu verkleiden.

Dem Phänomen »gut-böse« wollen wir in Teil II des Projektes nachgehen. Wir beschließen, uns diesem Thema mit Hilfe des Bilderbuches »Du hast angefangen! Nein Du!« von David McKee (Sauerländer Verlag 1996) anzunähern.

Um die Eltern über den bisherigen Verlauf des Projektes und die Wahl des thematischen Schwerpunktes zu informieren, laden wir zu einer Elterngesprächsrunde ein.

Elterngesprächsrunde
»Wieso eigentlich Medienarbeit im Kindergarten?
Wir stellen unser Medienprojekt vor!«

TeilnehmerInnen: 2 Erzieherinnen, 6 Erziehungsberechtigte (2 Männer, 4 Frauen), eine Medienpädagogin.

Raumvorbereitung: HeldInnenwäscheleine, Büchertisch, Infomaterial zum Mitnehmen, Getränke.

Programm

1. Einstieg mit einer »HeldInnenwäscheleine« für Erwachsene
2. Vorstellung der bisherigen Aktionen zum Thema »Fernseherlebnisse«
3. Wissensvermittlung (Kind und Wahrnehmung, Umgang mit dem Fernsehen in der Familie)
4. Möglichkeiten der Bearbeitung von Fernseherlebnissen
5. Ausblick auf kommende Aktionen (Thema: »gut und böse«)
6. Austausch
7. Organisatorisches, Verabschiedung

Ablauf

Eine HeldInnenwäscheleine sowie die mit den Kindern gebastelte »Galerie der Fern-sehheldInnen« ziehen die Aufmerksamkeit auf sich, als die Eltern den Raum betreten. Hier und da entwickeln sich Gespräche über einzelne Figuren und Filme. Der aufgebaute Büchertisch mit Literatur zum Thema lädt zum Durchblättern ein. Die Eltern fragen nach empfehlenswerter Literatur und erhalten kostenloses Infomaterial. Dann setzen sich alle hin, Getränke und Gebäck werden herumgereicht.

Nach einer kurzen Begrüßung der Eltern durch eine Erzieherin stellt sich die Medien-pädagogin, die an diesem Abend zu Gast ist, vor. Die medienpädagogische Arbeit des Ver-eins »Blickwechsel« wird skizziert und das gesamte Fortbildungskonzept, welches die Nie-dersächsische Landesmedienanstalt (NLM) finanziert, erläutert.

Die Eltern suchen sich dann unter Kommentaren und Lachen die »FernsehheldInnen« heraus, die sie toll oder blöd finden und kommentieren ihre Wahl. Frau A: »*Ich habe die Marylin Monroe genommen, weil die eine so tolle Frau war, und die mußte soviel durchmachen, die hat so gelitten und war doch so toll. Das bewundere ich, ich muß auch manchmal leiden.«* Durch diese Einleitung wird ihnen die Bedeutung von »Medien-heldInnen« für Kinder bewußt gemacht.

In der kleinen, fast familiären Gruppe entsteht eine sehr nette, vertrauensvolle Atmos-phäre. Die Eltern sind angeregt, von sich und ihrem Umgang mit dem Fernsehen in der Familie offen zu erzählen. Die Erzieherinnen berichten, wie sich der Titel »Hollywood« ergeben hat und woran sie die Fernseherlebnisse der Kinder festmachen konnten. Darauf-hin werden folgende Fragen besprochen:

▶ Sehen Sie gemeinsam mit ihren Kindern fern?

▶ Reden Sie hinterher darüber?

▶ Was erzählen Ihnen Ihre Kinder?

▶ Was, glauben Sie, lernen Ihre Kinder aus Filmen?

Die Eltern erzählen ungehemmt, wie sie zu Hause mit dem Fernseher und anderen Medien umgehen, was die Kinder sehen dürfen und was nicht. Eine Mutter berichtet, daß sie sich immer mit ihrem Kind »Notruf« ansieht. Sie ist davon überzeugt, daß ihr Kind dabei etwas lernen kann: *»Das Kind lernt daraus nämlich, auf der Hut zu sein vor den Gefahren der Welt!«* Daraufhin geht ein Stöhnen durch die Runde. Eine andere Mutter ver-steht das Verhalten gar nicht. Die Kinder bekämen doch davon nur Angst, sie sollen gar nicht fernsehen! Darauf kontert die erste Mutter: *»Wer Fernsehen verbietet, macht es Kin-dern nicht leichter. Die müssen wissen, wie die Welt aussieht«.* Auch andere Mütter sind nicht einverstanden: *»Das ist doch nichts für Kinder, das merkt man doch schon an der Sendezeit...«* Eine Erzieherin greift in die Unterhaltung ein: *»Wir werden im Folgenden dazu kommen, ob bestimmte Sendungen für Kindern ungeeignet sind oder nicht!«* Durch ihr Eingreifen »schützt« sie die Mutter, die scheinbar mit ihrer Meinung alleine dasteht. Die Erzieherin erläutert die möglichen Wirkungsweisen von Fernsehsendungen auf Kinder. Diese sind abhängig von den entwicklungspsychologischen Wahrnehmungsfähig-keiten der Kinder, ihren handlungsleitenden Themen, dem sozialen Umfeld, ihrem Geschlecht, der Aufmachung der Sendungen usw.

Exemplarisch erklärt wird dies an einem Ausschnitt aus dem Walt-Disney-Zeichentrick-film »König der Löwen«. Eine Mutter möchte wissen: *»Muß man Filme immer wiederho-len, wenn Kinder sich das wünschen?«* und einer anderen Mutter fällt dazu ein: *»Mein Sohn hat das erste Mal den Film ›König der Löwen‹ gar nicht gerafft. Er wollte ihn* immer und immer wieder sehen. Die Szene, in der der Vater stirbt, war für ihn schrecklich, da hat er immer geweint. Inzwischen hat er es verarbeitet, das war gut für ihn, das brauchte er zur Verarbeitung, diese Szene immer wieder anzuschauen!« Den Eltern wird während des Gesprächs einiges über den »lebensgeschichtlichen Bezug«, den Zusammenhang zwischen der Welt der Kinder und der Nutzung bzw. der »Wirkung« von Fernsehsendungen deutlich.

Auch über die gemalten Bilder der Kinder wird gesprochen. Herr S. will wissen: »Ja, schöne Kleider, lange Haare sind wohl wichtig. Wir haben dies zu Hause nie hervorgehoben und doch bestehen unsere beiden Mädchen so darauf, daß wir ihnen doch Kleider gekauft haben. Wo kommt das nur her? Wir haben ihnen das nicht vermittelt!«. Ein Blick auf die »HeldInnenwand« zeigt uns deutlich, wie traditionell die Männer- und Frauen- bzw. die Jungen- und Mädchenrollen heute noch besetzt sind und den Kindern vermittelt werden. Wir reden über Schönheitsideale und Frauenfiguren, über Kämpfer und Helden.

Dann erläutern die beiden Erzieherinnen die zukünftigen Aktionen und stellen den weiteren Verlauf des Projektes vor. Die Eltern sind sehr daran interessiert, die Ergebnisse zu sehen und wünschen sich einen weiteren Elterngesprächskreis. Sie einigen sich schnell auf einen zweiten Abend, an dem in Ruhe die Ergebnisse der Filmaufnahmen und des Rollenspiels angesehen und diskutiert werden sollen.

Projektteil II

5. Tag
»Du hast angefangen! Nein Du!«

Dauer: 30 Minuten

Vorbereitung

▶ Bilderbuch »Du hast angefangen! Nein Du!«,

▶ Fotoapparat und Filme,

▶ Kassettenrekorder, Kassetten und Mikrofon bereitstellen

Durchführung

Eine Erzieherin liest aus dem Bilderbuch »Du hast angefangen! Nein Du!« (DAVID McKEE 1996, Sauerländer Verlag) vor. Die Kinder hören aufmerksam zu und lachen, wenn sich der rote und der blaue Kerl Schimpfworte zurufen. Immer wieder hält die Vorleserin das Bilderbuch hoch, damit alle sich die Zeichnungen ansehen können.

Die Geschichte: Ein blauer und ein roter Kerl leben an einem hohen Berg. Aber sie können sich nicht sehen, denn der eine lebt auf der rechten Seite und der andere auf der linken Seite. Sie können sich nur durch ein Loch im Berg unterhalten. Eines Tages entfacht ein Streit, als der blaue Kerl sagt, daß die Sonne untergehe und die Nacht käme, während der rote Kerl behauptet, die Sonne ginge auf und der Tag käme. Die beiden Kerle kennen die Sicht des anderen nicht. Die Kerle fühlen sich vom Gegenüber nicht ernst genommen oder gar belogen. Daraufhin werden sie wütend und rufen sich gegenseitig Schimpfworte zu. Der Streit geht soweit, daß Steine und Felsbrocken über den Berg geworfen werden. Dies geschieht in der Hoffnung, den anderen zu treffen, damit dieser endlich aufhört, so einen Unsinn zu erzählen. Bei diesem Streit ruinieren die Kerle ihren Berg, der immer kleiner und kleiner wird, bis er so zerbröckelt ist, daß sich die beiden Kerle plötzlich gegenüberstehen. In diesem Moment erkennen sie, was der andere gemeint hat und rufen gleichzeitig: »Du hast ja recht!«

Anschließend wird kurz über die Geschichte geredet. Auf unsere Frage, ob die Kinder Lust haben, die Geschichte spontan nachzuspielen, springen einige Mädchen und Jungen sofort auf und rufen: *»Ich bin der blaue Kerl!« »Und ich spiele den roten Kerl!«*

Wir bereiten eine Spielfläche vor und geben den Hinweis, daß die Kinder im Spiel ausprobieren können, wie sie reagieren, wenn sie böse oder verärgert sind. Auch sollen sie überlegen, wie man sich wieder vertragen kann. Für das Spiel brauchen wir noch einen »Berg«. Eine über zwei Kinder geworfene Decke bildet den Berg, der während des Streits immer mehr zusammenfällt. Lena holt sich aus einer Bastelkiste ein paar Steine, gibt dem anderen »Kerl« ein paar ab und wirft sie über und gegen den Berg. Die Kinder rufen sich Schimpfworte zu, während sie agieren, z.B. *»Du Arschloch!« »Du alte Eiertomate«* oder *»Du Dummkopf!«*. Die SpielerInnen und auch die ZuschauerInnen lachen gerade bei den Schimpfkanonaden viel. Das Spiel wird von mehreren SpielerInnen wiederholt. Einige der »Kerle« vertragen sich und werden Freunde. Als alle genug gespielt haben, lesen wir das Buch noch einmal vor.

Reflexion

Die Kinder gingen sehr kreativ an die Ausgestaltung der nachzuspielenden Geschichte heran. Wir hatten keinerlei Utensilien bereitgelegt, alles, was sie für ihr Spiel brauchten, holten sie sich aus dem Gruppenraum. Die Kinder fanden eigene Lösungen, wie sie sich annähern, sich vertragen und FreundInnen werden konnten. Dabei benutzten sie Gesten wie Umarmen und Streicheln, die sie aus ihrem Umfeld kannten und erweiterten so die vorgegebene Bilderbuchgeschichte. Alle Kinder hatten Spaß an dem Angebot. Auch diejenigen, die nicht spielen wollten, waren als ZuschauerInnen aufmerksam bei der Sache.

6. Tag
»Wie sehe ich aus, wenn ich gut/böse bin?«

Dauer: 30 Minuten

Durchführung

Wir möchten heute nocheinmal auf das Buch »Du hast angefangen! Nein Du!« zu sprechen kommen.

E: *»Was haben die Kerle denn gemacht?«*

Maike: *»Die haben sich gestritten und waren sauer und böse aufeinander.«*

Judith: *»Dann haben die Steine rübergeworfen.«*

E: *»Und was noch?«*

Dennis: *»Und dann haben wir das auch gespielt, schlimme Wörter gerufen.«* (...)

E: *»Ihr habt Euch doch auch mal gestritten und danach ward ihr wieder Freundinnen? (...) Und was war dann, als ihr wieder Freundinnen ward? Was habt ihr gemacht?«*

Lena: *»Getanzt, ja, da haben wir ein Schmetterlingskleid angezogen.«*

E: *»Aha, und dann?«*

Lena: *»Und dann haben wir Musik gehört und zusammen getanzt.«* (...)

E: *»Carlos und Anton, ihr streitet Euch auch manchmal, oder?«.*

Anton: *»Hm, wir kämpfen.«*

E: *»Ihr kämpft?«*

Anton: *»Zum Beispiel mit Carlos oder mit Lars.«*

E: *»Ist das ein Spiel, oder seid ihr dann wirklich böse?«*

Anton: »*Wir spielen das richtig.*«

E: » *Und wenn der Carlos ein ganz böses Wort zu Dir sagt?*«

Anton: »*Dann hau ich ihn eine.*«

E: »*Warum?*«

Anton: »*Weil er dann gegen mich kämpfen will. Dann kämpfen wir, wenn wir schlechte Wörter sagen.*«

E: »*Was sind denn schlechte Wörter?*«

K (durcheinander): »*Du blöder Clown oder Du blöder Kerl, Du blödes Cornflakes, Du blöde Kuh.*«

E: »*Wollen wir mal Mandy hören. Mandy sagt, das ist nicht Kämpfen. Was ist das denn, wenn einer zu Dir böse Wörter sagt? Findest Du das schlimm?*«

Mandy: »*Ja, dann wird man ganz sauer, da kann man sich nicht wehren.*«

Im weiteren Gespräch reden wir über Fernsehfiguren, die den Kindern bekannt sind. Wir fragen nach, an welchen Merkmalen, Körperhaltungen oder Kleidungsstücken sie erkennen, ob eine Figur »gut« bzw. »böse« ist. Folgende Attribute werden aufgezählt. »Böse« bedeutet für die Kinder: böse schauen, ein grimmiges Gesicht machen, Arme verschränken, schlagen, kämpfen, kratzen, hauen, beißen, brüllen, toben, treten, Schlangen am Hals oder ein schwarzes Gesicht zu haben. Merkmale, die mit »gut« in Verbindung gebracht werden, sind: winken, einhenkeln, anfassen, streicheln, küssen, vertragen, miteinander spielen, tanzen, schick anziehen.

Nina: »*Die Stiefmutter bei Schneewittchen ist böse!*«

E: »*Wieso?*«

Nina: »*Weil Schneewittchen schöner ausgesehen hat.*«

E: »*Was hat die Stiefmutter gemacht?*«

Nina: »*Die vergiftet, mit einem Apfel!*«

Yvonne: »*Ja!*«

E: »*Was hätte denn da Schneewittchen machen können?*«

Karim: »*Die nicht ins Haus lassen.*«

Lasse: »*Oder sie erstmal verbrennen.*«

Mona: »*Ihr auch ein schönes Kleid geben.*« (...)

E: »*Und auf wen war Scar* (Figur aus dem Film »König der Löwen«) *böse und warum?* »

Dennis: »*Auf den König.*«

Lena: »*Weil der auch König sein wollte.*« (...)

E: »*Und die Power-Rangers? Die haben auch Streit, oder nicht? Was machen die, wenn die Streit haben? Gehen die sich aus dem Weg, gehen die nach Hause oder legen die sich ins Bett?*«

Anton: »*Nee, die kämpfen einfach.*«

E: »*Wenn die kämpfen, woran sieht man das, wer die Guten und die Bösen sind? Oder gibt's gar kein Gut und Böse?*«

Anton: »*Doch! Die Bösen ham 'ne Rüstung und die Guten sind Menschen.*« (...)

E: »*Die Kerle haben nicht nur Brocken und Steine geworfen, sondern sich auch schlimme Wörter an den Kopf geworfen. Können schlimme Wörter auch wehtun?*«

K (alle): »*Nein!*«

E: »*Kann man sich nicht darüber ärgern? Über schlimme Wörter, die jemand zu Dir sagt?*«

K (alle): »*Ja, doch!*« (...)

E: »*Einmal haben die Kinder immer gerufen »Arne Banane«, wißt Ihr das noch?*«

K (alle): »*Ja!*«

E: »*Und der Arne, wie fand der das?*«

K (alle): »*Doof!*«

E: »*Der fand das doof, der kam an und weinte fast und meinte, er wäre keine Banane.*«

E: »*Genau. Die Mama hat gesagt, daß er eigentlich gar nicht mehr in den Kindergarten möchte, weil die Kinder sowas immer zu ihm sagen. Also haben die Wörter dem Arne doch ganz schön wehgetan, oder?*«

K (alle): »*Ja!*«

E: »*Wo kann das denn wehtun?*«

Mandy: »*Im Herzen.*«

Dennis: »*Da muß man sich wehren.*«

E: »*Wie kann man das denn machen? Sich wehren, wenn einer böse zu einem gewesen ist?*«

80

Lena: »*Den Eltern das sagen, daß das Kind das nicht gerne hat.*«

E: »*Man könnte sich Hilfe bei den Großen, bei den Erwachsenen holen, oder dem Kind was zurücksagen, was könnte man denn da zurücksagen?*«

Karim: »*Du Flachschwein.*«

Silla: »*Halt den Mund!*«

E: »*Aber es gibt ja auch was, daß man nicht das gleiche machen muß, wie der andere. Das man den auch nur wieder ärgert, wenn man so was Blödes zurücksagt. Manchmal kann man ja auch einfach nur sagen: »Hör auf!*«

Adrian: »*Oder die Ohren zuhalten. Das mach' ich auch.*« (...)

Zum Schluß fragen wir die Kinder, ob sie Lust haben, beim nächsten Mal eine Art Theaterstück zum Thema »Gut/Böse« durchzuführen. »*Dazu müsst ihr Euch überlegen, ob ihr lieber eine/n Gute/n oder eine/n Böse/n darstellen möchtet.*« Die Verkleidungssachen, die die Kinder benötigen, sollen in den nächsten Tagen mitgebracht werden. Die Vorführungen wollen wir mit einer Videokamera aufnehmen. »*Dann können wir uns im Fernsehen sehen!*« ruft Lasse. Die Kinder sind begeistert von der Idee und haben zum Teil sehr konkrete Vorstellungen davon, was sie mitbringen wollen: »*Man kann ja auch ein Kuscheltier mitbringen, zum Liebsein!*« oder »*Ich bringe meine Ritterrüstung mit und kämpfe!*«

Zur Sicherheit hängen wir noch eine Elterninfo in den Flur, aus der hervorgeht, was wir gemacht haben und machen wollen. Von den Eltern kommen anschließend viele Rückfragen, ob sie das richtig verstanden hätten, daß die Kinder Verkleidungssachen, Rüstung, Schwerter etc. mitbringen dürfen. Ein Junge kommt bereits am nächsten Tag mit einem schwarz angemalten Gesicht, um ja den Filmtag nicht zu verpassen. Die meisten Eltern wollen den Film auch gerne sehen. Wir verweisen sie auf die bevorstehende Elterngesprächsrunde, die wir nach dem Projekt anbieten werden.

Reflexion

Uns fiel auf, daß unsere Frage, ob auch Worte wehtun können, zunächst verneint wurde. Damit hatten wir nicht gerechnet. Die Kinder verstanden zunächst nicht, warum sich jemand traurig oder verletzt fühlen kann, wenn ihn jemand mit Schimpfwörtern anschreit. Daß auch Worte wehtun können, ist für die Kinder zunächst sehr abstrakt. Für sie sind offensichtliche »Verletzungen« durch Schlagen, Beißen oder Kratzen leichter nachvollziehbar. Aber auch durch Worte fühlen sich Kinder oftmals verletzt. Diese schlagen innere Wunden, die nicht die Haut, sondern die Emotionen verletzen. Das wurde den Kindern im Gespräch deutlich, als wir das Beispiel aus dem Kindergartenalltag erzählten, bei dem ein Junge von einigen Kindern als »Arne Banane« beschimpft wird.

7. Tag
Darstellendes Spiel und Filmaufnahmen: »Gut und Böse«

Dauer: 60 Minuten

Vorbereitung

▶ Videokamera und Zubehör besorgen und aufbauen
▶ Bühne für Rollenspiel und ZuschauerInnenecke einrichten
▶ Schminksachen und Verkleidungsutensilien bereitlegen

Durchführung

Im Stuhlkreis überlegen die Kinder:

1. Was will ich vorführen, bin ich gut oder böse?
2. Was ziehe ich dazu an, und will ich mich irgendwie schminken?
3. Möchte ich alleine vorspielen oder mit einem anderen Kind gemeinsam etwas darstellen?

Wir besprechen noch einmal das Vorgehen: Zuerst können sich alle schminken und verkleiden, dann richten wir eine »Tribüne« für die ZuschauerInnen und eine Bühne für die SchauspielerInnen ein. Als das getan ist, können die Kinder ein Schauspiel inszenieren.

Dann verkleiden und schminken sich alle. Die Jungen – einer von ihnen hat sich einen großen schwarzen Bart ins Gesicht gemalt – ziehen sich ihre Rüstungen (Polizei, Ritter, Römer) und Kostüme (z.B. »Robin Hood«) an, schnallen sich die Schwerter an ihre Gürtel, nehmen die Schilde und beginnen sehr schnell, miteinander zu kämpfen. Hierbei nehmen sie viel Raum ein, sie brüllen und toben, lachen und fechten. Dies geschieht ohne Absprachen, jeder kämpft mit jedem. Die Mädchen nehmen davon kaum Notiz. Während die »Helden« kämpfen, sind die Mädchen beim Umkleiden. Sie stehen vor einem großen Spiegel, malen sich ihre Lippen und

82

Wangen rot an. Kleider und Röcke werden angezogen. Judith (5) schlüpft in ihr mitge-brachtes lilafarbenes Clownskostüm mit den gelben Punkten.

Als alle verkleidet sind, nehmen wir auf unserer »Tribüne« Platz und gehen noch ein-mal den Ablauf durch. Die meisten Kinder möchten zu zweit spielen. Die zuschauenden Kinder erhalten die Aufgabe, genau hinzusehen, ob sie erkennen können, wer/welche gut oder böse ist. Die Kamera ist bereit, um die Szenen aufzuzeichnen. Nun kann es losgehen.

Der erste »Streit«, der inszeniert wird, spielt sich zwischen zwei Jungen ab. Karim (5) trägt ein »Robin Hood«-Kostüm mit Köcher und Bogen, sein Gegenspieler Dennis (6) hat ein Ritterkostüm mit Helm, Schwert und Brustpanzer an. Für die Kinder ist völlig klar, daß Robin Hood der Gute ist (obwohl dieser kämpft), und sie ergreifen für »Robin« Partei und feuern ihn durch rhythmisches Klatschen und passende Rufe an: *»Karim, Karim, Karim!«*. Als »Robin« seine Rüstung abwirft, weil sie ihn im Kampf behindert, wird der andere Kämpfer angefeuert. Aber auch der andere wirft seinen Brustpanzer und den Helm bald zur Seite und ein Schwertkampf entfacht. Geredet wird dabei nicht, aber dafür gibt es Kampfge-brüll. Auch die Schwerter werden bald weggelegt, und die Jungen ringen miteinander und albern dabei lachend herum. Hier wird nun auch geredet, sie beschimpfen sich lachend, und das Publikum ist begeistert.

Den zweiten »Streit« inszenieren zwei Mädchen. Sie haben sich die Wangen rot und die Augenlider blau geschminkt. Sie stehen voreinander und reden aufeinander ein, »werfen« ebenfalls mit Schimpfworten um sich. Die Sätze *»Du hast angefangen!«*, *»Nein Du!«* bil-den aber die Grundlage der Auseinandersetzung, diese werden in alberner Sprache gespro-chen. Die Mädchen tippen sich zur Unterstreichung ihrer Argumente auf den Brustkorb. Nach einiger Zeit beginnen sie Fangen zu spielen und sich mit Sofakissen zu schlagen.

Als Judith (5) (als Clownin verkleidet) und Nina (4) ihre Szene vorspielen, werden sie durch den Ruf von Mona (5) *»Die machen uns ja alles nach!«* gestört. Das macht Judith wütend, sie stemmt die Arme in die Seiten, bleibt vor Mona ste-hen und schimpft *»Gar nicht!«*. Dann spielt sie weiter, so wie vorher. Sie albert viel herum und die ZuschauerInnen lachen, wenn ihr aus Spaß schwindelig ist und sie auf den Boden fällt. Nina, das andere Mädchen, spielt derweil mit ihrer Puppe. Judith bemerkt dies allerdings nicht, nimmt Nina an die Hände und will mit ihr tanzen. Plötzlich verläßt Nina die Bühne und setzt sich in den hinteren Tribünenraum. Dort tröstet sie traurig ihre Puppe, der augenscheinlich weh getan wurde. Judith wundert sich, unterbricht ihr Spiel und erkundigt sich, was denn passiert sei. Nina murmelt, den Tränen nahe, unverständlich etwas über ihre Puppe, der wehgetan wurde. Judith fragt, ob sie nun allein weiterspielen soll, und die anderen Kinder bejahen dies. So macht Judith noch ein paar Faxen, bis sie ihren Auftritt mit einer Verbeugung beendet.

Das Publikum feuert auch hier wieder kräftig an. Beendet werden die Spielszenen durch Regieanweisungen der Erzieherin, da die Kinder von sich aus nicht zu einem Ende kommen. Dann verbeugen sich die SpielerInnen, und das Publikum liefert einen letzten stürmischen Applaus. Als alle Kinder ihre Vorstellung beendet haben, sollen sie sich nocheinmal zu den Guten oder den Bösen stellen, dies geschieht schnell und eindeutig. Zehn Kinder spielten »gute« und sechs Kinder »böse« Charaktere.

Reflexion

Die Kinder brauchten nur wenig Verkleidungsutensilien, um in ihren Rollen anerkannt zu werden. Es schien ihnen zu gefallen, gemeinsam mit einem anderen Kind im Mittelpunkt des Geschehens zu stehen. Die Kinder versuchten, das Wesentliche für ihre Darstellung herauszuarbeiten und sie erlebten ihren Platz in der Gruppe. Sie nahmen ihre Darstellung sehr ernst und hatten Spaß dabei. Sogar ein sonst sehr zurückhaltendes Mädchen spielte auf der Bühne, was für sie sehr außergewöhnlich ist. Es war schön zu beobachten, wie die Kinder ihre Handlungen frei gestalteten und wie spontan sie ihr Spiel inszenierten.

Interessant waren die Reaktionen der zuschauenden Kinder. Durch Schlagrufe (klatschen im Takt und Rufen eines Namens) »*Carlos... Carlos... Carlos*« oder »*Mona... Mona.... Mona!*« feuerten sie ihre/n »Guten« immer wieder an. Diese Parteilichkeit wechselte zwischen den Spielenden hin und her.

Für die Kinder war es gut, viel Zeit für ihre Darstellung zu haben, doch alles in allem war die Aktion zu lang (60 Minuten). Man sollte überlegen, die TeilnehmerInnenzahl auf max. zehn Kinder zu begrenzen. Da wir zum ersten Mal mit einer Videokamera im Kindergarten gearbeitet haben, war der Drehtag sehr spannend für alle, und es war gut, daß uns eine Medienpädagogin unterstützte.

8. Tag
Filmschau

Dauer: 60 Minuten

Vorbereitung

▶ Filmmaterial sichten und schneiden (kürzen auf ca. 20min)

▶ Fernseher und Videorekorder aufbauen (Technikkontrolle!)

▶ Sitzreihen mit den Kindern aufbauen

Durchführung

Heute sitzen alle gespannt vor dem Fernseher, um sich die gespielten Szenen anzusehen. Der Film dauert insgesamt 20 Minuten. Wir sehen uns jeweils eine Spielszene an und sprechen dann darüber.

E: *»Fandst Du das gut, als Mona sagte, daß Du alles nachmachst?«*

Judith: *»Nee, ich war sauer, weil das ja nicht stimmt!«*

E: *»Was hat sie denn dann gemacht mit ihrem Ärger?«*

Annika. *»Sie hat gesagt, das stimmt nicht!«*

E: *»Ist das richtig, das zu sagen?«*

Dennis: *»Ja, sonst weiß das ja keiner!«*

E: *»Aber, die hätte doch auch, so wie das der rote Kerl gemacht hat, einen Stein auf die Mona werfen können, oder?«*

Mandy: *»Das tut doch weh!«*

E: *»Genau, man muß ja nicht gleich mit einem Stein werfen oder hauen, man kann ja einfach sagen, wenn einem etwas nicht paßt!«*

Die Kinder haben durch die Besprechung der gefilmten Szenen erneut die Möglichkeit, das Thema »Gut/Böse« zu bearbeiten. Sie erklären den anderen Kindern, wie sie sich in der Situation gefühlt haben, was ihnen am meisten gefallen hat und auch, was sie gemein oder blöd fanden. In der Runde wird offen über Gefühle geredet und Unklarheiten können aus dem Weg geräumt werden.

Yue-Jen: *»Die rufen alle für Silla, weil mich keiner mag, weil alle für Silla sind!«*

E: *»Stimmt das? Warum ruft ihr für Silla?«*

Lasse: *»Weil das Spaß macht!«*

Judith: *»Weil Silla so lustig ist!«*

E: *»Mögt ihr die Yue-Jen nicht?«*

Mona: »*Doch!*«

Nina: »*Gerne!*«

E: »*Siehst Du, die Kinder mögen Dich gerne!*«

Damit die Filmschau nicht lediglich im Gepräch mündet, haben wir kleine Szenen als Standbilder nachgestellt. Anhand dieser Darstellungen können mimische und gestische Ausdrücke gut nachgezeichnet werden. Mit Hilfe der Pausefunktion am Videorekorder werden bestimmte Einstellungen »festgefroren«. Dann wird je nachdem, was auf dem Monitor sichtbar ist, die Szene als Standbild nachgemacht. Ein Bild von »Robin Hood« ist gerade als Großaufnahme zu sehen, er schaut ganz finster drein. Der Schauspieler wird gebeten, dieses Gesicht noch einmal zu machen, dafür stellt er sich vor die Gruppe.

E: »*Wie schaut der Robin Hood denn da gerade?*«

Dennis: »*Wie ein Affe!*«

Yvonne: »*Gemein guckt der!*«

E: »*Aber ich denke, der Robin ist nicht gemein, sondern gut?*«

Anton: »*Ja, aber der muß auch mal so sein, wegen den Bösen!*«

E: »*Das ist ja ganz schön kompliziert, mit dem gut und böse! Karim, das hast Du toll gemacht, Danke!*«

Dann wird Karim mit viel Applaus wieder entlassen, und der Film wird weiter angeschaut. Am Ende gibt es noch einmal viel Applaus und Getrampel für die DarstellerInnen.

Reflexion

Am wichtigsten schien es den Kindern zu sein, sich selbst und ihr Spiel im Fernseher zu sehen. Immer wieder riefen sie begeistert:«Das bin ich!« Die Kinder kommentierten entsprechend ihren Bedürfnissen einzelne Spielszenen und reagierten direkt auf Bemerkungen der anderen. Das Ansehen des Filmes wurde zu einem richtigen Ereignis: Es wurde viel gelacht, geredet, zurückgespult oder auch direkt eine Szene nachgestellt. Es wurde ganz deutlich, daß fernsehen für Kinder mehr als nur Zusehen oder stures Glotzen sein kann. Voraussetzung aber ist, daß ein Freiraum zum Reden und Agieren bereitgestellt wird.

Es gab selbstverständlich auch Szenen, die sehr ruhig und angespannt verfolgt wurden. Dabei konnten wir beobachten, daß das von uns oft negativ bewertete starre, angespannte Sitzen vor dem Fernseher ein Teil eines angenehmen Wechselbades der Gefühle sein kann: einem Wechselbad zwischen An- und Entspannung. Auf jede Szene, die die Aufmerksamkeit besonders forderte, folgten immer wieder Szenen, in denen gelacht werden konnte, und das herzhafte Lachen löste die Anspannung auf. Dieses Hin und Her wurde, so unser Eindruck, von den Kindern als angenehm empfunden.

Bereits während der Filmschau wurde deutlich, daß die Gruppe zusammengewachsen war. Es saßen Kinder nebeneinander, die sonst nichts miteinander zu tun haben wollten, und es wurden Äußerungen gemacht, in denen die Kinder sich gegenseitig unterstützten. Die Kinder hatten an Selbstvertrauen gewonnen und dabei Toleranz geübt, eine gute Mischung.

Zweite Elterngesprächsrunde

TeilnehmerInnen: 1 Erzieherin, 1 Praktikantin, 14 Erziehungsberechtigte (2 Männer, 12 Frauen), 1 Medienpädagogin.

Raumgestaltung: »HeldInnengalerie« der Kinder, Fotoecke, Pinnwand »Woran erkenne ich, daß jemand ›lieb‹ oder ›böse‹ ist?«, Stühle im Halbkreis, Fernseher, Tapete als Schreibtafel, Getränke.

Ablauf

Einige der teilnehmenden Eltern sind bereits am ersten Gesprächsabend dabei gewesen. Sie kommen ohne Zögern miteinander ins Gespräch. Die Atmosphäre ist auch heute angenehm. Über die HeldInnen an der Wand wird geredet und zwischendurch gerätselt: *»Wer ist denn das, die kenne ich ja gar nicht!« »Aber das ist doch Zilly, die Hexe!« »Aha!?« »Den kenne ich aber, das ist Räuber Hotzenplotz, endlich mal was für mich!«* In einer Ecke werden die Fotowände begutachtet, sie schaffen einen Eindruck von dem, was in den Projekttagen passiert ist. Begeisterung, Neugier und Interesse liegen in der Luft. Nachdem sich alle mit Getränken versorgt haben, begrüßt eine Erzieherin die Gäste. Sie erläutert das Projekt und den Ablauf des heutigen Abends. Dann werden die Eltern gebeten, auf vorher verteilten Kärtchen folgende Aufgabe zu bearbeiten: *»Schreiben Sie bitte einmal auf, wie jemand aussieht, wenn er/sie ›lieb‹ bzw. ›böse‹ ist.«*

Diese Kärtchen sollen sie an die vorbereitete Pinnwand heften:

Woran erkenne ich, ob jemand lieb oder böse ist?

lieb sein		böse sein	
Quatsch machen	ehrlich und fröhlich	jemand, der nie grüßt	streiten, traurig sein
glücklich sein, helfen	jemandem in die Augen schauen	unfreundlich, böses Gesicht	schimpfen, schreien
freundlicher Gesichtsausdruck	nettes, freundliches Aussehen	dunkel, finster	Zornfalten
verständnisvoll	lächeln, freundlich sein	laut sein, schreien	hinterlistiges Verhalten
mit offenen Armen, lächelnd, lachend	ruhig sein	mutwilliges Kaputtmachen	mit dem Nudelholz

Die Erzieherin verdeutlicht, wie schwierig es ist, eine allgemeingültige Definition von »Gut« oder »Böse« zu finden, da es sich dabei um abstrakte Begriffe handelt. Im menschlichen Verhalten äußern sie sich z.B. durch die Mimik, die Handlungen oder die Stimme. Denn ich kann auch etwas »Böses« ganz lieb flüstern (wie z.B. der Löwenonkel Scar im Disneyfilm »König der Löwen«) oder jemanden nett behandeln, obwohl ich ihn/sie gar nicht mag. Wir kommen ins Gespräch über Werte und Erziehungsstile; darüber, wie Werte vermittelt werden und wie mit den Themen »Gewalt« oder »Liebe« umgegangen wird.

Die Erzieherin lenkt das Gespräch auf das Spiel der Kinder. Die meisten Jungen spielen gerne kämpferische Szenen: Sie sind dabei aber nicht böse, auch wenn sie kämpfen, denn sie sind meistens die Guten! Sie bekämpfen das Böse zwar mit Methoden, die auch als »schlecht/böse« definiert werden könnten (Treten oder Schlagen), aber ihr Motiv ist ein Gutes! Viele Mädchen dagegen lehnen kämpferische Spiele ab. Hier lassen sich deutlich geschlechtsspezifische Unterschiede erkennen, deren Hintergründe vielfältig sind und stets kontrovers diskutiert werden. Suchen die einen in der »Biologie« die Gründe für die Unterschiedlichkeit, so sind sich andere WissenschaftlerInnen einig, daß die Wurzeln für das unterschiedliche Verhalten von Jungen und Mädchen in der Sozialisation liegen (Erziehungsstile, Vorbilder etc.). Die Medienpädagogin berichtet über ein Forschungsprojekt, in dem herausgefunden wurde, welche Cartoon-Figuren Jungen und Mädchen bevorzugen und welches Verständnis von »Gewalt« sie besitzen. Das Interesse und der Erfahrungsaustausch sind rege. Wir beschließen, zunächst die Filmszenen der Kinder anzusehen, um dann anhand der Rollenspiele weiterzudiskutieren. Folgende Themen wurden in der Diskussion angerissen:

▶ Wieso gibt es ein geschlechtsrollenspezifisches Verhalten? (»Kämpfen« und Jungen, »Schönheit« und Mädchen)

▶ Was bedeutet An- und Entspannung für Kinder und Erwachsene?

▶ Wieso sind Zeichentrickserien so beliebt?

▶ Wie beeinflußt das Fernsehen unseren Familienalltag? Wie gehen wir damit um? Wie sollten wir damit umgehen? Ist Fernsehen nun gut oder schlecht?

▶ Was ist für mein Kind wichtig, und welchen Stellenwert hat das Fernsehen dabei?

Unser Film ist ein voller Erfolg. Die Eltern schauen interessiert zu und beteiligen sich aufmerksam am anschließenden Gespräch. Sie geben sich gegenseitig Hilfestellungen und Tips, ohne über die Erziehungsstile der anderen zu urteilen. Wir bedanken uns bei den Eltern für diesen Abend und beenden das rege Gespräch, da es bereits sehr spät geworden ist.

Zusamenfassende Reflexion des Gesamtprojektes

Wir Erzieherinnen befürchteten negative Auswirkungen bestimmter Medieninhalte auf die Kinder und standen der kindlichen Medienfaszination sehr skeptisch und unsicher gegenüber. Neben allen Unsicherheiten hatten wir auch ein großes Bedürfnis, das notwendige Handwerkzeug für eine Medienerziehung zu erhalten, die unserem situationsorientierten Ansatz gerecht würde. Wir wollten pädagogisch sinnvoll an den vielfältigen (Medien-) Themen der Kinder anknüpfen können. Die im Vorfeld des medienpraktischen Projektes gelaufene Grundlagenfortbildung »Medienpädagogik im Kindergarten« war für uns eine gute Gelegenheit, Antworten auf unsere medienerzieherischen Fragen zu erhalten. Uns wurden neue Aspekte im Umgang mit den kindlichen Medienthemen eröffnet. Die Kenntnisse über Wirkungsweisen von Medien und die Wahrnehmung von Fernseherlebnissen durch die Kinder waren sehr wichtig, um auch als ErzieherIn einen »Blickwechsel« vollziehen zu können.

Wir machen nicht mehr alleine das Fernsehen dafür verantwortlich, daß manche Kinder spielunfähig sind oder es ihnen an Konzentration mangelt. Unser Ansatz ist ein konstruktiver, wir ergründen mit Hilfe der Kinder, warum manche Sendungen bei ihnen so beliebt sind, und wir bieten gezielte Bearbeitungsmöglichkeiten an. Wir »verteufeln« die Fernsehvorlieben der Kinder nicht wie früher, als wir nur verzweifelt und genervt waren – *»Oh nein, jetzt spielen die schon wieder Power-Rangers«* – sondern wir entdecken die Spielideen der Kinder hinter den »Kulissen« und erhalten so einen tieferen Einblick in das Spielgeschehen. Wir sehen heute genauer hin: was, warum und wie spielen die Kinder? Wie bauen sie Fernseherlebnisse in ihr spielerisches Handeln ein und was sagt uns dies über die Themen, die die Kinder beschäftigen?

Um die Spiele der Kinder verstehen und einordnen zu können, mußten wir Erzieherinnen die relevanten Sendungen kennenlernen. So haben wir uns drangesetzt und sind durch die Programme »gezappt«. Erst jetzt wissen wir, was bei den »Power-Rangers«, der »Gummibärenbande«, bei »Herkules« oder im »Süderhof« eine Rolle spielt, welche Aufgaben bzw. Abenteuer die HeldInnen zu bestehen haben. Auch haben wir manches Comicheft durchgeblättert und verstehen jetzt viel besser, worüber sich die Kinder unterhalten. Wir lernten viel über das, was das einzelne Kind bewegt, was es interessiert oder auch ängstigt, und folgender Ausspruch von Moritz (6) macht deutlich, wie wichtig unsere Offenheit für eine produktive Arbeit ist: *»Gestern war es toll! Wir haben mit Ulla am Tisch gesessen und uns über Tigerentenclub, Gummibärenbande und Käpt'n Balu unterhalten. Ich fand es sehr gemütlich!«*

In Rollenspielen, in denen die Kinder miteinander kämpfen, entdecken wir, daß sie sich an genaue Absprachen halten. Das Kämpfen erfolgt nach bestimmten Regeln und unterliegt den vorher abgemachten »Gesetzen«. Unsere frühere Einschätzung des »wilden, aggressiven Verhaltens« der Jungen müssen wir daher differenzieren: Es geht ihnen in erster Linie um das Spiel selbst und darin um ein Aufarbeiten ihrer Medienerlebnisse. Diese stehen in Verbindung zu ihren aktuellen Lebensthemen und können insofern z.B eine Erprobung ihrer Rolle als Junge oder Mädchen sein. Letztendlich war uns vor dem Projekt nicht bewußt, wie sehr sich die Themen der Jungen von denen der Mädchen unterscheiden können. Wir betrachten Medieninhalte jetzt kritischer und achten auf ihre geschlechtsspezifischen Aussagen. Auch beäugen wir diesbezüglich unseren eigenen Umgang mit den Kindern genauer. Es ist uns ein Anliegen, ihnen für ihre jeweilige Rollengestaltung eine Vielzahl von Identifikationsmöglichkeiten anzubieten. Wir möchten, auch dies ist ein Ergebnis unseres Projekts, wohl eine geschlechtsspezifische, nicht aber eine geschlechtsstereotype Erziehung unterstützen.

Seit der Fortbildung hat sich auch unsere Herangehensweise an Kinderzeichnungen verändert. Früher war es so, daß wir oft durch unsere skeptischen Blicke, durch unsere geschlossenen Fragestellungen und einen oftmals wertenden Unterton die Bilder der Kinder bereits sehr stark interpretierten. Mittlerweile versuchen wir, eigene Vorstellungen und den pädagogischen Zeigefinger weg zu lassen. Heute fragen wir stets »ganz dumm«, was denn dies oder jenes sei und bemühen uns, keine eigenen Interpretationen einfließen zu lassen. Diese akzeptierende Art des Fragens ist schwierig und muß geübt werden, aber sie führt uns näher an die persönliche Welt der Kinder heran.

Material und Medien

- ▶ großes Malpapier
- ▶ dicke Buntstifte
- ▶ Bilder von MedienheldInnen (Illustrierte/Fernsehzeitungen)
- ▶ Bilderbuch »Du hast angefangen! Nein Du!« von David Mc Kee, Sauerländer Verlag (1996)
- ▶ Tonpapier
- ▶ Utensilien für die Verkleidung
- ▶ Fotoapparat
- ▶ Batterien für Fotoapparat (4er Pack ca. 10,-DM)
- ▶ Diafilme (36er + Entwicklung + Rahmung pro Film ca. 20,-DM)
- ▶ Farbfilme für Papierfotos (36er + Entwicklung pro Film ca. 25,-DM)

▶ Kassettenrekorder (ausleihbar bei der Kreisbildstelle)

▶ leere Audiokassetten (90 Min. ca. 3,50 DM)

▶ Comic-Hefte / Illustrierte

▶ Videokamera (ausleihbar bei der Kreisbildstelle)

▶ leere Videokassette (180 Min. ca. 8,– DM)

▶ Fernsehgerät (ausleihbar bei der Kreisbildstelle)

▶ Videorekorder (ausleihbar bei der Kreisbildstelle)

 Tips

▶ Zeitplanung! Lieber mit wenig Kindern arbeiten, damit die jeweilige Aktion 30 bis 40 Minuten nicht überschreitet.

▶ Betreuung! Mindestens mit zwei ErzieherInnen die Aktionen betreuen.

▶ Organisation und Handhabung der technischen Geräte! Rechtzeitig um die Geräteausleihe kümmern und einen Technikcheck durchführen, damit auch alles funktioniert!

▶ Spontaneität! Es ist nicht immer leicht, Projekte nach dem situationsorientierten Ansatz zu gestalten und durchzuführen, denn das erfordert ständige Aufmerksamkeit und Flexibilität, die Ergebnisse aus vorangegangenen Aktionen immer wieder neu in kreative Angebote umzusetzen. Dennoch lohnt es sich, zunächst die Interessen der Kinder zu kennen und erst dann ein Projekt zu entwickeln. Nur eine solche Vorgehensweise stellt sicher, tatsächlich die Bedürfnisse der Kinder zu berücksichtigen.

Was wir demnächst anbieten wollen

»Ohrmuschel« – Ein Hörspielprojekt

»Bücherwurm« – Ein Bilderbuchprojekt

»Ich bin die Schönste« – Ein Projekt für Mädchen zur Bearbeitung von Schönheitsidealen

»Ich bin superstark« – Ein Projekt für Jungen zur Bearbeitung der Themen »Stärke und Mut«

»Wow, wie aufregend!« – Ein Anspannungs-Entspannungs Projekt

Petra Müller, Bettina Haase, Sabine Eder

Mit auditiven Medien Geräuschen und Gefühlen auf der Spur

»Geschichten von Max«

Ein Hörspiel entsteht

Wer kennt sie nicht, die Geschichte von den wilden Kerlen?
Max, eine kleiner Junge, hat mal wieder einen seiner »wilden Tage«.
Zur Strafe schickt ihn seine Mutter ohne Essen ins Bett. In seinem Zimmer
begibt sich Max dann auf die weite Reise in das Land der wilden Kerle.
Die Kerle machen Max zu ihrem König. Zusammen toben und schreien sie
und machen viele wilde Dinge.
Als Max die Kerle dann ins Bett schickt,
wird er sehr traurig und einsam und reist
wieder nach Hause in sein Zimmer.
Dort wartet sein Essen auf ihn
und wundersamerweise ist es
auch noch warm.

Unser Kindergartenteam arbeitet nach dem situationsorientierten Ansatz. Diese Arbeitsweise greift relevante Lebenssituationen von Kindern auf, d.h., wir als pädagogische Fachkräfte orientieren uns an den Bedürfnissen, Interessen und Problemen der Kinder. Darauf aufbauend bieten wir Aktionen an, durch die Kinder Kompetenzen erwerben, die sie brauchen, um autonom und der jeweiligen Situation angemessen reagieren zu können. Wir haben fünf Gruppen mit jeweils 20 Kindern, die von zwei ErzieherInnen betreut werden, eine Ganztags- und vier Halbtagsgruppen (darunter eine Hortgruppe). Die Zusammensetzung der Gruppen ist altersgemischt (3-6 Jahre). Das Haus hat einen großen Außenbereich mit vielseitigen Spielmöglichkeiten (Klettergerüst, Sandkasten etc.) und einen großzügigen Innenbereich, der allen Gruppen zur freien Verfügung steht.

Zielgruppe für unser Projekt ist unsere Gruppe mit 20 Kindern. Je nach Angebot und Interesse wurden die einzelnen Projekttage von den Kindern angenommen.

Vorüberlegungen

Erzieherin: *»Wie ist denn das, wenn Du traurig bist, was machst Du denn dann?«*
Marie: *»Dann heule ich und gehe in mein Zimmer und weine!«*
Julius: *»Ich haue meine Mutti und meinen Vater!«*

Im Alltag unserer Kindergartengruppe gibt es mancherlei Machtkämpfe sowohl unter den Kindern als auch zwischen den Erzieherinnen und den Kindern. Dabei kommen immer wieder Gefühle in Form von Wut, Zorn und Enttäuschung zum Vorschein. Die entstehenden Aggressionen bzw. Frustrationen werden nicht selten wahllos an anderen ausgelassen: Die Kinder ärgern andere Kinder im Spiel, sie stören bei Besprechungen im Stuhlkreis, attackieren sich verbal und physisch. Nicht selten folgt daraus, daß die Erzieherinnen das Toben verbieten, selbst laut werden und sich somit die »Machtspirale« weiterdreht. Hier wollen wir ansetzen und sehen, ob es nicht möglich ist, diese Problematik in einem medienpädagogischen Projekt aufzugreifen und zu bearbeiten. Dazu beobachten und interpretieren wir zunächst genauer das Verhalten der Kinder in der Gruppe:

Die Jungen gebärden sich augenscheinlich aggressiver als die Mädchen. Ihr Verhalten – lautstarkes Herumbrüllen oder Kneifen und Schlagen anderer Kinder (meistens anderer Jungen) – wird von ihnen meistens recht ungehemmt und offen ausgelebt. Wie kommt das? Zu diesem Verhalten, nämlich über sich hinauszuwachsen und Stärke und Macht zu

94

zeigen, werden Jungen von klein auf angehalten. Der »kleine Mann« muß Schwäche und Angst durch wildes, raumgreifendes und aggressives Verhalten kompensieren (vgl. NEUTZLING / SCHNACK 1991, S. 133). Die Mädchen hingegen zeigen in ihrem Sozialverhalten weniger aggressive Elemente, nicht etwa, weil sie keine Aggressionen hätten, sondern weil sie gelernt haben, sich anderen Menschen gegenüber hilfsbereit und freundlich zu zeigen, »mütterlich« statt aggressiv zu sein. Mädchen fallen, im Gegensatz zu Jungen, seltener durch Lautstärke, noch weniger durch heftige Rangeleien auf, denn ihre Machtkämpfe spielen sich weniger auf der Ebene der körperlichen Auseinandersetzung ab. Da aggressives Verhalten von Mädchen sozial unerwünscht ist, kommen ihre aggressiven Impulse versteckt zum Vorschein, sie können nach innen zielen oder werden kompensiert. Mädchen versuchen häufig auf andere Weise, Anerkennung zu erhalten und mit Frustrationen fertig zu werden, in dem sie ihre »weiblichen« Seiten zeigen, freundlich und hilfsbereit und gleichzeitig »schön anzusehen« sind.

Diese traditionellen Rollenmuster sind, ebenso wie einfache »Gut-Böse-Raster«, moralische Polaritäten; sie stellen eine einfache Einteilung der Welt dar und helfen den Kindern, sich zu orientieren.

So entwickeln Kinder Kategorien von »guten« und »bösen« Gefühlen und auch von dem, was sie als Junge oder Mädchen dürfen und was nicht. Die einen Gefühle oder Verhaltensäußerungen scheinen erlaubt und somit auslebbar zu sein, die anderen gilt es offenbar zu verstecken, da sie von der Umwelt eher abgelehnt werden. Kinder beobachten, wie Erwachsene (Eltern, ErzieherInnen) oder andere Kinder (peer-group) auf ihre Gefühlsäußerungen reagieren. An diesen Reaktionen und den vorgegebenen Normen orientieren sie sich und lernen so, den Anforderungen – und seien sie noch so fragwürdig – zu entsprechen (siehe auch S. 114 in diesem Buch).

Gefühle zu erfassen, sie exakt zu beschreiben, fällt niemandem leicht, sind sie doch so vielschichtig und schwer zu benennen. Entsprechend schwierig ist es, auf sie zu reagieren. Wenn die Auseinandersetzung bzw. das Ausleben von (aggressiven) Gefühlen dann auch noch »geschlechtsbedingten Normen« unterliegt, bedeutet dies eine zusätzliche Beschränkung der Handlungsmöglichkeiten von Mädchen und Jungen. Hier möchten wir mit unserem Projekt einen Gegenpol bilden, denn Gefühle wie Zu- und Abneigung, Aggressivität und Sanftmut, Macht und Ohnmacht sind Grundphänomene des menschlichen Erlebens und sollten auch als solche empfunden werden dürfen, unabhängig vom jeweiligen Geschlecht.

Es sind Empfindungen, die unsere inneren Stimmungen widerspiegeln und unser Verhalten beeinflussen. Aus diesem Grunde müssen Jungen und Mädchen dabei unterstützt werden, ihre Gefühlsimpulse einzuordnen. Denn später reichen die einfachen »Gut-Böse-Raster« nicht mehr aus, die Kinder müssen sich vielfältigere Muster erarbeiten. Das bedeutet, daß sie lernen müssen, ihre Gefühle genauer zu beschreiben, in Worte zu fassen und ihnen angemessen zu begegnen. Das ist keine leichte Entwicklungsaufgabe.

Die Geschichte in dem Buch »Wo die wilden Kerle wohnen« von MAURICE SENDAK, die in unserer Kindergartengruppe sehr beliebt ist, behandelt anschaulich die affektiven Gefühlsimpulse von Max, einem kleinen Jungen. Dieser schafft es, König zu werden über die »Wilden Kerle«, über seine wilden Gefühle.

Daher scheint uns die Geschichte sehr geeignet, unsere Situation in der Gruppe zu thematisieren und bei den Kindern einen emotionalen Lernprozeß in Gang zu setzen. Unser Anliegen ist es einerseits, die Mädchen in ihrem Selbstbewußtsein zu stärken und ihnen Mut zu machen, sich ihren Raum zu nehmen und Aggressionen zuzulassen. (Wir hoffen, daß Max als Identifikationsfigur auch von den Mädchen genutzt werden kann.) Weiterhin sollen die Jungen die Möglichkeit erhalten, auch ihre "weichen Gefühle" zu entdecken und zu leben und ihre aggressiven Impulse zu bezähmen, um somit zu einem kompetenten Umgang mit sich und anderen zu gelangen.

Erreichen wollen wir dies durch vielfältige Angebote. Von Wahrnehmungsübungen über die Möglichkeit, Rollenspiele im »Land der wilden Kerle« durchzuführen bis hin zur kreativen Auseinandersetzung mit der Geschichte durch die Eigenproduktion eines Hörspiels.

Projektverlauf im Überblick

Zeitrahmen: ca. einen Monat (täglich zwischen 10 und 90 Minuten)

Hauptangebot	Zusatzangebot
1. Phase (6 Tage)	

Vorbereitung für unsere Zeit mit den »Wilden Kerlen«

▶ **Einstieg in die Welt des Hörens**
Schulung des Hörsinns durch Konzentrationsübungen (2 Tage)

▶ **»Was hörst Du?**
Geräusche erkennen und raten«
Wahrnehmungsspiele –
Hör genau hin! (4 Tage)

▶ Das **Buch** »Wo die wilden Kerle wohnen« von MAURICE SENDAK, wird wiederholt im Stuhlkreis und in Kleingruppen gelesen

▶ Wir üben das **Lied** »Wir sind die wilden Kerle«, um unser Projekt musikalisch zu begleiten.

▶ Wir basteln **Wilde-Kerle-Laternen**

---

2. Phase (12 Tage)

Experimente mit dem Kassettenrekorder

▶ **»Play«, das heißt los! – Wie ein Kassettenrekorder funktioniert**
Technische Einführung in die Arbeit mit dem Aufnahmegerät, Experimentieren mit Geräuschen, Stimmen und Ratespiele beim Abhören der Aufnahmen (6 Tage)

▶ **Auf zur Geräuschejagd!**
Aufzeichnung von natürlichen Geräuschen und Tönen:
Vogelgezwitscher, Kinderstimmen, einfahrende Züge, raschelndes Laub usw. (6 Tage)

▶ Wir bauen zwei **Wilde-Kerle-Inseln** für Rollen- und Freispiele. (eine große in der Tobehalle aus Tüchern und Kisten und eine kleine im Gruppenraum aus einer alten Spielzeuginsel)

▶ Wir bauen **Wilde-Kerle-Masken**

▶ Wir malen und spritzen **Wilde-Kerle-Bilder**

▶ Wir bauen **Wilde Kerle aus Pappe** für die »kleine Insel«

▶ Frei- und Rollenspiele auf der **Wilde-Kerle-Insel** (mit den **Wilde-Kerle-Masken**)

Projektverlauf im Überblick (Fortsetzung)

3. Phase (6 Tage)

Ein Hörspiel entsteht! – Das Buch »Die wilden Kerle« wird vertont.

▶ **Haste Töne!?**

Übungen mit Rhythmikgeräten. Freies Experimentieren und Phantasieren mit Musikinstrumenten und rhythmischen Mitteln (2 Tage)

▶ **...und brüllten ihr fürchterliches Brüllen...**

Die Klanggeschichte: Text und Bilder aus dem Buch »Die wilden Kerle« werden mit selbstgemachten Geräuschen, Tönen und Rhythmen untermalt. Dialoge aus dem Buch werden von den Kindern gesprochen (4 Tage)

Nachbereitung (2 Tage)

»Die Kassette is' von uns!«

▶ Das endgültige Hörspielprodukt wird von einer Erzieherin aufgenommen

▶ Ein Bild (Cover) für die Kassettenhülle wird gestaltet, und alle Kinder können sich eine Kopie von dem »Mutterband« herstellen

Medienpädagogische Ziele

Die Kinder können:

▶ die Möglichkeiten ihres Hörsinns erkunden und so eine differenzierte akustische Wahrnehmung erreichen. Diese Sensibilisierung für akustische Reize, Klänge, Stimmen und für Geräusche ist eine Voraussetzung für die Fähigkeit zu bewußter, zielgerichteter Wahrnehmung.

▶ den selbständigen, kreativen und spielerischen Umgang mit technischem Gerät erproben. In der Aufnahmesituation erkunden sie die Funktionsweisen des Kassettenrekorders und des Mikrofons.

▶ Einblick in die Produktion von Hörspielen erhalten und so zu ProduzentInnen und GestalterInnen werden. Dabei werden sie an die besondere narrative Struktur (Erzählstruktur) des Mediums und seine ästhetischen Spezifika herangeführt.

▶ im Gruppenerleben soziale Kompetenzen weiterentwickeln.

► animiert durch das Medium, ihre Phantasie anregen, in Wort und Ton zum Audruck bringen und so ihre Ausdrucksmöglichkeiten erweitern.

► Öffentlichkeit für sich und die eigenen Interessen schaffen.

► Desweiteren haben sie die Möglichkeit, sich mit eigenen Gefühlen (Wut, Ärger, Traurigkeit, Verzweiflung, Hilflosigkeit, Schwäche, Stärke, sich unverstanden fühlen etc.) auseinanderzusetzen und

► individuelle Konfliktlösungsmuster spielerisch zu erkunden. Dazu gehört es, Gefühle zuzulassen, sie in Worte zu fassen und Kontrolle über sie zu erlangen.

► ihr Selbst-Bewußtsein stärken. Mädchen wie auch Jungen neigen aufgrund ihrer geschlechtsspezifischen Sozialisation dazu, bestimmte Verhaltensweisen vorzuziehen, andere zu vernachlässigen. Hier können sie auch ihnen fremde, neue Verhaltensweisen kennenlernen und ausprobieren.

Projektverlauf

Unser Projekt gliedert sich in drei Phasen, die wiederum in ein Haupt- und ein Zusatzangebot aufgeteilt sind. In allen Phasen standen die »Wilden Kerle« als Projektionsfläche für Geräuschewerkstätten, die Arbeit mit dem Kassettenrekorder oder auch für Rollenspiele zur Verfügung. Bevor wir in der dritten Phase gemeinsam mit den Kindern die Bilderbuchgeschichte der wilden Kerle als Hörspiel inszenieren, bereiten wir uns durch Wahrnehmungsübungen und Experimente mit dem Kassettenrekorder darauf vor.

Im folgenden Erfahrungsbericht wird zuerst das Haupt- und im Anschluß daran das Zusatzangebot für die Kinder beschrieben.

1. Phase:
Vorbereitung für unsere Zeit mit den »Wilden Kerlen«

2 Tage (Hauptangebot):
Einstieg in die Welt des Hörens
Schulung des Hörsinns durch Konzentrationsübungen
Ort: Schlafraum
Dauer: jeweils 10 Minuten, mit jeweils 7 Kindern, einer Erzieherin, einer Praktikantin

Mit einer Kleingruppe gehen wir in den Schlafraum, denn hier ist es schön ruhig. Alle suchen sich einen bequemen Platz auf den Matten und schließen die Augen. Nun konzentrieren wir uns und lauschen den Geräuschen, die uns umgeben. Was können wir hören? Autos fahren vorbei, Kinder schreien, undeutliches Stimmengemurmel aus der unteren Etage dringt durch die Decke. Die Kinder sind sehr konzentriert bei der Sache. Während sie auf den Matten liegen, frage ich die Kinder, was sie hören, und sie erzählen leise und lauschen weiter.

Nach fünf Minuten öffnen wir die Augen und setzen uns in einen Kreis. Wir sammeln noch einmal, welche Geräusche wir wahrgenommen haben und erzählen uns, welche uns besonders gefallen haben und welche nicht. Zum Abschluß legen wir uns noch einmal hin und machen eine kleine Ruhephase mit mediativer Musikuntermalung.

Weitere Spiele wie z.B. »Geflüsterte Namen« oder »Versteckter Wecker« machen den Kindern viel Spaß und fördern ihre Orientierungsfähigkeit sowie ihre akustische Wahrnehmungsfähigkeit. Beim »Geflüsterten Namen« stellen sich die Kinder in zwei Gruppen an den gegenüberliegenden Wänden des Raumes auf. Ein Kind flüstert nun leise den Namen eines Kindes aus der gegenüberliegenden Gruppe. Hat dieses Kind den Namen vernommen, setzt es sich auf den Boden und flüstert einen Namen aus der anderen Gruppe. Wenn alle sitzen, kann das Spiel von neuem beginnen. Der »Versteckte Wecker« erinnert an das Spiel »Blinde Kuh«; auch hierbei werden einem Kind die Augen verbunden. Ein Wecker wird in der Nähe versteckt. Dann müssen alle ruhig sein, damit das Kind, auf allen Vieren kniend, das Ticken der Uhr hören kann. Die Hände sollten dabei nur zum Krabbeln benutzt werden, denn »getastet« wird hier mit den Ohren!

Beim Spiel »Orgelpfeifen« wird neben der akustischen Fähigkeit auch ein rücksichtsvoller Umgang miteinander gefordert: Alle Kinder stehen wie die Orgelpfeifen nebeneinander. Ein Kind spielt »OrganistIn« und bekommt die Augen verbunden. Die Orgelpfeifen vertauschen ihre Plätze und der/die OrganistIn zieht den MitspielerInnen vorsichtig an den Nasen. Die Orgelpfeifen geben mehrere Male einen Laut von sich. Wenn der/die OrganistIn herausfindet, welche Stimme zu welchem Kind gehört, werden die Rollen getauscht (vgl. THIESEN 1996, S. 76 ff).

4 Tage (Hauptangebot):
»Was hörst Du? – Geräusche erkennen und raten«
Wahrnehmungsspiele – Hör genau hin!

Ort: Gruppenraum
Dauer: 60 Minuten, mit jeweils 4 Kindern, einer Erzieherin, einer Praktikantin

Das Besprechungszimmer der ErzieherInnen wird zum Tonstudio, da der Lärmpegel hier gering ist und eine konzentrierte Atmosphäre entstehen kann. Wir überlegen mit den Kindern, welche Arten von Geräuschen es gibt: laute (ein Knall) und leise (Fliegensummen), Maschinengeräusche (Staubsauger) und natürliche Geräusche (Meeresrauschen).

Eine Erzieherin hat eine Kassette mit Geräuschen (z.B. Autohupen, Tierlaute, Musikinstrumente etc.) mitgebracht, und wir spielen Geräuscheraten. Hierbei soll den Kindern bewußt werden, wie die Umwelt »tönt«. Durch die differenzierte Wahrnehmung wird ihr Hörsinn geschult. Weiterhin spielen wir das Spiel »*Was hörst Du? – Geräusche erkennen und raten*« *(Otto Maier Verlag, Ravensburg 1989, für Kinder im Alter von 4-8 Jahren, mit Audiokassette).* Der Spielplan stellt ein Landschaftsbild dar. In dieser Landschaft passiert einiges und es ist viel zu sehen: Vögel und Hunde, einen Trecker, ein Lagerfeuer, Regenwolken, einen Dampfer, einen Hubschrauber. Dazu gibt es eine Audiokassette mit Geräuschen und kleine runde Spielkärtchen, auf denen jeweils ein Motiv des Spielplans abgebildet ist. Alle Kinder erhalten einen Stapel Spielkarten. Dann wird die Kassette angestellt, und Vogelgezwitscher ist zu hören. Die Kinder, die eine Spielkarte mit einem Vogelmotiv haben, legen dies nun auf das passende Motiv des Spielplans. Wir merken uns, daß man, sollte man einmal ein neues Projekt planen, ein solches Spiel auch selber machen könnte, möglicherweise mit dem Spielplan »Kindergarten« und einer Kassette mit Geräuschen, die wir in unserem Haus aufnehmen könnten.

Wir spielen in den folgenden Tagen noch weitere Hörspiele, wie z.B die »Hörpantomime«. Dabei spielt ein Kind eine Pantomime vor, und ein anderes Kind macht dazu passende Laute. Wenn das Kind z.B. auf den Boden fällt, ruft das andere »*Boing, auweia*« und stampft laut mit dem Fuß auf (vgl. BAER 1996, S. 187). Am Ende des vierten Tages haben alle Kinder zahlreiche Hörerfahrungen gesammelt. Daher wollen wir nun mit der zweiten Phase beginnen. Wir fragen die Kinder, ob sie einen Kassettenrekorder besitzen. Alle Kinder bejahen dies, was uns ein wenig erstaunt, das hatten wir nicht erwartet. Wir bitten sie, am nächsten Tag ihr Gerät mitzubringen.

6 Tage (Zusatzangebot):
Das Buch, das Lied und die »Wilde-Kerle-Laternen«

Das Buch »Wo die wilden Kerle wohnen« wird wiederholt im Stuhlkreis und in Kleingruppen gelesen, und die Illustrationen werden betrachtet. Dann lernen die Kinder das
Lied »Wir sind die wilden Kerle«, das uns während des Projekts begleitet. Auch lassen wir
die Geschichte nacherzählen. Da es Herbst ist, basteln wir, wie in jedem Jahr gemeinsam
mit den Eltern Laternen. In diesem Jahr sind es natürlich »Wilde-Kerle-Laternen«, und es
gibt ein Laternenfest mit Max und den wilden Kerlen. Das »Wilde-Kerle-Fieber« ist aus-
gebrochen!

Das Lied: »Wir sind die wilden Kerle«

Wir sind die wilden Kerle und wohnen weit über's Meer. (1x wiederholen)
Wie brüllen unser fürchterliches Brüllen, Hulabu. (1x wiederholen)
Wir fletschen unsere fürchterlichen Zähne, Hulabu. (1x wiederholen)
Wir rollen unsere fürchterlichen Augen, Hulabu. (1x wiederholen)
Wir zeigen unsere fürchterlichen Krallen, Hulabu. (1x wiederholen)
Wir sind die wilden Kerle und wohnen weit über's Meer. (1x wiederholen)

2. Phase:
Experimente mit dem Kassettenrekorder

6 Tage (Hauptangebot): »Play«, das heißt los!
Wie ein Kassettenrekorder funktioniert

Technische Einführung in die Arbeit mit dem Aufnahmegerät;
Experimentieren mit Geräuschen und Stimmen sowie Hör-Ratespiele.

Ort: Gruppenraum
Dauer: 60 Minuten

Heute Morgen sind die Kinder im Stuhlkreis ganz aufgeregt. Die Erzieherin erzählt, daß die Gruppe sich in der nächsten Zeit intensiv mit dem Medium »Kassettenrekorder« auseinandersetzen wird und es heute losgeht! Die meisten Kinder haben, wie am Vortag besprochen, ihren eigenen Kassettenrekorder mitgebracht. An einigen Rekordern ist ein externer Mikrofoneingang eingebaut und die dazugehörigen Mikrofone sind ebenfalls mitgebracht worden. Wir teilen uns so ein, daß jeweils zwei Kinder an einem Gerät mit Mikrofon arbeiten können. Bis auf einige Ausnahmen wissen die Kinder genau, daß sie mit dem Rekorder Kassetten abhören können und daß es auch möglich ist, Gespräche oder Geräusche aufzunehmen, gemacht haben sie letzteres aber eher selten. Cindy erklärt allen die Funktionen ihres Gerätes. Zu »play« sagt sie »Spiel«. Die Stimmung ist konzentriert, und alle hören den Ausführungen genau zu.

Dann wird aus dem Gruppenraum ein Aufnahmestudio. Während sich in der einen Ecke die Kinder gegenseitig zu Namen, Lieblingsessen, Alter usw. interviewen, fangen andere gemeinsam Geräusche ein oder „grunzen" in das Mikrofon. Vera (4) hat das Mikrofon in der Hand und nimmt den Schlager »Eisblumen vor meinem Fenster« auf: *»Eisblumen aus Eifersucht blühen über mein Fenster, jede Nacht bin ich wach und seh' Gespenster, Gespenster. Bist Du bei ihr? Bist Du allein? Kommst Du vielleicht zurück zu*

ihr?«. Ein anderes Kind sagt einen Abzählreim, Paula (5) spricht ein Herbstgedicht auf: *»Herbstblätter. Der Herbst ist da, ich gehe durch das trockene Laub, es knistert unter den Füßen. Am Morgen hat es geregnet, nun knistert nix, nun ist alles matschig, kein einziges Knistern, nix.«*

Hin und wieder kommen zufällig Kinder aus einer anderen Gruppe vorbei und werden sofort in die Aufnahmeaktion einbezogen und interviewt: Mike (5): *»Was findest Du hier am besten?«* Vicki (5) antwortet daraufhin: *»Schlecht ist, daß alle Kinder im Weg stehen und hauen und das Beste ist, daß ich groß bin und Lackschuhe habe, so welche!«.*

Einige Kinder haben sich zurückgezogen und hören sich Hörspiele, z.B. »König der Löwen« an. Es herrscht die ganze Zeit über ein geschäftiges Treiben, niemand ist davon ausgeschlossen. Es gibt natürlich ab und zu ein wenig Gerangel an den Geräten »Jetzt bin ich dran, das ist meins!«, aber letzendlich kommt jede/r einmal an die Reihe

Als alle Kinder ihre Aufnahmen beendet haben, hören wir uns die Aufnahmeergebnisse gemeinsam an. Auch dabei besuchen uns Kinder aus den anderen Räumen.

Nach vier Tagen können alle Kinder mit dem Kassettenrekorder umgehen, sie wissen wie ein Tonband eingelegt wird und wie sie am besten das Mikrofon an die Geräuschequelle halten, so daß eine gute Aufnahme entsteht. Nur selten müssen wir technische Details wiederholen, denn die Kinder unterstützen einander gut.

6 Tage (Hauptangebot): Auf zur Geräuschejagd!

Ort: Im Kindergarten, im Botanischen Garten und am Bahnhof
Dauer: jeweils ca. 60 Minuten, 4 Kinder und eine Erzieherin

Die kommende Woche steht unter dem Motto »Geräuschejagd«. Wir haben zwei Aufnahmeeinheiten (Rekorder, Mikrofon, Batterien, Leerkassette) ausgewählt, mit denen die Aufnahmen qualitativ am besten werden, bei denen also Nebengeräusche wie Brummen oder Rauschen kaum auftreten. Je nach Lust und Laune leihen sich die Kinder die Aufnahmeausrüstung aus, ziehen durch den Kindergarten und »jagen« Geräusche. In der Turnhalle ist viel los, hier gibt es viel zu hören und aufzunehmen: das Ditschen des Balles auf den Hallenboden, das Schleifen der Matten, Kindergetrampel u.v.m. Überdies machen die Kinder Interviews mit den Erzieherinnen und anderen Kindern:

Thomas (4): »*Was macht Ihr am liebsten hier?*«

Gökan (5): »*Ich spiele gerne Leopard und Maus und Schlange.*«

Malte (5): »*Ich mache am liebsten Purzelbaum!*«

In dieser Woche gehen wir auch nach draußen, um Geräusche einzufangen. Auf dem Weg in den Botanischen Garten gibt es ebenfalls viel zu hören. Autos werden gestartet und fahren an, hupen oder rattern mit ihren Motoren. Schuhe klappern auf Gehwegen. Die Kirchenglocken schlagen, eine Gruppe Tauben gurrt ins Mikrofon und fliegt plötzlich mit lautem Flügelschlag davon. Im Botanischen Garten entdecken die Kinder einen Laubhaufen,

dessen trockene Blätter eine wunderbare Geräuschkulisse liefern. Die Tür zum Gewächshaus scheppert gläsern beim Schließen. Auf der Schubkarre kann man laut und leise trommeln. Den Duft der Blüten können wir zwar nicht einfangen, dafür aber das Schnüffeln und Schnaufen unserer Nasen.

Auch die Exkursion zum Bahnhof ist ein Erfolg für unsere Geräuschesammlung. Einfahrende Züge werden durch die Lautsprecher angesagt und fahren mit quietschenden Bremsen auf den Gleisen ein. Im Straßentunnel unter den Gleisen sind die Geräusche viel gedämpfter und klingen wie ein Rauschen.

Nach der Rückkehr in den Kindergarten spielen wir den anderen die Geräusche vor. Das Abhören ist eine spannende und intensive Angelegenheit. Eine Erzieherin berichtet: *»Die kamen zurück und waren ganz begeistert und erzählten gleich, was sie alles gehört haben, die Feuerwehr oder einen Krankenwagen.«*

Am Ende der »Jagdsaison« hören wir uns die Aufnahmen an: Da ist die Klingel der Eingangstür, das Auf- und Zudrehen eines Wasserhahnes und das Plätschern des Wasserstrahls in ein Porzellanbecken zu hören, die Toilettenspülung rauscht gar wie ein Wasserfall.

Die Kinder erwerben in diesen Tagen vielseitige technische Kenntnisse, die das Aufnehmen von Geräuschen, Dialogen oder Liedern ermöglichen.

12 Tage (Zusatzangebot): Wilde-Kerle-Inseln, Wilde-Kerle-Figuren, das Schiff, Wilde-Kerle-Masken

Parallel zur technischen Einführung in die Arbeit mit dem Kassettenrekorder und der Geräuschejagd wird in einer Ecke des Gruppenraums eine kleine »Wilde-Kerle-Insel« (eine »Playmobil-Schatzinsel«) aufgebaut. Wilde-Kerle-Figuren aus Klopapierrollen, Korken und Fell werden gebastelt und besiedeln die Insel. Dazu wird die Rolle mit Fell beklebt, und der Kopf aus Korken wird bemalt. Das Schiff, mit dem Max in das Land der wilden Kerle reist, besteht aus einem alten Xylophonkasten, die Segel werden aus Mikadostäbchen und Stoff hergestellt. Alles wird mit Holzleim verbunden. Mit

Hilfe von Knete werden oftmals weitere Figuren oder Utensilien für das Spiel gebastelt. Da diese Spielangebote sehr gut angenommen werden, wird noch eine zweite, größere Wilde-Kerle-Insel in der Halle installiert. Diese ist allen Kindern im Freispiel zugänglich und wird, ebenso wie die keine Insel, ausgiebig für Rollenspiele genutzt.

Die große Wilde-Kerle-Insel bietet den Kindern einen größeren Aktionsradius und kommt damit ihrem kindlichen Grundbedürfnis nach Bewegung entgegen. Hier toben sich alle nach Herzenslust aus, brüllen, schreien, machen Krach. Es entsteht ein »pädagogischer Freiraum«, der den Kindern das Nachspielen und das Bearbeiten der »Wilde-Kerle-Geschichte« ermöglicht. Desweiteren bauen wir aus Pappe und Fellresten Masken, die wie Stirnbänder aufgezogen werden können und jeweils einen der wilden Kerle charakterisieren. Die Masken werden im Flur aufbewahrt und können von allen Kindern zum Rollenspiel genutzt werden. Nach dem Spiel werden sie an ihren Platz zurückgehängt. Für Max, den König der wilden Kerle, basteln wir zusätzlich eine Krone und einen Zauberstab.

Wir stellen auch hier fest, daß vorwiegend die Jungen diesen Freiraum bespielen. Die Mädchen sind bei den Tobespielen zurückhaltend und spielen lieber mit Figuren auf der kleinen Wilde-Kerle-Insel. Aber wir beobachten auch, daß die Mädchen mit Hilfe der Masken ihre Hemmungen abbauen und wild sein können. Sobald sie die Masken abgenommen haben, schlüpfen sie zwar sofort aus der Rolle heraus, wohingegen die Jungen auch ohne die Masken im Land der wilden Kerle toben und spielen, aber immerhin können sie ihre Impulse mit Hilfe der Masken ausleben. Weiterhin fällt uns auf, daß manche Kinder stets die gleiche Maske für ihr Spiel benutzen, also einen »Lieblingskerl« haben.

Neben diesen Angeboten wird natürlich auch, wie immer, viel gemalt. Das Thema sind auch hierbei die »Wilden-Kerle«. Dabei verwenden wir verschiedene Techniken: Tuschen mit Wasserfarben, Kratztechnik mit Wachsmalstiften und Plastikschaber, Malen mit Filz- und Buntstiften und »Wilde-Kerle-Spritzbilder«, die wir als Dekoration an unsere Fenster im Gruppenraum hängen. Für die Spritztechnik müssen zunächst Schablonen angefertigt werden. Die Farbe wird dann mit Hilfe von alten Zahnbürsten auf spezielles »Architektenpapier« gespritzt.

In den Kinderbildern finden sich immer wieder Bezüge zu den aktuellen Angeboten. So malt Robert (6 Jahre) einen Tunnel. Hier stand er, als er mit der Gruppe auf Geräuschejagd war.

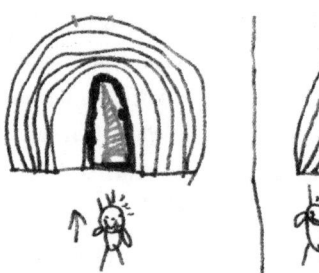

3. Phase:
Ein Hörspiel entsteht!
Das Buch »Die wilden Kerle« wird vertont

2 Tage (Hauptangebot): Haste Töne!?
Übungen mit Rhythmikgeräten

Freies Experimentieren mit Musikinstrumenten und rhythmischen Mitteln

Ort: Musikraum

Dauer: 30 – 40 Minuten, eine Erzieherin

Heute gehen zehn Kinder mit einer Erzieherin in den Musikraum. Auf den Tischen sind Instrumente und Utensilien verteilt:

▶ eine Schellentrommel (Trommel mit einem Ring kleiner Metallbecken),

▶ ein Schellenstab und ein Schellenbogen (Holzstab bzw. -ring mit kleinen metallenen Glöckchen),

▶ ein Regenstab (Holzstab mit Kieselsteinen, klingt beim Drehen wie ein Regenschauer),

▶ ein Xylophon (Holzkasten mit ca. 15 Holzstücken und einem Filzschlegel),

▶ ein Metallophon (Holzkasten mit ca. 15 Metallstücken und einem Holz- oder Filzschlegel),

▶ ein Windspiel aus Röhrenglocken (verschieden lange Metallröhren, werden mit einem Schlegel zum Klingen gebracht),

▶ eine Triangel (metallenes Dreieck mit Metallstab),

▶ ein Guiro (Holzinstrument mit Stöckchen zum »Ratschen«),

▶ eine Cabasa, auch Afwehe genannt (eine mit metallenen Perlenketten umzogene Rassel),

▶ zwei Maracas (Rasseln),

▶ eine Cymbel (zwei Metallbecken zum Zusammenschlagen),

▶ eine Schale mit einer großen Glasmurmel,

▶ eine Schüssel mit Wasser.

Wir sehen uns zunächst alle Instrumente an, und die Kinder, die bereits zur Musikschule gehen, erklären uns die Spielweise. Die Kinder können nun nach Lust und Laune mit den Musikgeräten experimentieren. Als alle genug geübt haben, sucht sich jedes Kind

ein Instrument heraus und spielt es den anderen vor. Wir lauschen derweil den Klängen. Die Kinder spielen die Instrumente mit viel Experimentierfreude und merken, mal klingt das Gerät hell und mal dumpf, mal scheppernd und mal surrend.

Dann heißt es: Orchesterprobe! oder auch: DirigentInspiel! Ein Kind geht nach vorne und spielt DirigentIn. Wir verabreden einige Zeichen, die mit dem DirigentInnenstab gemacht werden können: Wenn der Taktstock oben ist, muß das Orchester leise und aufmerksam sein. Die Instrumente werden in die Hand genommen, denn gleich geht es los! Wenn der Stock nach unten saust, bedeutet das: Spielen! Wenn der Taktstock zur Seite geführt wird, müssen alle gleichzeitig aufhören. Die Zeichen sind schnell begriffen und die Orchesterproben klappen hervorragend. Alle stehen einmal als DirigentIn vor der Gruppe. Die Kinder probieren natürlich auch verschiedene Lautstärken und Tempi aus, da wackeln schon mal die Wände. Aber auch ganz leise zu spielen macht Spaß und schafft Spannung.

4 Tage (Hauptangebot):
...und brüllten ihr fürchterliches Brüllen...
Die Klanggeschichte entsteht

Ort: Musikraum
Dauer: jeweils 30 – 40 Minuten

Heute sind vier Kinder im Musikraum. Die Erzieherin erklärt, was nun passieren soll:

Erzieherin: » *Also, ich werde immer einen Teil aus dem Bilderbuch vorlesen, und ihr macht mit den Instrumenten die Geräusche, die zu der Geschichte und den Bildern passen. An den Stellen, wo sich die Kerle unterhalten, könnt ihr einen der wilden Kerle spielen, und wenn sie brüllen oder singen, dann nehmen wir das alles auf Tonband auf, o.k.?«*

Kinder: *»Jaaa!«*

Erzieherin: *»Gut, dann überlegt mal: Wie kann man Augenrollen und Zähnefletschen oder Nägelwetzen hörbar machen?«*

Laura nimmt sich die Schellentrommel und kratzt mit ihren Fingernägeln über das gespannte Leder. Tomasio nimmt die Schale mit der Glasmurmel und bewegt sie hin und her, die gelben Augen der wilden Kerle fangen bildhaft an zu rollen! Zur Übersicht erstellen wir eine »Instrumentenkarte«: In der ersten Spalte stehen die Namen der SprecherInnen, in der zweiten Spalte der Text, den die Erzieherin liest, und in der dritten die Instrumente. Hier ein Auszug daraus:

Instrumentenkarte

Rollen	Text aus dem Buch	Instrumente, Utensilien, Sonstiges
Sprecherin	»*An dem Abend, als Max seinen Wolfspelz trug und nichts als Unfug im Kopf hatte…*«	Alle Instumente nach Belieben zum Einsatz bringen: Cymbel, Handtrommel, Regenstab, Glockenspiel, Schellenstab…
Sprecherin	»*…schallt seine Mutter ihn…*«	
Mutter	»*Du wilder Kerl!*«	
Max	»*Ich freß Dich auf!*«	
Sprecherin	»*…sagte Max, und da mußte er ohne Essen ins Bett…*«	Türknallen
Sprecherin	»*…genau in der Nacht wuchs ein Wald in seinem Zimmer, der wuchs und wuchs soweit wie die ganze Welt war.*«	Glockenspiel, mit Schlägel vorsichtig über die Röhren, Regenstab
….	….	
Sprecherin	»*…und brüllten ihr fürchterliches Brüllen…*	Brüllen
Wilde Kerle		
Sprecherin	*…und fletschten ihre fürchterlichen Zähne…*«	Cabasa
Wilde Kerle		

Nachdem die Vorlage steht, verteilen wir die Rollen. Laura spielt die Mutter und Tomasio den Max, sein Fell hat er bereits angezogen, und er zieht es auch während der gesamten Aufnahme nicht aus! Die notwendigen Instrumente, der Kassetenrekorder und das Mikrofon werden aufgebaut und die Aufgaben verteilt. Karim kümmert sich darum, das Meeresrauschen zu imitieren: Eine Schüssel wird mit Wasser gefüllt, und er kann bei seinem Einsatz mit den Händen darin herumplätschern. Aischa bedient das Tonband, während die anderen die Instumente spielen und die Erzieherin den Text liest. Wir vereinbaren Zeichen, damit niemand den Einsatz verpaßt.

Die Erzieherin gibt das ausgemachte Startsignal, das Tonband läuft, es geht los! Sie flüstert den Kindern zwischendurch den Text, den sie sprechen sollen, zu. Zwar kennen sie den Buchtext auswendig, aber in der Aufnahmesituation ist es hilfreich, wenn die Dialoge vorgeflüstert werden. Alles läuft wunderbar. Die gesamte Geschichte wird aufgenommen, dann spulen wir zurück und hören uns unser Werk an, während wir alles im Bilderbuch mitverfolgen. Die Kinder sind bis zum Schluß mit großem Enthusiasmus dabei.

Zurück im Musikraum nehmen wir noch das »Wilde-Kerle-Lied« auf. Dann ist es geschafft! Alle Gesänge, Geräusche und Dialoge sind auf dem Tonband.

Die Kinder haben nun tatsächlich ein eigenes Bilderbuch vertont. Sie präsentieren das Hörspiel den anderen Kindern, Erzieherinnen und Eltern. Unsere Eigenproduktion kann wegen seiner guten akustischen Qualität mit gekauften Hörspielen mithalten, und die Kinder sind mit dem Resultat sehr zufrieden.

Nachbereitung
»Die Kassette is' von uns!«

Die Aufgabe, das Masterband herzustellen, wurde von einer Erzieherin übernommen. Die Geräusche, das »Wilde-Kerle-Lied« und die Dialoge werden zu einer Hörkassette zusammengeschnitten. Für die Hülle wird ein Kassettencover entworfen. Nun können die Kinder Leerkassetten mitbringen und sich selber eine Kopie vom »Mutterband« machen. Ferner erstellen wir ein großes Buch. Fotos, Bilder, Zeichnungen, Farbkopien und Texte illustrieren das Projekt und schaffen eine schöne Erinnerung.

Reaktionen der Eltern

Die Eltern haben uns toll unterstützt, waren über den gesamten Zeitraum hinweg interessiert, fragten häufig nach, was wir als nächstes vorhaben. Das lag sicherlich auch daran, daß die Kinder ihren Eltern immer wieder die Tonaufnahmen vorgespielt haben. So waren stets konkrete Arbeitsergebnisse zu begutachten. Leider war der Elternabend weniger gut besucht. Uns hat das gewundert, denn das Interesse an einer Reflexion nach einer Aktion ist ansonsten eher groß. Zumal dann, wenn Fotos und erstellte Materialien der Kinder zu sehen sind.

Reflexion der Erzieherinnen

Ein Projekt wie dieses ist sehr anregend. Wir kam selbst immer wieder auf ganz neue Hör-Ideen, wurden neugierig und entdeckten alte Spiele wieder, die wir für unsere Aktionen gebrauchen konnten.

Das Thema entsprach den Wünschen und Bedürfnissen der Kinder, sie konnten sich aus dem vielfältigen Angebot das heraussuchen, was für sie wichtig war: wild oder ruhig zu sein, zu befehlen oder zu gehorchen. Sie konnten wiedererkennen, raten, hören, phantasieren, Rollen spielen. Es war toll, diese Spontanität und Kreativität der Mädchen und Jungen zu sehen und zu hören!

Bei der Herstellung des Hörspiels übten viele der Kinder Eigenschaften wie Geduld, Sensibilität und gemeinschaftsorientiertes Verhalten; Eigenschaften also, die den Umgang mit eigenen Gefühlen (auch mit denen, die weniger wünschenswert sind) fördern. Besonders in Erinnerung ist uns die Situation mit Fred geblieben, der stets Schwierigkeiten in der Gemeinschaft hat und daher oft ausgeschlossen ist und an Aktionen nicht teilnimmt: Wir nahmen von Anfang an sein reges Interesse wahr, aber es war nicht möglich, ihn in das reguläre Projekt einzubinden. So hat eine Erzieherin sich mit ihm alleine in den Aufnahmeraum gesetzt und die Geschichte der wilden Kerle nachvertont. Freds Begeisterung und seine Konzentration war für uns etwas ganz Besonderes.

Unser Ziel, das »stille Mädchengrüppchen« dazu zu bringen, mehr aus sich herauszugehen, sich Raum anzueignen und sich mal wild aufzuführen, konnten wir erreichen. Masken, Lieder und Rollenspiele haben sich als bewährte Mittel herausgestellt, den Mädchen den nötigen Freiraum zu geben, sich über die eigenen Grenzen hinaus auszuprobieren. Die »wilden« Jungen erkannten, daß es für wilde Spiele geeignete Räume und Orte gibt und daß es auch toll und wichtig ist, nicht nur einen wilden »Max« nach Außen kehren zu müssen.

111

Hinweise und Tips

▶ Es ist sehr hilfreich sich über die Grobstruktur des Projektes und über die (medien-) pädagogischen Ziele im Vorfeld Gedanken zu machen. Mit einem Konzept „in der Tasche" fühlt man sich sicherer.

▶ Viel Zeit einplanen, um weder sich selbst noch die Kinder unter Zeitdruck zu setzten.

▶ Experimentierphasen sind wichtig und brauchen Zeit.

▶ Bei der Arbeit mit technischen Medien ist es vorteilhaft, Kleingruppen zu bilden. Dadurch ist eine intensivere Betreuung möglich. Diese schafft für das einzelne Kind eine höheren Erfahrungswert.

▶ Vor Beginn einer Aktion sollte man sich selbst mit den technischen Geräten vertraut machen; das bringt Sicherheit und Ruhe, gerade dann, wenn mal etwas nicht sofort klappt.

▶ Vor den Aufnahmen immer erst den Kassettenrekorder und das Mikrofon auf die Qualität und das Klangbild hin testen!

▶ Nach der Aufnahme sofort die Kassetten beschriften (Datum, Inhalt, Dauer der Aufnahme). Aus den bespielten Kassetten die Aufnahmelaschen herausbrechen, die Gefahr des Überspielens ist dann ausgeschlossen.

▶ Zum Nachvertonen mit gekauften Geräuschen eignen sich CD's besser als Kassetten, da hier Stücke bzw. Geräusche schneller gefunden werden können. Möglich ist natürlich auch ein Kassettenrekorder mit Echtzeitzählwerk oder Suchfunktion.

▶ Beim Aufzeichnen von Geräuschen oder Gesprächen zu Dokumentationszwecken ist es wichtig, die Kinder nacheinander sprechen zu lassen, da man aus einem Stimmengewirr oftmals nicht die einzelne Stimme heraushören kann. Wenn die Kinder am Anfang des Interviews ihren Namen, ihr Alter etc. nennen und die ErzieherInnen ebenfalls eine akustische Kurznotiz machen, bringt man sicher nichts durcheinander.

▶ Um Nebengeräusche bei der Aufnahme zu vermeiden, ist es günstig, in einem schallarmen Raum zu arbeiten und die Kinder auf einem Teppich sitzen zu lassen (das Geräusch von rückenden Stühlen ist sonst unvermeidbar). Ein Hinweisschild an der Tür mit dem Vermerk »Achtung Aufnahme – bitte nicht stören« ist ebenfalls sehr sinnvoll (aber nicht vergessen, es nach der Aufnahme auf »grün« zu stellen!).

▶ Hilfreich ist es, einen separaten Raum zur Verfügung zu haben, in dem die Materialien/Instrumente aufgebaut bleiben können.

112

Benötigte Materialien

▶ Buch: »Wo die wilden Kerle wohnen«, von Maurice Sendak

▶ Spiel: »Was hörst Du? – Geräusche erkennen und raten« (Otto Maier Verlag, Ravensburg 1989, für Kinder im Alter von 4-8 Jahren, mit Audiokassette)

▶ Fell (ca. 50cm) oder fellähnlichen Stoff, Wolle, Klebstoff, Korken, Pappen, Gummibänder, Nadel und Faden etc. für Umhänge, »Wilde-Kerle-Figuren«, Masken usw.

▶ Verkleidungskiste für Freispiele

▶ Tusche, Wachsmalstifte, Buntstifte

▶ »Wilde-Kerle-Spritzbilder«: Schablonen aus Pappe, Architektenpapier, Wasserfarben, Sieb, Zahnbürsten

▶ Zwei Kassettenrekorder mit Mikrofonen, Leerkassetten und Batterien bzw. Netzteil für die Innenaufnahmen

▶ Musikinstrumente

▶ Fotoapparat und Filme (Fotos zur Erinnerung und für unser Bilderbuch)

▶ Farbkopien der Kinderbilder (für unser Bilderbuch)

Thiesen, Peter: Mit allen Sinnen spielen. Wahrnehmungsförderung in Kindergarten, Grundschule und Familie – über 200 Spielideen. Weinheim, Basel 1996.

Näger, Sylvia: Kreative Medienerziehung im Kindergarten, Ideen – Vorschläge – Beispiele. Freiburg i.Br. 1992.

Sabine Eder

4. Vertiefung:
»Supermann rettet Prinzessin!?«
Die Kategorie »Geschlecht« in Gesellschaft und Medien

Die Konstruktion von »Geschlecht«

»Wie können keinen Schritt tun, ohne Haltungen einzunehmen, die uns von der Gesellschaft und unserem Geschlecht genau vorgeschrieben sind. Mit jeder Bewegung die wir machen, inszenieren und erschaffen wir unsere Geschlechterrolle – und unsere Ungleichheit – neu« (ROBERT VON RANKE-GRAVE: In BIEGLER u.a. 1995, S. 41).

Wir sind es gewohnt, unsere Mitmenschen in »männliche« und »weibliche« Individuen zu unterteilen. Wir tun dies in der Regel aufgrund offensichtlicher Geschlechtsmerkmale, die uns als Anhaltspunkte dienen. Sie begegnen uns einerseits auf der Ebene der genetisch und hormonell bedingten Faktoren, die für die Ausbildung der sekundären Geschlechtsmerkmale zuständig sind und das biologische Geschlecht (sex) bestimmen. Zum anderen begegnen sie uns aber auch im Verhalten eines Menschen, denn Umweltfaktoren sowie die inneren Bedingungen eines Individuums bestimmen ebenfalls das

Geschlecht mit, allerdings auf einer »sozialen« Ebene (gender).

Die Unterschiedlichkeit von Männern und Frauen hat seit jeher die wissenschaftliche Forschung beschäftigt. Was zeichnet einen Mann aus, was eine Frau? Mit großer Regelmäßigkeit bezogen sich die ForscherInnen unterschiedlichster Fakultäten (Soziologie, Psychologie, Anthropologie usw.) zur Beantwortung dieser Frage auf die Aussagen der Biologie. An das biologische Geschlecht und seine vermeintliche Naturhaftigkeit wurden gewisse geschlechts»spezifische« Zuschreibungen gekoppelt und blieben bis weit in die 60er Jahre hinein unhinterfragte Tradition: Die Zeugungsfähigkeit des Mannes und die Gebärfähigkeit der Frau schienen vorzugeben, was Frauen und Männer »natürlicherweise« können, sollen und dürfen. Der Frau gehörte der »innere«, der häusliche Lebensraum und dem Mann der »äußere«, öffentliche Raum zur Artikulation und zur Gestaltung der jeweiligen Lebensaufgaben.

114

Bereits die frühe feministische Forschung der 70er Jahre hat sich mit den Ursachen und Folgen dieser scheinbar selbstverständlichen Zuschreibungen beschäftigt und die daraus resultierenden Ungleichbehandlungen und Chancenungleichheiten von Männern und Frauen in das gesellschaftliche Bewußtsein getragen. An der weiblichen Sozialisation wird innerhalb dieser frühen feministischen Sozialisationstheorien besonders die Benachteiligung durch gesellschaftliche Mechanismen hervorgehoben. Die »Geschlechterforschung« der 80er und 90er Jahre hat hier einen Perspektivenwechsel vorgenommen. Gesellschaftliche Wirklichkeit wird von heutigen ForscherInnen nicht mehr verstanden als gegebenes und geschlossenes (patriarchalisches) System, sie ist nicht nur äußerer Zwang. Die Gesellschaft prägt nicht nur, sondern sie wird von den in ihr lebenden Individuen selbst hergestellt. Diese Einsicht bedeutet, daß wir alle, Männer und Frauen, unsere gesellschaftliche Realität aktiv mitgestalten. Wir werden nicht einseitig geprägt, auch wir prägen durch unser tägliches Handeln unsere Interaktionen mit anderen Menschen, die Gesellschaft. Da wir die Kategorie »Geschlecht« nicht allein als eine biologische verstehen, sondern auch als eine soziale Kategorie, die kulturell gewachsen ist, gilt die Feststellung von der aktiven Konstruktion des Geschlechts und vor allem des Geschlechterverhältnisses auch hier.

Welche Bedeutung hat das Wissen um diese Konstruktion von Geschlechtern für die pädagogische Arbeit? Die Bedeutung liegt auf zwei unterschiedlichen Ebenen, denn sie betrifft einmal den Blick auf die pädagogisch handelnde Person, die sich selbstreflektierend mit ihrer eigenen Geschlechterrolle auseinandersetzt. Und sie betrifft zum anderen den Blick auf die Mädchen und Jungen, mit denen sie arbeitet.

Gleichgültig, wie sehr wir im Kindergartenalltag eine Gleichbewertung bzw. Gleichbehandlung der Kinder anstreben, wir müssen feststellen: Unsere Wahrnehmung von Jungen und Mädchen, deren äußerer Erscheinung und deren Tun, orientiert sich immer wieder mehr oder weniger stark an den kulturell gewachsenen Geschlechterstereotypen. Diesen Stereotypen entsprechend empfinden wir bestimmte Verhaltensweisen der Kinder als angemessen, als »normal«. So fällt es uns wahrscheinlich leichter, Attribute wie: passiv, zugewandt, empatisch, mütterlich usw. einem Mädchen zuzuordnen, als einem Jungen. Und sollten wir einen »typischen« Jungen beschreiben, würden uns wohl in der Regel eher Begrifflichkeiten wie: durchsetzungsfähig, dominant, stark usw.

einfallen. Obgleich sicherlich alle pädagogisch Tätigen mehr als nur einmal die Erfahrung gemacht haben, daß einzelne Mädchen und Jungen auch »ganz untypisch« sein können, und obgleich wir wissen, daß bestimmte Verhaltensweisen nicht automatisch an ein Geschlecht gekoppelt sind, scheinen uns diese auch von uns selbst verinnerlichten Rollenzuschreibungen immer wieder einzuholen.

Jungen und Mädchen im Kindergarten

Wenn Mädchen und Jungen mit drei Jahren in den Kindergarten kommen, haben sie bereits eine Vorstellung von ihrem biologischen Geschlecht, sie wissen, ob sie ein Junge oder ein Mädchen sind. Das »kulturelle« Geschlecht, die Geschlechterrolle, die bestimmt, was Jungen und Mädchen können, sollen und dürfen, entwickelt sich ungefähr zu diesem Zeitpunkt.

An die Geschlechterrollen sind viele Bündel von Definitionen, Einstellungen, sprachlichen Bezügen und Äußerungen gebunden. Geschlechterrollen werden aber auch von Kindern nicht einfach gelernt und übernommen bzw. kopiert. Auch hier gilt das bereits oben Beschriebene: In ihren Interaktionen, in denen immer wieder neu jede Art von Verhalten »ausgehandelt« wird, machen die Kinder ihre persönlichen »Erfahrungen«, sie interpretieren ihre eigene Identität und entwickeln sie weiter (vgl. TILLMANN 1990 S. 22). So werden sie handlungsfähige Gesellschaftsmitglieder *und* einmalige Individuen. Jungen und Mädchen eignen sich also die Zuschreibungen, die Sprachsymbole, Normen und Werte ihrer sozialen Umgebung in reflexiver Weise an. Die Vorbilder innerhalb der Familie und die Vorbilder im familiennahen Umfeld (Großeltern, Kindergarten, FreundInnen) spielen hierbei eine übergeordnete Rolle.

Innerhalb des Erziehungsprozesses und im Verlauf der Sozialisation »merken« die Kinder durch Beobachtung, Imitation, Strafe und Belohnung, daß es scheinbar »geschlechtsstypische« Unterschiede zwischen dem, was sie als Junge oder Mädchen dürfen, gibt. Sie lernen aus ihren Erfahrungen, beginnen sich »typischer« zu verhalten und werden in ihrer Unterschiedlichkeit gefördert.

Im Kindergartenalltag fällt auf, daß viele Jungen und Mädchen ihre »spezifischen« Thematiken, die sie aus der gesellschaftlichen Realität ziehen, bearbeiten. Viele Jungen thematisieren das »Starksein«, viele Mädchen dagegen das »Schönsein«. Kleine Kinder spielen überwiegend spontane Freispiele (Imitationsspiele), in denen sie die ihnen bekannte Realität meist stark typisiert reproduzieren und sich so an sie anpassen. Es ist nicht verwunderlich, wenn sich die Annahme, Mädchen und Jungen seien *grundsätzlich* verschieden, auch im Bewußtsein vieler ErzieherInnen hartnäckig hält, weisen die kindlichen Verhaltensweisen doch oft große Unterschiede auf.

Das geschlechts»typische« Verhalten und Empfinden von Kindern kann als Repräsentanz einer geschlechtsspezifisch strukturierten Umwelt angesehen werden. Je stärker die Umwelt seitens der Sozialisationsagenturen bestimmte Erziehungsziele verfolgt (überspitzt: Junge weint nicht, Mädchen balgt nicht!) und z.B. den Wert der sozialen Anpassung und Gleichförmigkeit über den der individuellen Originalität und Kreativität stellt, umso größer wird der gesellschaftliche Druck für das Kind, sich gemäß der Geschlechtsrollenerwartungen zu verhalten. Die Selbstverwirklichungstendenzen des Kindes werden dabei eingeschränkt, der individuelle Gestaltungs- und Einflußbereich des Mädchens oder des Jungen werden beschnitten.

Ursula Scheu zufolge weisen die positiven bzw. negativen Sanktionierungen von geschlechtstypischem Verhalten durch die jeweiligen Sozialisationsinstanzen Züge von Zwang auf. Die Übernahme einer Geschlechterrolle scheint längst nicht immer »freiwillig« zu geschehen. SCHEU stellt fest, »daß kleine Mädchen häufig lieber Jungen wären, daß die Annahme der weiblichen Geschlechterrolle nicht ohne Widerstand geschieht, besitzt sie doch im Gegensatz zu männlichen keine positive Anziehungskraft. Die Annahme einer Rolle (einer Realität), die Demütigung, Unterdrückung und Ausbeutung beinhaltet, kann nur erzwungen werden« (SCHEU 1991, S. 10). Folgendes Zitat macht dies deutlich: *»Ich weiß das noch genau, ich war vier oder fünf Jahre alt, da wollte ich unbedingt so sein wie ein Junge. Mädchensein, bzw. das, was ans Mädchensein gekoppelt war, z.B. ordentlich sein oder zurückhaltend, fand ich entsetzlich. Ich liebte es, draußen rumzutoben und spielte mit meinen Brüdern und Freundinnen Piratenfilme nach. Dabei war ich immer ein heldenhafter Pirat und nicht eine der Frauen, die in solchen Filmen in unbequemen Kleidern unter Deck rumsitzen und nix vom Leben mitkriegen. Die Männerklamotten waren überhaupt viel besser, und die Männer hatten was zu sagen. Ich durfte als Pirat in Maßen frech sein, durfte auch mal rumbrüllen, mich prügeln, ohne gleich Ärger zu kriegen. Aber wenn jemand sagte: »Du bist ja wie ein Junge«, war ich irgendwie zutiefst beleidigt! Ich wollte kein Junge sein, aber ich fühlte mich auch bestärkt, wenn mich manche dafür hielten. Und dennoch gab es eine*

Ungleichbehandlung zwischen meinen Brüdern und mir, das verstärkte sich mit zunehmendem Alter, als man auch sah, daß ich ein Mädchen war. Ab da ging's bergab, (lacht) *ich durfte viel weniger als die Jungs, ja, so war das«* (Frances, 34).

»Junge-Sein«, das macht dieses Zitat deutlich, ist von vielen Mädchen ein »geheimer« Traum. Sie beneiden die Jungen um ihre Unabhängigkeit und ihr Selbstbewußtsein.

Die Kehrseite dieser »jungenspezifischen« Zuschreibungen aber ist, daß viele Jungen sich fürchten, zuviel »Gefühl« und Weichheit zu zeigen, da dieses »weibliche« Verhalten sie scheinbar abqualifiziert. »Anstatt Jungen beizubringen, daß Niederlagen, Angst und Kummer auch zu einem männlichen Leben dazugehören, möchten viele Erwachsene Jungen lieber in Zustände vermeintlicher Großartigkeit und Rücksichtslosigkeit hineinmanövrieren« (NEUTZLING / SCHNACK 1991, S. 134). Um den Jungen gerecht zu werden, sollten jedoch auch sie die Möglichkeit erhalten, ihre »weichen Gefühle« zu entdecken und zu leben, um somit zu einem kompetenten sozialen Umgang mit sich und anderen zu gelangen. Mädchen wiederum müssen erkennen, daß nicht nur das Aussehen und die Ausübung von »weiblichen« Qualitäten das »Mädchen-sein« ausmachen. »Kinder-

gartenkinder (sind) nicht grundsätzlich (...) an einen ›Geschlechtstraditionalismus‹ gekettet (...); aber um die grundsätzlich gegebenen Verhaltensspielräume nützen zu können, brauchen sie eine Erziehungsumwelt, die sie zu geschlechtsflexiblem Verhalten befähigt, statt sie zu geschlechtstypischen Reaktionen aufzufordern« (FRIED, in: FAULSTICH-WIELAND 1995, S. 108).

Fest steht, daß auch der Kindergarten großen Einfluß auf die Entfaltung der kindlichen Geschlechterrollen hat. In den meisten bundesdeutschen Einrichtungen des Vor- und Grundschulbereiches arbeiten bekanntermaßen hauptsächlich Frauen. Diese »Frauendominanz« birgt für beide Geschlechter Nachteile. Zum einen finden die Jungen auf ihrer Identitätssuche keine Männervorbilder, die ihnen (möglichst vielfältige und positive) Identifikationsmöglichkeiten bieten. Weiterhin wird den Jungen von den Erzieherinnen häufig mehr Beachtung geschenkt als den Mädchen, und sie erhalten eher positive Rückmeldungen (vgl. FRIED 1989, S. 16). Dies rührt sicher auch daher, daß sich Jungen häufiger durch lautes und raumgreifendes Benehmen bemerkbar machen und die Aufmerksamkeit, die sie benötigen, einfordern. Dieses Raumverhalten und die Beanspruchung von Terrains wird in unserer Gesellschaft und so auch in unserem

Kindergarten eher den Jungen zugestanden als den Mädchen. Auf diese Weise werden Verhaltensnormen weitergereicht (vgl. FAULSTICH-WIELAND 1995, S. 81). Die Mädchen werden entsprechend von den ErzieherInnen weniger beachtet. Zum einen, weil von außen »weibliche« Eigenschaften wie »soziale Kompetenz« oder »Hilfsbereitschaft« als gegeben vorausgesetzt werden, ein pädagogisches »Bemühen« scheint weniger notwendig. Zum anderen, da Mädchen tatsächlich zumeist ihr »typisch weibliches« Verhalten (leise, zugewandt etc.) zeigen und von daher ein Eingreifen in ihr Verhalten viel seltener notwendig ist. Es ist also wichtig, daß wir uns als pädagogisch Tätige unserer eigenen Rollenstereotype bewußt sind und unser Verhalten gegenüber den Jungen und Mädchen immer wieder neu reflektieren. Nur so können wir den Kindern die Freiheit gewähren, sich entsprechend ihrer individuellen Möglichkeiten und Bedürfnisse zu entfalten.

Die Rolle der Medien bei der Konstruktion von Geschlechterrollen

»Gerade in Werbespots und Filmen finden sich Klischees und Geschlechtsrollenstereotype in Reinkultur«
(BAUER / HENGST 1980, S. 132).

Medien und der Medienverbund (Videofilme und dazugehörige Spielwaren, Kleidung, Hörspielkassetten etc.) sind ein Sozialisationsfaktor neben der Familie, der »Peergroup« (Gleichaltrigengruppe) oder den Bildungsinstitutionen. Auch sie transportieren bestimmte (Leit-) Bilder oder stereotype Bewertungen und Vorstellungen von dem, was ein »Mädchen/eine Frau« oder einen »Jungen/Mann« ausmacht. Wenn wir davon ausgehen, daß Medien auch im gewissen Rahmen immer gesellschaftliche Realitäten widerspiegeln, so ist es nicht verwunderlich, daß wir allerorten geschlechtsrollenstereotype Bilder und Zuordnungen zu sehen und zu hören bekommen. Die Stereotype in den Medien sind zumeist noch konservativer als in der gesellschaftlichen Realität. Man könnte fast meinen, die Medien haben den Zug der »Gleichstellung der Geschlechter« verpaßt, denn sie verzerren das Bild in vieler Hinsicht auf das Drastischste.

Auch dann, wenn der Einfluß der Medien nicht direkt ist und die Übernahme von Geschlechterrollen sich nicht linear abspielt, so ist die Auswirkung der medialen Vorgaben auf das Bewußtsein nicht zu unterschätzen. Stereotype Rollenbilder in den Medien können, so Beckmann, vor allem dann verstärkend und verfestigend wirken, wenn sie auf bereits vorhandene Einstellungen stoßen (vgl. BECKMANN 1993,

S. 1). Natürlich spielt bei der Verarbeitung von Medieninhalten neben den Medien selbst auch das Umfeld und die Persönlichkeit eines Jungen/Mädchens eine große Rolle. Zudem bestimmt die aktuelle Situation, in der ein Kind steckt, seine/ihre Sehnsüchte, Wünsche, Interessen, Fähigkeiten usw. die Mediennutzung mit. Kinder »picken« sich in der Regel entsprechend ihren Bedürfnissen nach »Stärke«, »Mut« oder »Zärtlichkeit« aus dem Medienangebot das heraus, was sie für ihre Entwicklung brauchen. Aber hier besteht leider ein Ungleichgewicht im Angebot für Jungen und Mädchen.

Die individuellen Charaktere der Personen in den Medien (Comics, Filme, Kinderbücher, Spielfiguren etc.) sind fast immer auf »archaische« Muster reduziert. Die Guten sind meist auch die Schönen, die Besonderen, die GewinnerInnen (dies gilt für männliche und weibliche Figuren). Das Bild des Mädchens ist hierbei zwar vielseitig, z.B. sportlich, zickig, lustig, pfiffig, aber besonders auffällig ist, daß Mädchen schön und modebewußt (Attribute wie saubere Kleider, langes Haar) sein müssen. Der Junge wir als pfiffig, heldenhaft, schlau und witzig dargestellt, aber er darf nicht wirklich versagen, er muß seinen »Mann« stehen. RIESMANN meint, daß Kindern durch die Stereotypisierung Identifikationsmöglichkeiten genommen

werden (vgl. RIESMANN aus: BAUER / HENGST 1980, 23f).

So weist z.B. die Werbung, die sich an Vor- und Grundschulkinder richtet, häufig klischeebesetzte Mädchen- und Jungendarstellungen auf. Werbespots, die sich an Mädchen richten (z.B. Barbiespielzeug, Schminkutensilien), sind meist in »softe Farbe« getaucht, langsam geschnitten und mit einschmeichelnder Musik untermalt. Die Werbung für Jungen-Produkte (z.B. Actionspielzeug, Technik, Fahrzeuge) ist eher kontrastreicher getönt; sonore Männerstimmen und schnelle Schnitte erzeugen besondere Dynamik. »In den Werbespots werden die gängigen Normen und Verhaltensweisen vermittelt. Durch stereotype Rollenfestlegungen von Mann und Frau — wobei die Frau immer mit Schönheit, der Mann mit Autorität, Erfolg und materieller Sicherheit in Verbindung gebracht werden — fixiert das Fernsehen das zuschauende Kind bereits von klein auf auf die ihm von der Gesellschaft zugewiesene Rolle. (...) Fernsehwerbung verzichtet bewußt auf Differenzierung« (PROJEKTGRUPPE KINDERFERNSEHEN 1975, S. 78).

Auf dem Spielzeugmarkt gibt es ähnliche Stereotype. Angepriesene Mädchenspielzeuge weisen zumeist häusliche oder soziale Bezüge auf, wohingegen sich Jungenspielzeuge auf eine zukünftige Berufswelt oder ein abenteuerliches Agieren beziehen. In einem Spielzeugprospekt von »Fischer-Price« steht beispielsweise ein Mädchen in der Küche, während der Junge nach dem Motto: »*Werken und Basteln wie die Großen!*« mit Plastikwerkzeug hantiert. Ein »Machbox«-Prospekt bildet von vornerein nur Jungen ab, während das »Barbie-Trendjournal« hauptsächlich die weiblichen Fans ansprechen soll. HENGST findet heraus: »Wenn auf der Verpackung von komplizierten Baukästen o.ä. technischem Spielzeug Mädchen abgebildet sind, dann nie als solche, die mit dem Material aktiv umgehen, sondern immer nur als Zuschauerinnen oder Bewunderinnen der spielenden Jungen« (BAUER / HENGST 1980, S.128).

Industriespielwaren können als »heimliche Miterzieher« angesehen werden. Sie konstruieren und vermitteln vermeintliche Weltbilder, Verhaltensmuster und gesellschaftliche Werte. Da beim kindlichen Spiel die Realität unreflektiert bleibt, wird eine Anpassung an bestehende Muster meistens ohne nachzudenken vollzogen. Die Entwicklung eigenständiger und zukunftsbezogener Lebensformen und -anschauungen wird dadurch behindert (vgl. SCHOTTMAYER, in: KAZEMI-VEISARI 1989, S. 5).

Allerdings ist die Werbung und der Spielwarenmarkt nicht der einzige Bereich der kindlichen Alltagswelt, in der sich tra-

dierte Vorstellungen von dem, was Jungen oder Mädchen »ausmacht«, halten. Auch in Kinderbüchern oder auf Hörspielkassetten finden sich fragwürdige, starre Rollenzuschreibungen, die der Gleichstellung der Geschlechter entgegenlaufen. Das ist von daher kritisch zu betrachten, da von vielen Kindern diese Medien immer wieder angesehen bzw. angehört werden und zwar »in einer Zeit, in der die Entwicklung der Geschlechtsidentität besonders wichtig ist« (SCHEU 1991, S. 97).

In 30% der Bilderbücher haben Mädchen zwar tragende Rollen, aber nur in 6% aller Bilderbücher erscheinen die Mädchen im Titel (Jungen hingegen in 43%). Auch die meisten Tierfiguren in Mediengeschichten sind männliche Protagonisten (vgl. BECKMANN 1993, S. 1). »In Bilderbüchern kommen auf eine Abbildung eines weiblichen Wesens elf männliche. Werden die Abbildungen der Tiere miteinbezogen (...), dann kommen auf ein weibliches Wesen sogar 95 männliche« (SCHEU 1991, S. 98). Wenn wir bedenken, daß die Hälfte der Weltbevölkerung aus weiblichen Menschen besteht, so verwundert es doch sehr, wie sich die Bilderbuchwirklichkeit darstellt.

Zudem befinden sich Mädchen (in allen Medien, auch in vielen Computerspielen) häufig in einer Opferrolle, aus der sie von einem Jungen befreit werden müssen. Egal, ob es sich um eine Prinzessin (»Schneewittchen«) handelt oder um ein ganz normales Mädchen (»Die Geschichte von Elise«). Nur selten werden alte Rollenklischees von der hilflosen, wenngleich schönen Prinzessin durchbrochen, wie z.B. in dem Bilderbuch »Prinzessin Pfiffigunde«. In dieser Geschichte steht nicht die Heirat sondern die glückliche Verwirklichung des eigenen Lebens im Vordergrund.

Ein wichtiger Hinweis ist in diesem Zusammenhang, daß Mädchen in ihrer Lebensplanung durchaus auch andere als die in den Medien vorgegebenen Rollenbilder entwickeln. Jungen hingegen orientieren sich sehr stark an den vorgefundenen »Mädchenbildern«. So erhalten die Jungen eine Vorstellung vom Mädchensein, die mit der Realität nicht übereinstimmt. Mädchen müssen sich demzufolge nicht nur von den Rollenzuweisungen der Bilderbücher abgrenzen, sondern auch dem Rollenklischee der Jungen entgegentreten.

Auch in Filmen gibt es für Mädchen und Jungen wenige Identifikationsfiguren, die ein breites Spektrum von Verhaltensmöglichkeiten aufweisen. Zwar sehen Mädchen oftmals die gleichen Sendungen im Fernsehen wie Jungen (mit männlichen Helden), und auch dies kann sie zu Rollenspielen und Auseinandersetzungen einladen, aber die emotionale Identifikation mit dem Protagonisten der Geschichte erlebt einen Bruch (vgl. BARTHELMES u.a. 1991, S.167). In der Untersuchung von BARTHELMES u.a wurde auch herausgefunden, daß Mädchen sich weniger für das Fernsehen interessieren, da ihnen hier wenig ansprechende Rollenmodelle angeboten werden (a.a.O.)

Es gibt natürlich auch Medienheldinnen wie »Pippi Langstrumpf« oder »Ronja Räubertochter«, die ein anderes Bild von Mädchen vermitteln, aber sie zählen auch nicht zu den »echten« Mädchen. Sie gelten als burschikos, denn sie bewegen sich relativ unabhängig und anarchistisch in der Welt. Hierbei sind sie mutig und stark, laut und entscheiden sich gegen die Kleiderordnung, wie sie sich traditionell für Mädchen schickt.

Heranwachsende Mädchen müssen sich auch in den 90er Jahren aus einem doch eher einseitigen Programm die Identifikationsfiguren heraussuchen, die am ehesten ihren Interessen, Neigungen und Fragen entsprechen. Ihre Themen und die Modelle, die sie aus ihrem eigenen Leben kennen oder sich wünschen, kommen in den Bilderwelten selten zur Sprache, ihre Sichtweisen scheinen keinen Platz zu haben (vgl. MÜHLEN-ACHS / SCHORB 1995, S. 119). Es wird immer wieder deutlich, daß Mädchen auch durch den Sozialisationsfaktor »Medien« frühzeitig die Erfahrung von gesellschaftlicher Unterordnung / Nichtexistenz in einer männlich dominierten Welt machen. Denn die Dominanz der Jungen und die Bedeutungslosigkeit von Mädchen ist in den Medien leider immer noch ein Spiegel der gesellschaftlichen Realität. Jungen und Mädchen werden ganz unterschiedliche Identifikationsmodelle angeboten. Durch eindimensionale Darstellungsweisen werden die Jungen und Mädchen auf unterschiedliche (Spiel-) Verhaltensmuster festgelegt. Eine zu starre Festlegung ist aber aus sozialisatorischer Sicht bedenklich, da Kinder in ihrer Persönlichkeitsentwicklung eingeschränkt werden. Unterschiedliche Vorlieben und Verhaltensweisen entwickeln sich nicht nur durch den »kleinen Unterschied« und aufgrund jungen- und mädchentypischer Bedürnisse, sondern auch durch Zuschreibungen.

Fazit

Durchbrochen werden können gesellschaftlich gewachsene, patriarchale Wertmaßstäbe nicht von den Kindern. Vielmehr sollten während des Sozialisationsprozesses gleichberechtigte Bilder vorgelebt werden, sodaß es für Kinder möglich wird, Verhaltensweisen anzunehmen, die ihnen gefallen und die ihnen entsprechen – und zwar nicht aufgrund ihres »biologischen«

Geschlechts. Den Kindern müssen Möglichkeiten einer individuellen Entfaltung gegeben werden. Ein kindgerechtes und vielfältiges Medienangebot ist in diesem Zusammenhang ebenso zu fordern, wie eine Medien- und Vorschulpädagogik, die sich der Dimension der Geschlechtsrollenspezifik bewußt ist und auf Gleichberechtigung hinarbeitet. Jungen und Mädchen bedürfen einer Unterstützung, die sie in ihrer Entwicklung sowohl emotional als auch kognitiv anspricht, den Kopf und den Bauch, also die bisher sog. »männlichen« und »weiblichen« Fähigkeiten ausbaut.

Hier kann die rezeptive und praktische Medienarbeit mit Mädchen und Jungen (in sowohl geschlechtergetrennten als auch koedukativen Gruppen) ein Forum zur Verfügung stellen, auf dem einerseits die Mädchen selbst und ihre Themen den höchsten Stellenwert besitzen, und andererseits Jungen andere als die ihnen zugeschriebenen Rollen ausprobieren und modifizieren können.

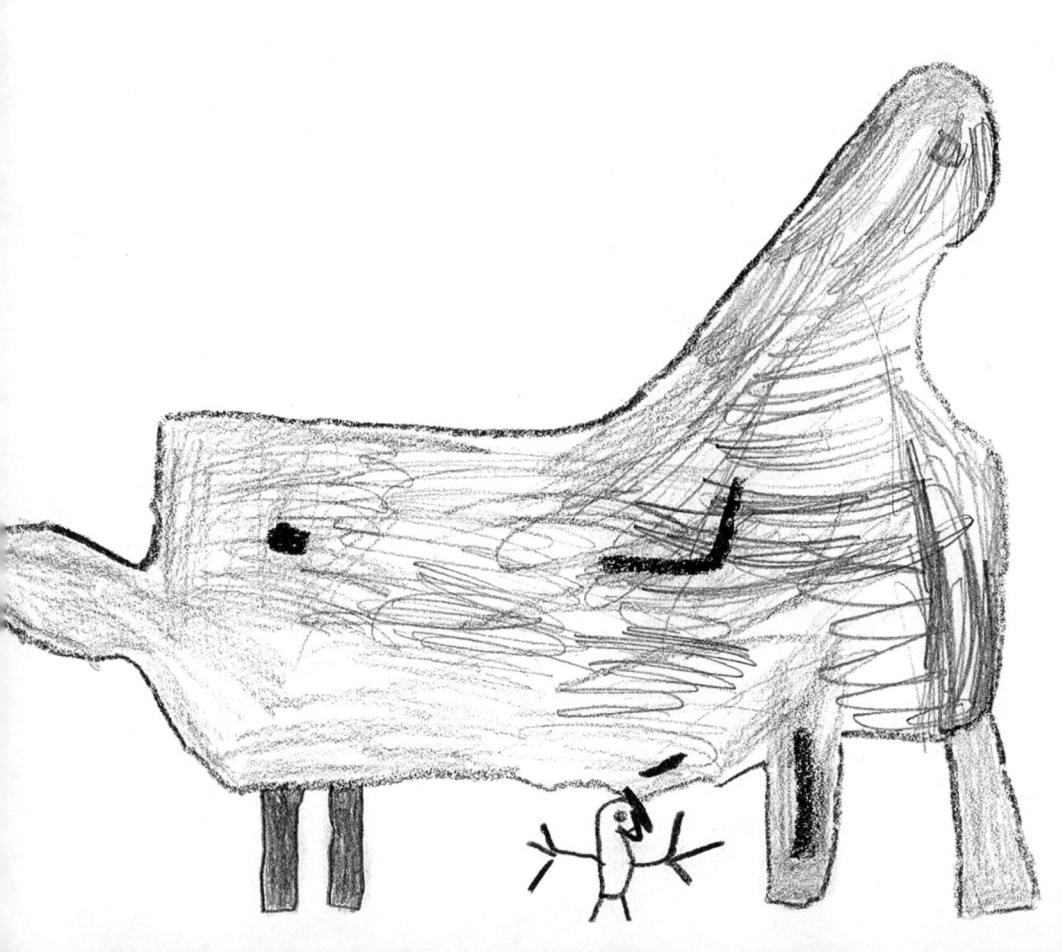

Andrea Wichers, Jürgen Zipf

»Die Dinos sind los... «

Medienerlebnisse spielerisch bearbeiten

Magnus kommt heute ganz selbstbewußt in die Gruppe. Zielstrebig geht er auf Ben, der in der Bauecke spielt, zu, zieht seine linke Hand aus der Hosentasche und mit ihr eine Dinosaurierplastikfigur. Stolz verkündet er: *»Das ist Scharfzahn!«* Ben hebt den Kopf, bestaunt die Figur und zeigt dann sehr bestimmt auf einen am Boden stehenden Tyrannus Rex: *»Tyranno ist der Chef!«*

Beide Jungen kennen sich mit diesen Dinosauriern sehr genau aus. Sie können die Schwächen und Stärken der einzelnen Saurier benennen und wissen, wie sie zu besiegen sind. Ihr Wissen haben sie aus Sachbüchern gewonnen, ebenso sind ihnen fiktionale Dinosaurierfilme bekannt wie »Jurassic Park«, »Ein Land vor unserer Zeit« und »Die Dinos«. Im Freispiel greifen sie spontan Fernsehinhalte auf und integrieren sie darin. *»Baby Sinclair haut dem Papa mit der Bratpfanne über den Kopf!«* erzählt Magnus und unterstreicht seine Erzählung mit einer weit nach hinten ausholenden Bewegung beider Arme.

Vorüberlegungen und medienpädagogische Zielsetzungen

Das Projekt »Die Dinos sind los...« entwickelt sich durch die gezielte Beobachtung der Kinder: *»Wir (die ErzieherInnen) bemerkten, daß wir täglich mit dem Medium Fernsehen in Berührung kamen. (...) Unser ganz persönlicher Blickwinkel in Bezug auf Fernsehen sollte sich ändern. Die ersten Fernseherlebnisse werden uns schon am Tagesanfang berichtet und begleiten uns den ganzen Vormittag hindurch. Hierbei stellte ich fest, daß ich überwiegend negativ diesen entgegentrete. Auch den Filmen konnte ich nichts abgewinnen bzw. kannte sie erst gar nicht.«*

Während dieser Beobachtungsphase entdecken wir, wie bereits an einem Beispiel in der Einleitung beschrieben, daß die Kinder in ihren freien Rollenspielen häufig über Fernsehen und andere Medien vermittelte Figuren und Rollen aufgreifen. Insbesondere die Sendung »Little big foot«, das Video »Ein Land vor unserer Zeit«, welches bereits an einem Kinder-Kinotag des Kindergartens gezeigt wurde, und die Sendung »Die Dinos« regen zu intensiven Medienspielen an. Aber auch andere Medien aus dem Medienverbundsystem, wie z.B. Dinosaurier-Bücher, Dino-Spielfiguren und Hörspiel-Kassetten, sind zu diesem Zeitpunkt bei den Kindern sehr gefragt.

Durch die Zuwendung hin zu obengenannten Fernseherlebnissen und FersehheldInnen möchten wir die Kinder darin begleiten, ihre Nutzungs- und Bearbeitungsformen auszudifferenzieren. Wichtig ist uns dabei, insbesondere die mit diesen Nutzungsformen verbundenen Themen der Kinder wie Groß-Werden, Mutig-Sein oder Kuscheln-Dürfen zu verbinden. Einen Ansatzpunkt für die produktive Bearbeitung von Fernseherlebnissen gibt die folgende Frage: »Was kann ein (Vorschul-)Kind mit Hilfe seiner Medienlieblinge alles ausdrücken?«

Dies bedeutet ...

▶ sensibel dafür zu werden, welche Bedeutung bestimmte Fernseh- und Medienangebote für Kinder haben können;

▶ mediale Vorbilder als Orientierungshilfen für die Gewinnung von Identität ernstzunehmen und in der pädagogischen Arbeit aufzugreifen;

▶ Kinder darin zu unterstützen, medienbedingte Gefühle und Vorstellungen auszudrücken und mit diesen umgehen zu lernen, z.B. sich nicht mit Gewalt durchzusetzen;

- mit den Kindern über ihre handlungsleitenden Themen, ihre Lebenswelt und ihren (Medien)Alltag ins Gespräch zu kommen;
- in Medien dargestellte Aussagen und Handlungen auf ihren Wirklichkeitscharakter hin zu überprüfen und dabei mediale Gestaltungsmittel durchschauen zu lernen;
- erweiterte oder neue Handlungsmöglichkeiten herauszufinden, die den kommunikativen Bedürfnissen der Kinder dienen;
- Kindern zusätzliche Sachinformationen zu Medienfiguren wie z.B. Dinosauriern zu geben, um fiktionale Inszenierungen und reale Lebensweisen deutlicher unterscheiden zu können.

Zeitdauer des Projektes

Das Projekt »Die Dinos sind los...« erstreckt sich über zwei Monate. Innerhalb dieses Zeitraums sollen zweimal wöchentlich zu diesem Thema angeleitete Aktionen arrangiert werden. Durch die offene Konzeption des Kindergartens gibt es hinreichend Spielraum für spontane Veränderungen, Abweichungen oder Verlängerungen, sollte die Bedürfnisstruktur der Kinder dies verlangen.

Projektverlauf im Überblick

Dino-HeldInnen auf der Spur.

Einstieg über eine selbsterstellte Dinosaurierstrumpfpuppe und Austausch über Dinosaurierfernseherlebnisse und –kenntnisse

Herstellen von Dinosaurierstrumpfpuppen

Lieblingsdinosaurierbild malen

Einmal Dinosaurier sein.

Zeitreise in das Land der Dinosaurier

Dinosaurier-Foto-Termin mit Schminkaktion

Wie groß ist denn ein Dinosaurier? Über kreatives Gestalten Wissen aneignen.

Dinosaurierfußabdrücke aus Gips herstellen

Dinosaurier aus Knete gestalten

Ich will noch mehr über Dinosaurier wissen!

Bilderbuchbetrachtung und Gespräch, Büchertisch, Versteinerungen, Plastikskelette

Dinosauriereier mit Kleister und Zeitungspapier anfertigen

»Ein Dino spielt falsch« – vom Bilderbuch zum Videofilm.

Bilderbuchbetrachtung und Gespräch

Bilderbuch nachspielen und inszenieren, szenische Dokumentation mit Video

Der Kinder-Kinotag – Präsentation im Kindergarten

Museum und Elternabend

Projektverlauf

1. Woche
Dino-HeldInnen auf der Spur

Grobverlauf: Eine Handpuppe unterhält sich zum Einstieg mit den Kindern über die Dinosaurierzeit und Dinosauriersendungen. Im Anschluß daran können die Kinder ihre Lieblingsdinosaurier zeichnen oder selbst eine Strumpfpuppe herstellen.

Materialien: Alles, um eine Handpuppe selbst herzustellen: Socken (werden von den Kindern mitgebracht) Wolle, Schere, Kleber, Faden, Nadel, Pappe, Perlen Schreibutensilien (um Aussagen der Kinder zu notieren) Stifte, Malblätter.

Durchführung

Um zu erfahren, was die Kinder über Dinosaurier und Dinosauriersendungen wissen und für welche Aspekte sich sich besonders interessieren (für Fernseherlebnisse oder (Sach-)Wissen), beginnt das Dinoprojekt mit einer Gesprächsrunde. Hierzu wird ein Puppenspiel mit einer Strumpfpuppe als Einstiegsarrangement gewählt.

Die Kinder mögen Puppenspiele sehr gern und öffnen sich begeistert der Einstiegssituation. Sie sehen nicht mehr die Erzieherin als spielende Person, sondern nur noch die Strumpfpuppe. Natürlich muß die Puppe unbedingt einen Namen erhalten. Unter lautstarkem Getöse einigen sich die Kinder auf den Namen »Stego«. Stego unterhält sich nun mit den Kindern. Marco erklärt: »*Der gefährliche Stego kann Bäume umhauen*«, und Anja berichtet dann, daß es früher einmal echte lebende Dinosaurier gegeben hat und *»es gibt eine große Halle, da kann man nur noch die Knochen sehen.«* Lucas wiederum beschreibt die unterschiedlichen Dinosaurierarten (Pflanzenfresser / Fleischfresser, mit Stacheln oder langem Hals etc.). Fernsehsendungen werden der Strumpfpuppe ebenso detailliert berichtet. Diese beziehen sich weniger auf Wissenssendungen, als vielmehr auf Zeichentrickserien. Anja erinnert sich, wie Baby Sinclair dem Papa mit der Bratpfanne über den Kopf haut und Gesa ergänzt: *»Monika vom Säulenwirbel paßt nicht durch die Tür, und der Papa ist Baumschubser.«* Die Kinder zeigen lebhaftes Interesse, dies äußern sie durch ihre Mimik und Gestik, welche sie umfassend einsetzen. Sie versuchen, sich gegenseitig mit ihren Kentnissen über die verschiedenen Fernsehsendungen, zu übertrumpfen .

Im Anschluß an diese spielorientierte Gesprächsphase können die Kinder zwischen zwei Angeboten auswählen. Eine Gruppe Kinder zeichnet ihre Lieblingsdinosaurier auf Zeichenpapier und plappert dabei mit dem Zeichenstift, wie dies von Norbert Neuß in der Veröffentlichung »Erlebnisland Fernsehen« beschrieben ist (vgl. Neuss 1997a, S.48f). Danach werden die gezeichneten Bilder in der Halle aufgehängt, so daß sie für alle Kinder und Erwachsenen sichtbar sind.

Eine zweite Gruppe macht sich daran, Dinosaurierstrumpfpuppen selbst herzustellen. Hier wird zunächst überlegt, welcher Dino aus der Socke entstehen soll. Die Mädchen entscheiden sich meist für ungefährliche Strumpfpuppen, die Jungen basteln häufiger bedrohlich wirkende, bösartige Dinosaurier (vgl. 4. Vertiefung, S.114 in diesem Buch). Andere wiederum müssen so aussehen wie »Stego«. Bei diesem Angebot wird viel Hilfestellung in Anspruch genommen, sei es beim Einkleben des Pappmundes oder beim Annähen der Kugeln für die Augen. Es empfiehlt sich, nicht zu viele Kinder gleichzeitig zu betreuen.

2. Woche
Einmal Dinosaurier sein

Grobverlauf: Eingebettet in eine psychomotorische Zeitreise (mit einem Schwungtuch) in das Land der Dinosaurier, nehmen die Kinder unterschiedliche Dinosaurierrollen ein. Sie verkleiden und schminken sich. Ergänzend halten wir die eingenommenen Rollen mit der Sofortbildkamera fest.

Materialien: Verkleidungssachen, Schminkstifte, Spiegel, Bücher, Holzfernseher, Pappkartonfernseher, Schwungtuch, Fotoapparat.

Durchführung

Die Zeitreise beginnt (vgl. ZIPF 1997, S.119). Die Kinder schlüpfen durch den Zeittunnel (Kriechtunnel) unter dem Vorhang hindurch und besteigen die Zeitmaschine (das
Schwungtuch). Auch die Handpuppe geht mit auf Zeitreise, dies ist den Kindern sehr wichtig. Wir bemerken, daß einige Kinder intensiv Blickkontakt zu uns halten. Die Frage, ob wir
jetzt »*echt*« in der Zeit reisen oder nur spielen, ist für einige Kinder ungeklärt bzw. nicht
auflösbar.

Im Land der Dinosaurier angekommen, schlüpfen die ersten Kinder spontan in die Rollen von Dinosauriern. Sie treffen aufeinander,
begrüßen sich, balgen miteinander
oder machen durch Geräusche auf
sich aufmerksam. »*Ich bin Scharfzahn*«, ruft Jonathan. Und Katharina
sieht in ihrer Phantasie Bäume und
Pflanzen, die hier wachsen. Menschen gibt es nicht mehr, hier leben
nur noch Dinosaurier. Die Kinder
stöbern nach den Schminkstiften,
bemalen sich oder lassen sich als

Dino bemalen. Die ausgelegten Bücher nehmen sie immer wieder zur Hand, um nachzu-
sehen, ob das angemalte Gesicht dem abgebildeten Dino ähnlich sieht. Für Marcus und
Antonia hingegen sind die Verkleidungssachen wichtiger. Sie suchen sich in Ruhe etwas aus
und verkleiden sich als Dino. Es entstehen drei Kleingruppen: Eine Verkleidungsgruppe,
eine Schminkgruppe und eine Rollenspielgruppe.

In einem zweiten Schritt haben die Kinder die Möglichkeit, in dem großen Holzfernseher als Dino im Mittelpunkt zu stehen. Es wird von jedem Kind ein Foto geknipst. Hierzu
wird abwechselnd jeweils ein Kind als FotografIn bestimmt, welches das nächste Foto
macht. Jedes Kind ist einmal FotografIn, einmal DarstellerIn. Nach dem kleinen Rollenspiel
reisen wir mit Hilfe der Zeitmaschine wieder in die Gegenwart. Durch den Zeittunnel geht
es in den Kindergarten zurück.

3. Woche
Wie groß ist denn ein Dinosaurier?
Über kreatives Gestalten Wissen aneignen

Grobverlauf: Kinderfuß und -handabdrücke im Gegensatz zu vorgestellten Dinosaurierabdrücken malen und in Gips ausformen sowie Dinosaurier aus Knetmasse erstellen.

Materialien: Tapetenrollen (evtl. zusammenkleben) Tuschfarben, Pinsel, Malkittel, Handtücher, Lappen, Wachsmal- und Buntstifte, Gips, Knete (darauf achten, daß sie noch geschmeidig ist) Knetmesser, Unterlagen.

Durchführung

Jonathan und Stefan übernehmen das Malen des Dinofußes. Sie benötigen hierzu sehr viel Platz. Aus einem Sachbuch kennen sie die ungefähre Originalgröße und haben diese am Zollstock überprüfen können. Sie stellen fest: Selbst die Breite einer Tapetenrolle reicht nicht aus, daher kleben die Jungen zwei Streifen zusammen. Den beiden wird deutlich, welche Körpergröße ein Dinosaurier wahrscheinlich hatte. Sie sind beim Vergleich von Dinofuß und Kinderfuß sehr erstaunt und beeindruckt.

Auch die Knetaktion wird rege besucht. Die Idee, Dinos zu kneten, stammt von den Kindern und wird in dieser Phase aufgegriffen. Mit viel Mühe und Kreativität entstehen auf diese Art und Weise die unterschiedlichsten Dinos. Es gibt Langhälse, Stegosaurier, Brontosaurier, Flugdinos etc. Desweiteren werden Dinosauriereier geformt. Diese liegen natürlich nicht einfach auf dem Erdboden, sondern es werden Dinonester gebastelt. Als Abschluß werden alle Dinos betrachtet – auch einige Skeletteile sind zu bestaunen. Ein geeigneter Platz für deren Aufbewahrung wird gesucht und gefunden. Den Dinosauriern werden in anschließenden Freispielen spezifische Rollen zugeteilt: Vater, Mutter, Kind.

4. Woche
Ich will noch mehr über Dinosaurier wissen!
Sachbücher und Gespräche

Grobverlauf: Betrachtung von Sachbüchern, Plastikskeletten, Versteinerungen.

Materialien: Sachbücher aller Art (wurden auch von den Kindern mitgebracht), Plastikskelette (wurden von Mitarbeiterinnen zur Verfügung gestellt), Versteinerungen (Leihgabe einer Mitarbeiterin).

Durchführung

Es ist der Wunsch der Kinder, gemeinsam verschiedene Bücher über Dinosaurier zu betrachten. Eine Erzieherin stellt fest: »*Das Angebot ist für die Kinder so wie für mich sehr bereichernd. Wir ergänzen uns mit unserem Wissen gegenseitig! Ich kann sagen, daß die Kinder auch mich mit ihrem Dinofieber angesteckt haben und ich immer neugieriger auf die Dinosaurier werde. Es ist bemerkenswert, welche umfassenden Informationen die Kinder über Dinosaurier haben. Sie können die vielen Dinosaurier exakt mit Namen benennen. Die sind teilweise so schwierig auszusprechen, daß selbst ich dabei Probleme habe. Auch habe ich Schwierigkeiten, mir die einzelnen Dinosaurierarten zu merken, deren Freßgewohnheiten, ob Pflanzen- oder Fleischfresser.*«

Ein großer Zeitraum wird mit dem Betrachten von archäologisch ausgerichteten Bilderbüchern verbracht. Antonia und Stefan finden in einem Buch ein Kapitel über die Entdeckung und Ausgrabung der Skelette. Da wir ein Plastikskelett ausgestellt haben, wird dies sofort mit den Abbildungen im Buch verglichen. So findet Antonia heraus, daß unser Skelett einen Stegosaurus darstellt.

Parallelangebot:
Dinofuß und Dinoeier kleistern

Materialien: Kleister (fertig angerührt), Zeitungspapier (wird in kleine Schnipsel gerissen), Luftballons.

Tip: Das Kleistern nimmt viel Zeit in Anspruch, mehrere Tage einplanen! Auch wird viel Platz zum Trocknen benötigt. Am besten deponiert man die hergestellten Objekte an einem warmen Ort, z.B. über der Heizung.

Durchführung

Mit viel Elan geht es ans Kleistern der Dinosaurierfüße bzw. der Dinosauriereier. Stefan und Charlotte greifen gleich mit der Hand in die Kleistertöpfe und beginnen, einen Luftballon damit zu bestreichen. Mareike und Ela sind jedoch skeptisch und wollen den Kleister nicht anfassen, er ist ihnen zu glitschig und zu klebrig. Sie beraten sich und kommen zu dem Entschluß, sich einen Pinsel zu holen, um damit zu arbeiten. Die Kinder haben so die für sich beste Lösung gefunden und bekleben ihr Dinoei.

Marcus und Stefan übernehmen die Herstellung eines Dinosaurierfußes. Sie besprechen sich und kommen auf die Idee, einen übergroßen Fuß aus Kleister und Zeitungen zu formen. Sie besorgen sich eine extra große Unterlage in Form eines auseinandergeschnittenen Müllbeutels. Dann geht es los. Hierbei werden sie intensiv von anderen Kindern beobachtet. Nach und nach wirken immer mehr Kinder an dieser Aktion mit. Mit großem Engagement formen die Kinder ihre Dinosaurier, denn sie wollen, daß alles naturgetreu aussieht. Die fertigen Nachbildungen werden im Eingangsbereich aufgestellt. Dadurch können alle anderen, auch die Eltern, die Saurier bewundern.

5. und 6. Woche
»Ein Dino spielt falsch« –
vom Bilderbuch zum Videofilm

Grobverlauf: Bilderbuchbetrachtung »Ein Dino spielt falsch« und szenisches Rollenspiel mit Video

Materialien: Bilderbuch, Malblätter, Stifte, Unterlagen, Kassettenrecorder, Kassette, Utensilien für das Rollenspiel, Videokamera, Fotoapparat, Handpuppe, Verkleidungssachen, Bilderbuch, Seile, Kartenspiel, Müllsäcke (zum Sackhüpfen), Löffel, kleine Bälle (für den Eierlauf), Schatzkarte, Wunderkerzen (für das Feuerwerk).

Durchführung

Das Bilderbuch »Ein Dino spielt falsch« von Hans Wilhelm findet regen Anklang und Interesse bei den Kindern. Jungen und Mädchen hören beim Vorlesen neugierig zu, ärgern sich gemeinsam über den bösen Tyrannos Rex und dessen gemeine Tricks. Dabei erkennt eine Erzieherin: *»Von mir ist eigentlich angedacht, daß sich zusammen mit den Kindern eine eigene Geschichte entwickelt. Das Interesse der Kinder bezieht sich aber mehr auf das Buch. Ich muß meinen Gedankengang zurückstecken und mich auf das Bedürfnis der Kinder einstellen.«*

So entsteht die Idee zu einem Rollenspiel und dessen Dokumentation durch Video. Wir vereinbaren, an einem der nächsten Tage ein Dinofilmland in der Turnhalle einzurichten

und das Bilderbuch dort auszugsweise nachzuspielen. Zu dieser Aktion kommt ein Blick-wechsel-Teamer, der auch die benötigte Videokamera mitbringt. Am Drehtag herrscht reger Betrieb. Die Kinder kennen die einzelnen Szenen sehr genau und so kann es zügig losgehen. Zuerst ist die Frage zu regeln: »*Wer spielt welche Rolle?*« Die Frage wird von den Kindern geklärt: Den bösen Tyrannos Rex dürfen alle mal spielen. Nun geht es ans Verklei-den und Schminken. Szene für Szene wird nachgespielt.

Szenenverlauf

1. Szene

Seilziehen! Es entstehen Kleingruppen zu je vier Kindern. Kurze Seile stehen zur Verfü-gung. Drei Kinder stehen an dem einen Ende, ein einzelnes (welches zunächst den gemeinen Rex spielt) am anderen Ende. Die Kinder wechseln sich mit den Rollen ab. Der böse Rex hat sein Seilende an der Sprossenwand festgebunden.

2. Szene

Kartenspielszene! Die Kinder finden sich wieder in Kleingrup-pen zusammen. Sie setzen sich in einen Kreis und beginnen zu spielen. Jeder von ihnen übernimmt den Part des gemeinen Rex, der beim Kartenspielen schummelt. So sind alle mal in der Rolle des gemeinen Rex und müssen sich von den anderen Kindern anmeckern lassen.

3. Szene

Sackhüpfen! Hierzu steigen die Kinder in Müllsäcke und stellen sich in einer Reihe auf. Nur Rex schummelt, er schlingt sich den Sack nur um den Körper herum. So läuft er natür-lich am schnellsten.

4. Szene

Eierlaufszene! Alle Kinder stellen sich hinter eine Linie und warten gespannt auf das Startzeichen. Die Rolle des Rex wird vergeben und das Kind hat sichtlich Spaß am Schum-meln. Die Kinder äußern ihre Gefühle sehr intensiv. Sie schimpfen und verziehen hierbei ihre Gesichter zu Grimassen.

5. Szene

Besprechung der Dinosaurier über Rex! Die Kinder setzen sich zusammen in eine Ecke und beraten, wie sie gegen den gemeinen Rex vorgehen können. Sie sind alle sauer auf ihn und wollen sich sein Verhalten nicht mehr bieten lassen.

6. Szene

Die Kinder wollen im geheimen und ohne Rex eine Schatzsuche durchführen. Doch als sie sich schlafen legen, stiehlt Rex, der sie heimlich belauscht hat, die Schatzkarte.

7. Szene

Rex tut so, als ob er ein Loch graben würde. Ein echter Spaten ist nicht zugegen, dies ist aber für das spielende Kind nicht wichtig, in seiner Phantasie ist der Spaten vorhanden.

Doch Rex findet keinen Schatz, sondern ein Bienenschwarm fällt ihn an. Das Kind (Rex) flüchtet aufgeregt vor den Bienen, als ob sie Wirklichkeit wären. Rex springt in einen See (blauer Müllsack) und verweilt dort mit aufgeblasenen Wangen.

8.Szene

Die Kinder sind erwacht und sehen, was Rex passiert ist. Sie freuen sich über seine Not, die sie als gerechte Strafe für sein Benehmen werten. Als Abschluß gibt es ein Feuerwerk (Wunderkerzen).

Eine Erzieherin ist zunächst skeptisch: »*Zuerst habe ich meine Zweifel gehabt, ob das Angebot den Kindern nicht zu lang werden würde. Aber keine Spur! Die Motivation ist so stark, daß die Zeit wie im Flug vergeht.*« Für die Kinder steht während dieser Übung das Rollenspiel im Vordergrund. Sie erleben die Geschichte des Buches intensiv nach und spielen ihre Rollen mit viel Phantasie und Kreativität aus. Die Videokamera ist ihnen auch sehr wichtig. Sie sind auf das Gefilmte sehr gespannt und neugierig, sich zu sehen.

Der Film wird bearbeitet und steht dem Kindergarten eine Woche später zur Verfügung. Ein Kinotag wird durchgeführt (Tips hierzu: vgl. ZIPF: In NEUSS/POHL/ZIPF 1997a, S. 93ff). Alle Kinder sind von dieser Aktion begeistert und der Film muß ein paar Mal wiederholt werden. Später wird der Film auf dem Elternabend gezeigt und zur Illustration des Projektverlaufes verwendet. Seitdem wird dieser Film gerne von Eltern und Kindern ausgeliehen.

Abschluß
Museum und Elternabend

Der gesamte Eingangsbereich des Kindergartens wird zum Abschluß in ein Dinosauriermuseum verwandelt. Der Dinofußabdruck und die Dinosauriereier werden zur Schau gestellt, ebenso die Knetkunstwerke. In Kleingruppen wird das Dinomuseum besucht und bestaunt. Auch ein Museumsdirektor darf nicht fehlen, ebenso die Eintrittstempel für die BesucherInnen!

Die Ausstellungsstücke werden von den Kindern mit Sorgfalt aufgestellt und es wird darauf geachtet, daß alles an seinem Platz steht. Zuerst dürfen die Ausstellungsstücke nicht berührt werden, denn ein Kind sagt: »*Im echten Museum darf man nichts anfassen, da darf man nur gucken.*« Ab und zu wird dann doch schon mal gestattet, die Bücher zu betrachten oder mit den Dinofiguren zu spielen. Durch ihre Kinder haben die Eltern schon erfahren, daß ein kleines Museum entstanden ist. Hierbei unterstützen sie uns zusätzlich mit Leihgaben in Form von Büchern, Figuren und Versteinerungen.

Auf dem abschließenden Elternabend wird den Eltern das Projekt in seiner ganzen Vielfalt vorgestellt – natürlich darf dabei eine Führung durch das Museum nicht fehlen. Die Fotowände, der Videofilm und die ausgestellten Ergebnisse bieten reichlich Anschauungsmaterial um mit den Eltern über den Sinn und die Notwendigkeit einer derartigen Aktion zu diskutieren. Dabei wird deutlich, welche positiven Auswirkungen eine solche Medienerziehung auf die Förderung der kindlichen Kreativität und Ausdrucksweise haben kann.

5. Vertiefung:
Erleben als aktive, innengeleitete Tätigkeit verstehen

Auf die Frage, was unter *Erleben* zu verstehen sei, assoziieren viele Menschen spontan Begriffe wie »Vergnügen«, »Spaß haben« oder »Zerstreuung«. Nachdenklichkeit entsteht, wenn die Sorge aufkeimt, möglicherweise nichts zu erleben, sondern etwas zu verpassen oder zu versäumen. Das Erleben wird aus dieser Sichtweise somit ein Merkmal für positive Intensität und das Nicht-Erleben ein Merkmal für Langeweile, Nicht-Dabei-Sein oder Außen-Vor-Sein. Auf eine Party zu gehen, mit dem Motorrad gen Süden ins verlängerte Wochenende zu fahren oder zum Shopping nach London zu fliegen, sind dann Aktionen, von denen uns die darüber Berichtenden glauben machen wollen, daß sie dort etwas erlebt hätten, was es im konkreten Alltag hier nicht gibt. Bedeutet erleben also, etwas Aufregendes zu tun oder sich Dinge leisten zu können, die für andere unerreichbar sind? Verbunden damit stellt sich die Frage, inwieweit Erleben ein aktiv gestaltbarer Prozeß ist, welcher sich bewußt regulieren läßt. Denn selbst wenn jemand zum verlängerten Wochenende nach London fliegt, ist ein positives Erleben nicht garantiert, hierzu müssen weitere Faktoren hinzukommen.

Erleben als
konstruktive Qualität begreifen...

Der Begriff »Er-Leben« legt nahe, daß es einen »Er-Leber«, ein Subjekt gibt, welches sich erlebt, sich spürt und bemerkt, daß es da ist. Erleben und individuelle Existenz sind in diesem Verständnis eine Einheit. Im Erleben sind wir uns der unmittelbaren Verbindung zu unserer Lebendigkeit bewußt. Der Begriff des Erlebens stärkt damit die Bedeutung des Wortes Leben und was immer wir im einzelnen damit verbinden. Da der Mensch ein soziales Lebewesen ist, ist unser Erleben stets auf etwas gerichtet, was nicht nur in uns ist. Erleben findet nicht im luftleeren Raum statt, sondern zeigt zugleich, daß im Prozess des Erlebens eine Absorbtion der Mitwelt geschieht, sich also die innere und äußere Lebenswelt im Individuum ausschnitthaft bricht, spiegelt und deutet.

Diese Wechselseitigkeit ist es auch, die ein erlebnisorientiertes Arrangement von Bildungsprozessen für die Pädagogik so interessant machen. Denn durch unsere Fähigkeit, Erlebnisse zu sortieren und zu bewerten, sind wir in der Lage, Umgebungen gezielt danach auszusuchen oder zu

gestalten, daß sogenannte positive Erlebnisse wiederholbar werden. Viele Individu-
en nutzen dieses meist intuitive Wissen, um
für sich schöne Erlebnisse zu produzieren
und wissen sich auf diese Weise in der
Lebenswelt zu verorten oder eine Haltung
aufzubauen, die Emotionalität und Genuß
bejahten. Folglich ist das Erlebnis nicht
notwendigermaßen ein einmaliger »Kick«
oder das »Besondere«, sondern vielmehr
eine produktive, realitätinterpretierende
Tätigkeit, die eher einer Haltung entspricht
als einem Ereignis. Dadurch kann jedes
Ereignis ein Erlebnis sein: Das Lächeln
eines Kindes, eine blühende Blume, ein
Regenbogen, eine spannende Filmszene,
ein privater Brief – all dies sind Beispiele
für potentiell starke Erlebnismöglichkeiten. Sie setzen allerdings eine gewisse
Offenheit und Bereitschaft sich einzulassen
voraus. Das heißt, daß Erlebnisse nicht
nur in äußerer Betriebsamkeit, sondern
auch durch ein »Nach-Innen-Spüren« und
ein »Nachdenklich-Werden« im Alltag
erzielt werden können.

Erleben und Bewußtsein in der
Arbeit mit Kindern fördern...

Bollnow bezeichnet das Erlebnis als
singuläres Ereignis, welches zwar subjektiv
bedeutsam erscheinen mag, das jedoch
»ganz in sich selber ruht und nicht über
sich selbst hinausweist, so daß am Schluß

nur die Erinnerung an das Erlebnis
zurückbleibt« (BOLLNOW 1968, S. 228).
Bei dieser Sichtweise läßt sich der volle
Wert des Erlebens erst entfalten, wenn eine
weitere ordnende Tätigkeit hinzukommt:
die des Beobachtens und Reflektierens.
In diesem Prozeß der Beobachtung wird
es möglich, die Erlebnisse zu reflektieren,
sie bewußt zu machen und häufig in mit-
teilbare Erfahrungen zu wandeln. Aus diesem Grund unterscheidet er die beiden
Begriffe »Erleben« und »Erfahrung«.

So behauptet Bollnow, daß eben auch
ein Abenteurer, der viel erlebt und sich
größten Gefahren aussetzt, damit weitgehend äußerlich bleibt: »Aus seinen Erlebnissen entspringen darum keine Erfahrungen. Erfahrungen erwachsen vielmehr erst
in der Art, wie der Mensch das ihm von
außen her Begegnende sich auch innerlich
anzueignen weiß, mit ihnen sich selber
verwandelt und so zur Überlegenheit des
an seinen Erfahrungen gereiften Menschen
gelangt.« (BOLLNOW 1968, S. 235).

Menschen lernen aus ihren Erlebnissen also dann, wenn sie diese deuten und
daraus Konsequenzen für ihr zukünftiges
Handeln ableiten. Diesen Prozeß pädagogisch zu begleiten, ist der Ansatz erfah-
rungsorientierten Lernens, wie er auch in
den beschriebenen Projekten verfolgt wird.
Gleichwohl bedeutet dies nicht, den Begriff
der »Erfahrung« als höherwertige Zieldi-

mension zu beschreiben und damit die Erlebnisorientierung abzuwerten. Erlebnisse sind vielmehr die Voraussetzung und Grundlage für Verstehensprozesse. Unter einer ganzheitlichen Perspektive sind beide Orientierungen grundsätzliche Aspekte menschlicher Persönlichkeitsentfaltung und bedingen sich wechselseitig. Dies gilt es im pädagogischen Arrangement zu berücksichtigen. Ebenfalls ist dabei zu beachten, daß Er-fahren ein Tätigkeitsbegriff ist, der Aktivität und Ganzheitlichkeit voraussetzt und sich damit nicht auf die »denkende Erfahrung« (DEWEY 1993) begrenzen läßt. Ein solcher Akzent von Reflexivität stellt eine Überbetonung des intellektuellen Aspekts dar, was hier nicht gemeint ist.

Kinder brauchen vielmehr positive Erlebnisse. Diese sind das Material, über das sich Kinder in der Lebenswelt zu Hause fühlen, Vertrauen und Zuversicht entwickeln und Identität aufbauen. Dabei ist es hilfreich, pädagogische Aktionsformen einzubeziehen, die ganzheitlich orientiert sind, den Entwicklungsstand der Kinder berücksichtigen und deren Aneignungsweisen von Welt im Blick behalten. Körperorientierung, Bewegung und Spiel sind dann zentrale Tätigkeiten der Persönlichkeitsentwicklung von Kindern, die als Lernformen auch medienpädagogisch genutzt werden können und sollen und Voraussetzung für erfahrungsorientiertes Lernen sind.

Spielorientierung

▶ Über gemeinsame und freie Spielhandlungen werden den Kindern Gestaltungsräume zur Bearbeitung subjektiver Wirklichkeit eröffnet und eine Bühne zur Selbstdarstellung angeboten. Diese Sichtweise unterstellt dem Spiel Zweckhaftigkeit. Damit verbindet sich die Hoffnung »eigensinniges« Lernen zu ermöglichen.

Handlungsorientierung

▶ Handlungsorientierte Verfahren ermöglichen den Kindern, sich selbsttätig Kenntnisse zum Thema (hier: Dinosaurier) anzueignen. Handelndes Lernen zielt dabei auf Bewußtheit und stützt sich auf Erkenntnis und Wissen.

Assoziative Phantasie

▶ Mit psychomotorischen Phantasiereisen wird die Erlebnisfähigkeit angeprochen. Die Phantasie kann dabei »als Verbindung von psychischer Innenwelt und sozialer Außenwelt, als Verbindung von Ängsten, Emotionen ...« (BACHMAIR 1992, S. 242) gesehen werden. In ihr verbinden sich das »rational Undenkbare mit dem emotional und thematisch Notwendigen: und dies immer über verschlungene assoziative Verbindungslinien.« (ebd. S. 242).

BACHMAIR, B.: Gestaltungsräume inszenieren. In: Schill u.a. (Hg.): Medienpädagogisches Handeln in der Schule. Opladen 1992.

Anja Beyer, Agnes Müller, Sabine Eder

»Licht im Dunkel«

ein *sinnliches* Projekt zur Förderung der kindlichen Wahrnehmungsfähigkeit

In unserem Haus arbeiten wir nach einem offenen Konzept. Die Kinder können zwischen dem Frühstücksbereich, der Bewegungshalle, dem Außengelände und drei Gruppenräumen auswählen. Das Projekt richtet sich vorwiegend an die 5-6jährigen Kinder. Die Anzahl der teilnehmenden Kinder soll je nach Angebot variiert werden.

Vorüberlegungen

Wir erleben im Kindergartenalltag immer wieder, daß sich viele Kinder vor der Dunkelheit fürchten. Furcht oder Angst zu empfinden, gehört zum Selbsterhaltungtrieb aller Lebewesen. Angst ist ein Bestandteil unserer Lebenserfahrung und kann ein Warnsignal für den Körper und die Seele sein. Sie ermöglicht es, auf Gefahren oder unbekannte Situationen angemessen zu reagieren und mobilisiert unsere Kräfte. Wenn jedoch das Gefühl der Furcht zu bedrohlich wird, und wenn sie überhand nimmt, kann das dazu führen, daß wir gelähmt und gar nicht mehr handlungsfähig sind.

Kinder empfinden Ängste (vor Höhen, vor der Dunkelheit, vor Gewitter, aber auch vor Vampiren, Monstern etc.) subjektiv sehr verschieden, dies hängt vom ihrem psychischen Entwicklungsstand und ihren aktuellen Lebensereignissen ab. Im Laufe ihrer Entwicklung erlernen sie die Fähigkeit, die Realität zu überprüfen, und entsprechend verändern sich ihre Ängste (vgl. ROGGE 1990, S. 20).

Die Furcht vor der Dunkelheit erleben viele Kinder sehr drastisch. Wieso ist das so? Im Dunkeln kann der Mensch nicht gut sehen, die Ohren und der Tastsinn müssen ohne die Hilfe der Augen den Raum wahrnehmen. Das führt oft dazu, daß wir Geräusche nicht sofort zuordnen können. Ein Glucksen im Heizungsrohr kann dann unheimlich sein, auch wenn Kinder wissen, daß die Heizung Ursache für das Geräusch ist. Kinder »dichten« Gegenständen oftmals menschliche Züge an, ihre Phantasie läßt sie glauben, daß diese Gegenstände bösartig werden könnten. Kinder sind aufgrund ihrer Position – sie sind klein und abhängig – ohnehin weniger gut als Erwachsene in der Lage, mit bedrohlichen Situationen fertig zu werden. In der Dunkelheit wird diese Ohnmacht verstärkt erlebt. »Die Dunkelheit vermindert die Berührung mit der wirklichen Welt, dient der Einbildungskraft als Ventil und ruft das Gefühl der Einsamkeit hervor. Das Gefühl, einsam und verloren zu sein, ist die Hauptursache der kindlichen Furcht vor der Dunkelheit« (WOLMAN 1979, S. 100).

Mit den Ohren wahrzunehmen, auf die Geräusche, Klänge und Töne zu achten, die einen umgeben, kann das Vertrauen der Kinder in die eigenen Empfindungen und Körpersignale fördern und ihnen so helfen, die Angst vor der Dunkelheit zu verlieren.

Wir wollen uns daher *sinnlich* dem Thema Dunkelheit annähern. Die Kinder sollen sich die Dunkelheit bewußt machen und sie mit ihren Sinnen zurückerobern. Gerade die Dunkelheit ermöglicht es uns, die Sinne zu schulen und sensibel zu werden für unsere Wahrnehmungsfähigkeiten und unseren Orientierungssinn. Alles, was wir spüren, sehen, hören oder schmecken, also jeder Außenreiz, der über die Sinne wahrgenommen wird, löst in uns Menschen Empfindungen aus, bewußt oder auch unbewußt.

Da Kinder zunächst mit ihren taktil-motorischen Sinnen (Tasten, Fühlen, Bewegen) die Umwelt erkunden, wollen wir sie durch verschiedene Wahrnehmungsübungen dahingehend unterstützen, ihre Umwelt auch mit dem Geruchs-, dem Geschmackssinn, dem Haut- oder dem Hörsinn wahrzunehmen. Diese Sinne werden meist vernachlässigt, obgleich sie, wenn wir gesund sind, ständige Begleiter im Erkunden unserer Umwelt sind. Wenn es regnet, sehen wir den Regen nicht nur, wir hören ihn auch, und wenn wir auf die nasse Straße gehen, riecht es besonders und unsere Nase und die Haut spüren die Luftfeuchtigkeit.

In den folgenden 14 Tagen können die Kinder die Handhabung verschiedener Medien – Kassettenrekorder, Fotoapparat mit Diafilmen sowie einen Diaprojektor – erlernen und sich auf eine angenehme Weise mit der Dunkelheit und ihren Geräuschen vertraut machen. Das Medienprojekt endet mit einer eigens von den Kindern produzierten Diashow, deren Inhalt sich aus der Phantasiegeschichte »Wo das Licht wohnt« ergeben soll.

Die medienpädagogische Ziele unseres Projekts

▶ die kindliche Wahrnehmung schulen,
▶ die kindliche Angst vor der Dunkelheit mindern,
▶ das Vertrauen in die eigenen Sinne und das Vertrauen zu anderen erweitern,
▶ das Selbstvertrauen der Kinder stärken,
▶ ihre Phantasie und Kreativität fördern,
▶ das Gruppengefühl stärken,
▶ technische Geräte bedienen lernen (Fotoapparat, Kassettenrekorder, Diaprojektor)
▶ den Aufbau einer Fotogeschichte erkennen.

Projektverlauf im Überblick

Zeitrahmen: ca. drei Wochen

Licht im Dunkel – Vertrauen im Dunkel Teil I

**Sinnliche Kontakte mit der Dunkelheit / Die Sinne erfahren /
Medientechniken erlernen**

1.–4. Tag

Der Hör- und der Sehsinn

Zusatzangebot: Den Blick schweifen lassen!

5.+6. Tag

»Jetzt wird's duster!«

7. Tag

Der Tastsinn

8.+9. Tag

Der Gleichgewichtssinn

10.+11. Tag

Der Geruchs- und der Geschmackssinn

Licht im Dunkel – Vertrauen im Dunkel Teil II

**Medien einsetzen / eine Geschichte nachspielen,
durch Dias illustrieren und das Ergebnis vorführen**

12.+13. Tag

Die Phantasiegeschichte »Wo das Licht wohnt – Jossi sucht das Farbenland!«
wird vorgelesen

14. Tag

Die Phantasiegeschichte wird nachgespielt und fotografiert

15. Tag

Die Diafotogeschichte wird erstellt

16. Tag

Die Diaschau

Projektverlauf

Licht im Dunkel – Vertrauen im Dunkel Teil I

1. - 4 Tag
Der Hör- und der Sehsinn

Ort: Raum der Löwengruppe, Ruhebereich
Dauer: 30 Minuten

Den Gruppenraum, in dem unser Projekt stattfinden soll, haben wir etwas verdunkelt. Die Außenjalousien sind heruntergelassen, und die Deckenbeleuchtung ist ausgeschaltet. Ein wenig Licht schimmert noch durch die Lammellen, auch das Aquarium ist beleuchtet und taucht den Raum in ein grünliches Halbdunkel. Eine kurze Lichterkette, die als Lichtquelle im Kuschelraum aufgehängt ist, funkelt leicht und schafft auch hier eine gemütliche Atmosphäre. Die Kinder betreten gespannt den dunklen Raum, einige rufen leise »*Huhuhu*«, wie es Gespenster nicht besser machen könnten.

Wir setzen uns auf und um unser Kuschelsofa herum, werden ganz ruhig und spitzen die Ohren. Wir fragen die Kinder flüsternd danach, welche Geräusche sie hören. Diese flüstern leise zurück: »*Das Aquarium blubbert!*«, »*Da lacht draußen wer!*«.

Danach überlegen wir, welche Geräusche wir mit den Beinen, den Armen und der Stimme machen können. Dazu stehen alle auf, laufen durch den Raum und trampeln dabei zunächst ganz laut. Dann werden alle wieder leiser und wieder lauter. Daniel beginnt, in die Hände zu klatschen. Die anderen Kinder übernehmen sein Klatschen und probieren unterschiedliche Rhythmen und Lautstärken aus, bauen sie aufeinander auf, verändern sie und lassen sie schließlich verklingen. Dasselbe versuchen wir mit Geräuschen, die wir mit dem Mund machen können. Ein Pfeifen, Zwitschern, Brummen, Blubbern und Schnalzen geht wie eine Tonwolke durch den Raum.

Diese Geräusche und Töne wollen wir nun aufnehmen. Dazu müssen wir natürlich wissen, wie man einen Kassettenrekorder bedient. So setzen wir uns im Kreis um den Kassettenrekorder und fragen die Kinder, wie man mit dem Gerät Geräusche aufnehmen kann. Tobias und Petra wissen, wie eine Aufnahme funktioniert und erklären den anderen Kindern die Handhabung. Da gibt es eine rote Taste, die mit der Abkürzung »Rec« versehen und für die Aufnahme zuständig ist. Dann gibt es noch die »Play«-Taste, die steht für »Los«. Beide Tasten müssen für die Aufnahme gleichzeitig gedrückt werden. *Aber vorher muß noch eine Kassette eingelegt werden!*« ruft Petra. Sie holt dann auch schnell eine leere Kassette aus dem Medienkoffer und legt sie richtig herum in den Rekorder ein. Jens ruft: *»Der Stecker muß ins Steckloch für Strom!«* Als die Verkabelung vorgenommen ist, geht es los. Petra darf als erste den Rekorder bedienen. Die anderen Kinder stehen bereit, um bei »Los!« ganz laut zu trampeln. *»Achtung, Aufnahme und los, trampeln!«*

Nach zehn Sekunden beendet sie die Aufnahme, drückt die »Stop-Taste« und ruft laut »*Stop!*«. Alle werden ruhig, versammeln sich wieder um das Gerät und wollen gespannt das Ergebnis anhören. Aber leider passiert nichts, nur ein leichtes Rauschen tönt aus den Lautsprechern. Wir überlegen, was los sein könnte. *»Vielleicht klemmt die Kassette«* sagt Tobias oder *»Die Batterie ist zu schwach«* bekundet Carla. *»Oder wir brauchen ein Extramikrofon!«*

Bei dem Versuch, ein zusätzliches Mikrofon in das Gerät zu stöpseln, merken wir, daß wir nicht die richtigen Anschlußkabel haben bzw. nicht den notwendigen Adapter besitzen. So schlägt uns die Technik gleich ein Schnippchen. Die Kinder finden es lustig, daß wir eine Panne haben. Robert kommentiert das Geschehen mit der schnippischen Bemerkung *»Ja, Frauen und Technik.«*

Wir lassen uns aber nicht den Spaß verderben und verlegen die Aktion auf den nächsten Tag. Bis dahin haben wir den passenden Klinken-Stecker für den Audioeingang des Rekorders sowie ein Monomikrofon organisiert. Erst einmal machen wir weiter mit dem »Erhören« unserer Umgebung und der Nachahmung von Geräuschen. So imitieren wir z.B. mit dem Mund und dem ganzen Körper Geräusche, die im Herbst zu hören sind (Windsausen, Blätter rascheln, Äste knacken etc). Das Ratespiel: *»Was passiert gerade vor der Tür, wer spricht da, ratet die Stimmen!«* macht ebenfalls allen Spaß. Dann erzählen die Kinder, was sie hören, wenn sie am Abend im Bett liegen:

K: *»Die Vögel zwitschern!«*

K: *»Meine Eltern, die reden noch!«*

K: *»Die Fenster klappern!«*

E: *»Wenn ihr mit einem Geschwisterkind oder einer Freundin oder einem Freund in einem Zimmer schlaft, was könnt ihr dann hören?«*

K: *»Den Atem!«*

K: *»Die schnarchen vielleicht oder pfeifen?«*

K: *»Oder die reden in der Nacht!«*

Nach unserer technischen Panne führen wir am kommenden Tag einen kurzen Aufnahmetest durch. Eine Erzieherin ruft: *»Der Countdown läuft!«* und zählt von 10 abwärts bis 0. Die Kinder verstehen allerdings gar nicht, was sie will, da sie mit dem Wort »Countdown« nichts anzufangen wissen. Wir erklären die Bedeutung des Wortes und einigen uns dann auf das Startsignal *»1, 2, 3 und los!«* damit alle zur rechten Zeit wissen, wann die Aufnahme beginnt. Das Startsignal ertönt und die Aufnahmetasten werden gedrückt. Dann hören wir die Testaufnahme ab und ... oh nein! Es ist wieder nichts zu hören! Die Kinder fluchen: *»So'n Mistkram!«* Wir lassen uns auch diesmal nicht entmutigen. Anja merkt, daß wir eine Taste falsch eingestellt haben und Jana bringt sie in die richtige Position. Dann klappt es endlich, wir können Stimmen hören! Alle jubeln und nun geht es wieder los! Daniel bedient den Rekorder und drückt die Aufnahmetaste, während Jana das Mikrofon hält. Die beiden nehmen die Geräusche der anderen Kinder auf, während diese mit den Fingern schnipsen, in die Hände klatschen, mit den Zähnen klappern oder Vogelgezwitscher imitieren. Desweiteren werden Stampf- und Klatschgeräusche, Geisterheulen und Hundegebell, Zähneklappern und Händereiben, Kratzen und Zischellaute aufgenommen. Pia schlürft ins Mikrofon und Fabian imitiert durch Zungenschnalzen das Klacken eines Tischtennisballes. Daniel und andere Kinder möchten unbedingt noch ein Lied aufnehmen. Daniel singt: *»Alle meine Entchen«*, Maren: *»Hänschen klein«*, Alisa und Jana singen: *»Hier kommt die Maus«*. Diese Liedaufnahmen sind für die Kinder das Größte.

Viele der Kinder möchten Tiergeräusche aufnehmen. Nacheinander wird also gebellt und gemuht; Katzen miauen und Pferde trappeln schnaubend und prustend auf dem Boden entlang. Die Kinder haben viel Spaß beim Imitieren der Tiergeräusche und probieren immer neue Variationen aus. So versuchen Dennis und Bianka, die Pferde über eine Holzbrücke galoppieren zu lassen.

Die Kinder wechseln sich ohne Probleme beim Bedienen des Rekorders ab. Sie suchen gemeinsam nach Geräuschquellen im Raum und sind konzentriert bei der Sache. Einfälle der anderen werden aufgenommen und gemeinsam umgesetzt, es entsteht eine gute Teamarbeit.

Den Kindern gefällt es sehr, das Aufgenommene anzuhören, sie rufen begeistert *»Das bin ja ich, das bin ja ich!«*, wenn sie ihre Stimme wiedererkennen. Die Kinder hören die

Aufnahmen mehrere Male ab, sie kommentieren und interpretieren immer wieder aufs Neue, assoziieren und phantasieren mit Begeisterung. Die Geräusche werden den Geräuschequellen zugeordnet, und darüberhinaus überlegen sie, welches Geräusch ähnlich klingen könnte: So wird aus dem Blubbern und Plätschern des Aquariums ein Wasserfall, und das Aufeinanderschlagen der Bauklötze wird mit dem Trampeln von Pferdehufen verglichen. Mit den Ergebnissen unserer Aufnahme sind alle sehr zufrieden. Zwar merken wir, daß manche Geräusche zu leise aufgenommen wurden, das ärgert die Kinder allerdings nicht, sondern sie beraten munter, wie sie ihre Ideen besser realisieren können: *»Wir müssen das Mikrofon dichter dran halten!«*

Zum Abschluß machen wir die Geräusche beim Abhören mit. Das macht einen Riesenspaß, wenn alle klatschen oder schlürfen.

Immer wieder machen wir am Ende des Angebotes ein beliebtes Versteckspiel im Dunkeln. Dabei müssen sich alle Kinder bis auf eins im dunklen Raum ein Versteck suchen und ganz leise sein. Das verbleibende Kind sitzt zunächst auf dem Sofa und wartet, bis alle sich versteckt haben. Dann ruft er/sie einen Namen z.B. *»Laura, mach mal ein Geräusch!«* und Laura beginnt zu piepen oder zu schnalzen, zu schnippppen oder zu blubbern. Das suchende Kind orientiert sich durch das Dunkel und muß das Kind aus dem Versteck ziehen. Dann rufen die beiden Kinder gemeinsam einen Namen und suchen das nächste Kind, was sich durch Geräusche vorsichtig bemerkbar macht. Das Spiel geht solange, bis alle Kinder gefunden wurden.

Die Jungen und Mädchen haben viel Spaß beim Suchen und genießen die Anspannung, das Erschreckt-werden in einem sicheren Raum!

Einige von ihnen bitten uns, die Rollos im Löwenraum auch nach der Aktion geschlossen zu lassen. Sie spielen noch, wenn wir bereits in die Frühstückspause gehen. Wir beobachten, wie sie die Tür hinter sich schließen, damit möglichst wenig Licht in den Raum fällt und es schön leise ist.

Zusatzangebot:
Den Blick schweifen lassen!
Dauer: über den Tag verteilt

In den ersten vier Tagen sollen die Kinder zusätzlich die Möglichkeit haben, Fotos zu knipsen, da wir im zweiten Teil des Projektes eine »Diafotogeschichte« zum Thema »Licht im Dunkel« erstellen wollen. Als Vorbereitung und zur Schulung des Sehsinns können die Kinder mit Hilfe von »Pappkameras« üben. Dazu werden Schuhkartons mit jeweils einem Loch in den Kopfseiten versehen: einem »Sucher«-Loch und genau gegenüber einem »Objektiv«-Loch. Lezteres kann zusätzlich durch eine leere Klorolle verlängert werden. Die »Pappkamera« wird dabei wie ein echter Fotoapparat vor die Augen gehalten, ein Auge wird zugemacht und mit dem anderen wird ein Auschnitt gesucht. Diese Vorstufe zum Fotografieren mit einer Kamera soll den Kindern zeigen, daß sie Ausschnitte, die sie fotografieren möchten, wählen können. Weiterhin macht dieser »Bildersucher« deutlich, daß es sich bei einem Foto um einen kleinen Teil von einem Ganzen handelt.

In Kleingruppen sehen wir uns den Fotoapparat (Kleinbildautomatik) an. Nachdem wir die Funktionen und die Handhabung des Apparates erklärt haben, können die Kinder ihre Motive selbst wählen. Der Fotoapparat liegt im Büro bereit, die Kinder können ihn sich dort ausleihen und bis zu zwei Fotos »schießen«.

Einige Kinder kennen das Fotografieren bereits, da ab und zu eine Fotografin den Kindergarten besucht. Aber daß sie den Appparat selber in der Hand halten und eigene Fotos knipsen dürfen, das ist den meisten Kindern neu, und so finden sie auch diese Aktion außerordentlich spannend. Benjamin bringt an einem der Tage sogar seinen eigenen Fotoapparat mit, eine ausrangierte, funktionsunfähige Kamera. Aber das ist ihm egal, er trägt den Apparat stolz um den Hals und »knipst« alles, was ihm vor die Linse kommt.

5. + 6. Tag
»Jetzt wird's duster!«

An zwei Vormittagen verdunkeln wir die Fenster im Gruppenraum gänzlich. Alle Kindergartenkinder, die Lust haben, können dabei mithelfen. Dazu kleistern wir zunächst die Fensterscheiben ein und kleben anschließend kleine Papierschnipsel auf das Glas. Nun ist der Raum richtig dunkel und die Wahrnehmungsübungen, die wir in den nächsten Tagen machen wollen, können wirklich im »Dustern« stattfinden.

7. Tag
Der Tastsinn

Ort: Bewegungsraum (Halle)
Dauer: 30 Minuten

Wir sitzen gemeinsam auf einer großen Turnmatte. Ich frage die Kinder, was besonders daran ist, wenn man sich im Dunkeln fortbewegen muß, wie zum Beispiel nachts, wenn man auf die Toilette gehen muß.

K: *»Da muß man ganz viel vorsichtig sein, mit den Füßen, damit man nirgends vorläuft!«*

K: *»Ich halte immer die Hände vor!«*

K: *»Da ruf ich meine Mama, die kommt dann!«*

E: *»Wir wollen heute mal ein paar Spiele machen, da können wir ausprobieren, wie das ist, im Dunkeln was zu machen, habt ihr Lust dazu?«*

K: *(alle) »Jaaa!!«*

Für die Aktion müssen wir zunächst einmal die Bewegungshalle aufräumen. Als das getan ist, legen wir in die Hallenmitte ein großes Schwungtuch. Die meisten Kinder kennen dieses Spielgerät noch nicht und so machen wir zur Einführung ein paar kleine Übungen. Wie stellen uns im Kreis um das Tuch herum, greifen in die Schlaufen und bewegen das Tuch gemeinsam schnell auf und ab. Passend zu dem Wind, der dadurch entsteht, machen wir mit unseren Stimmen Windgeräusche. Dann legen wir Luftballons auf das Schwungtuch, die wir vorsichtig zum Hüpfen bringen. Dabei soll möglichst kein Ballon auf den Hallenboden fallen! Nun werden zwei Kinder ausgeguckt, die, sobald die anderen Kinder das

Tuch hochgehoben haben, schnell unter dem Tuch hindurchlaufen und ihren Platz tauschen, das klappt hervorragend und macht sehr viel Spaß.

Im Anschluß daran spielen wir das »Krokodil-Spiel«: Die Kinder sitzen im Kreis um das Schwungtuch herum und stecken ihre Beine unter das Tuch. Dennis ist das erste »Krokodil«. Er »taucht« unter das Tuch und versucht nun von hier aus, andere Kinder unter das Tuch zu ziehen, indem er an ihren Beinen zieht (nicht zu doll!). Das Kind ist nun auch ein »Krokodil« und versucht, wiederum andere unter das Tuch zu ziehen. Das ist ganz aufregend und spannend! Es empfiehlt sich jedoch, die Kinder zuvor auf das Spiel vorbereiten, denn es kann durchaus sein, daß sich manche Kinder zu sehr fürchten, wenn sie an den Beinen gezogen werden. Schließlich sind ja die »Krokodile« nicht zu sehen, sondern nur zu spüren! In der Einleitung kann z.B. darauf hingewiesen werden, daß es sich um nette Krokodile handelt, die zu einem Krokodilfest »einladen«!

Verschiedene Tast- und Wahrnehmungsspiele folgen, wie z.B. dieses: Die Kinder bilden Paare, und jeweils ein/e Partner/in legt sich unter das Tuch. Den anderen Kindern werden die Augen verbunden. Sie müssen nun durch Tasten und Fühlen ihre/n Partner/in herausfinden, natürlich darf man auch ein bißchen reden und fragen. Wenn ein Kind seine/n Partner/in gefunden hat, darf es die Augenbinde abnehmen und legt sich in genau der Stellung, wie das Kind unter dem Tuch liegt, auf das Tuch. Das Gleiche spielen wir noch einmal mit Statuen. Die außenstehenden Kinder tasten die Statuen und Gebilde vorsichtig ab und versuchen dann, diese nachzustellen.

Dann können weitere Tastspiele wie z.B. »Die Tasttheke« oder »Was liegt auf der Hand?« angeboten werden. Bei der »Tasttheke« füllt jedes Kind ein Materialstoff (Sand, Blätter, Wolle, Erbsen o.ä.) in einen Becher. Die Kinder setzen sich dann in einen Kreis und schließen die Augen bzw. bekommen die Aufgabe, nicht in den Becher »hineinzulinsen«. Die Becher werden dann im Uhrzeigersinn weitergegeben. Jedes Kind kann die Materialien erfühlen. Wenn es wieder den eigenen Becherinhalt erfühlt, ist die Runde herum. Die Becher können dann auf einer »Tasttheke« gesammelt werden. Bei dem Spiel »Was liegt auf der Hand« werden einem Kind die Augen verbunden. Die anderen Kinder können dem Kind unterschiedliche Gegenstände (Gürtel, Murmel, Bauklotz etc.) reichen. Wenn das Kind zwei- oder dreimal richig geraten hat, werden die Rollen getauscht (vgl. THIESEN 1996, S. 104).

Mit Hilfe einer kurzen Phantasiereise mit dem Schwungtuch reisen wir dann per »Ballon« aus der Tastwelt zurück in den Kindergarten. Da einige Kinder noch nicht genug haben, bieten wir zum Abschluß das Spiel »Blinde Kuh« an.

8. + 9. Tag
Der Gleichgewichtssinn

Ort: Bewegungsraum (Halle)

Dauer: zwischen 30 - 45 Minuten

Wir versammeln uns auf der großen Matte und fragen die Kinder nach Ideen für einen kleinen Hindernisparcours. Daraufhin bauen wir alle zusammen den Parcours aus Kisten und Bänken, Matten und Seilen auf. Zur Untermalung der Aktion lassen wir, als akustischen Hintergrund, ruhige Musik laufen (Titelmusik aus dem Film »In einem fernen Land«). Die folgenden Übungen zum Gleichgewichtssinn können den Kindern innere Wahrnehmungen aufzeigen, und der Tastsinn vermittelt wie auch am Tag zuvor die äußeren Reize.

Die Kinder tun sich nun zu zweit zusammen und gehen gemeinsam über den Parcours, um ihn kennenzulernen. Sie geben sich bei schwierigen Hindernissen Hilfestellungen.

Beim zweiten Durchlauf werden jeweils einem Kind die Augen mit einem Tuch oder Schal verbunden. Das andere Kind hat nun die Aufgabe, den/die PartnerIn sicher über den Parcours hindurchzuleiten. Die Kinder verlassen sich vertrauensvoll auf ihre/n Partner-In. Es gibt keine Probleme und keine Unfälle, denn die Kinder sind sehr achtsam und vor-ausschauend.

Die meisten lassen sich ohne weiteres die Augen verbinden, nur wenige Kinder haben Probleme damit und ängstigen sich etwas. Beim Balancieren erhalten die Kinder Hilfestel-lungen. Es geht erst nach oben, eine Bank hinauf, in Stufen über einige Kästen wieder hin-unter, dann über ein kleines Trampolin zurück auf den Boden und über eine kleine Wippe hinüber. Dann folgt eine Höhle, hier müssen sich alle etwas bücken, da die Höhle ein Bal-londach hat (in dem übergespannten Tuch liegen Luftballons). Das Ballondach spürt man am Kopf, wenn man durch die Höhle hindurchgeht. Zum Schluß muß jedes Kind auf allen Vieren unter einem Tisch hindurchkriechen, der ebenfalls mit Tüchern zugehängt ist.

Nachdem alle Geräte wieder fortgeräumt worden sind, legen wir ein Seil quer durch die Halle. Die Kinder balancieren nun mit geschlossenen Augen über das Seil, bis sie die Hallentür erreichen und wieder im »normalen« Kindergarten ankommen.

Auch heute bieten wir zum Abschluß das beliebte Spiel »Such-mich-im-Dunkeln« im verdunkelten Raum der Löwengruppe an.

10. + 11. Tag
Der Geruchs- und der Geschmackssinn

Ort: Raum der Löwengruppe
Dauer: 30 Minuten

In diesem Abschnitt wenden wir uns dem Geruchs- und dem Geschmackssinn zu. Diese beiden Sinne hängen eng zusammen, ohne den Geruchssinn könnten wir längst nicht so gut schmecken. Das kennen alle gut aus »Schnupfenzeiten«, wenn wir gar nicht richtig schmecken können.

Jedes der Kinder hat bereits eigene Geruchs- und Geschmackserfahrungen gesammelt. Wir unterhalten uns eine Weile über unsere Lieblingsspeise und -getränke sowie Lieblingsdüfte und abscheuliche Düfte. *»Ich bin mal auf Hundekacke getreten, das hat gestunken!«*

Die Kinder und wir bringen für unser Unternehmen verschiedene Dinge von zu Hause mit, z.B. Mandarinen, Rosinen, Honig, Seife, Milch, Apfelsaft, Kakao, Zucker, Salz, Möhrensalat, Ketchup, Erdnüsse, Kekse, Parfüm, Knoblauch etc. Wir richten alles in Schüsseln oder Bechern an, diese stellen wir auf einen großen Tisch. Die Kinder lassen sich wieder ohne Weiteres die Augen verbinden. Nach ein paar Absprachen, wie z. B.: »Bitte keine Seife füttern!« beginnen die Kinder behutsam, ihre/n PartnerIn mit Nahrungsmitteln zu füttern oder die Gegenstände zum Riechen an die Nase zu halten. Sie merken, daß manche Gerüche »beissen« und daß diese nicht zu dicht an die Nase kommen dürfen. Die Kinder mit den verbundenen Augen versuchen, die Nahrungsmittel zu benennen; wenn richtig geraten wurde, gibt es etwas anderes zu essen und nach einer Weile werden die Rollen getauscht. Bei diesem Spiel wird viel gestöhnt, gelacht und auch gespuckt, dafür liegen genügend Servietten parat. Auch steht ein großer Behälter mit Wasser bereit, wenn der Mund ausgespült werden muß. Als alle an der Reihe waren, nehmen wir die Augenbinden ab und probieren die Sachen durch, um Geschmacksgruppen zu bilden. Bei manchen Sachen, wie z.B. dem Ketchup, ist das gar nicht so einfach, der ist ein bißchen sauer, aber auch süß. Den Kindern fällt es manchmal gar nicht so leicht, die vier Hauptgeschmacksrichtungen süß, sauer, salzig und bitter zu unterscheiden.

Licht im Dunkel – Vertrauen im Dunkel Teil II

12. + 13. Tag
Die Phantasiegeschichte »Wo das Licht wohnt –
Jossi sucht das Farbenland!« wird vorgelesen

Ort: verdunkelter Gruppenraum
Dauer: ca. 30 Minuten

Aufbauend auf die spielerischen Übungen zu Sinneseindrücken wollen wir nun das Thema »Dunkelheit« anhand einer Phantasiegeschichte bearbeiten. Sie heißt »Wo das Licht wohnt – Jossi sucht das Farbenland!« Ziel ist es, die Geschichte als Diashow zu präsentieren. Dazu müssen wir die Geschichte nachspielen, die Spielszenen abfotografieren und später zu einer »Diafotogeschichte« zusammenstellen.

Zunächst wird die Geschichte von Jossi und dem Farbenland an zwei Tagen in der dunklen Kuschelecke vorgelesen (mit Leselampe!). Die Geschichte handelt davon, welchen Einfluß das Licht auf die Welt hat. Dort, wo kein Licht ist, ist alles grau, dort ist das Schattenland (die Dunkelheit) und wo Licht ist, da sind die Farben.

Phantasiegeschichte: »Wo das Licht wohnt – Jossi sucht das Farbenland!«

Ich kenne ein Land, dort gibt es keine Farben. In diesem Land lebt Jossi – das Land heißt Schattenland. Dort ist alles grau in grau und an einigen Stellen sogar schwarz. Die Blumen sind hellgrau, die Häuser sind dunkelgrau, die Straßen sind schwarz und sogar die Menschen sind grau. Die Menschen erkennen sich an ihren Hüten, die sie auf dem Kopf tragen, jeder mit einer anderen Form. Jossi trägt einen Schlapphut mit einer langen grauen Feder. Die Menschen erkennen ihn schon von Weitem an seiner Feder, die immer lustig auf und ab wippt, wenn er durch die Straßen hüpft. Die Menschen mögen Jossi. Er hat immer lustige Ideen, um den tristgrauen Alltag etwas fröhlicher zu gestalten. Wo Jossi auftaucht, erzählt er den Menschen lustige Geschichten, bis sie sich die Bäuche halten vor Lachen. Jossi erzählt vom Farbenland. Dieses Land hat er sich in seinen Träumen ausgedacht. Im Farbenland sind alle Menschen bunt. Herr Bussi hat eine blaue Nase und knallrote Haare, Frau Resi hat gelbe Augen und grüne Hände. Einige Kinder tragen Hosen mit orangen und grünen Punkten, andere Kinder tragen pink gestreifte Kleider, haben sogar eine grüne Nasenspitze und einen himmelblauen Punkt auf dem Ohrläppchen. Dort gibt es den Postmann mit einer rot-blau gestreiften Hose und grünem Pullover.

Die Vögel haben rote Bäuche und blaue Federn, die Schnecken sind grün-rot getupft, die Marienkäfer mit rotem Mantel und grünen Punkten. Die Zebras sind dort bunt gestreift und die Elefanten violett. Der Himmel ist gelb mit roten Wolken und es regnet rote Tropfen. Nach einem Regenguß sehen alle rot aus, bis sie sich gewaschen haben.

Jossi muß die Geschichte vom Farbenland jeden Abend erzählen, wenn die Menschen im Schattenland sich von der Arbeit ausruhen. Eines Abends beschließen die Menschen, das Farbenland zu suchen.

Sie verlassen ihre Häuser und machen sich mit Jossi auf den Weg in Farbenland. Jeder träumt von vielen Farben und stellt sich in seinen Träumen vor, wie das eigene Gesicht, die Haare, die Hände, Pullover und Hose aussehen sollen.

Unterwegs kommen sie an eine alte verlassene Hütte. Über der Türe hängt an der Hütte ein großer Pinsel. Es muß vor langer Zeit ein Maler hier gewohnt haben, den im Schattenland jedoch niemand mehr kennt. Im Schattenland hat es dem Maler wohl nicht mehr gefallen. Immer nur grau und schwarz malen, wurde ihm mit der Zeit zu langweilig, und er ist aus dem Schattenland ausgezogen. Jossi ist neugieríg und wagt sich zuerst in die alte Hütte hinein. Mitten im Raum steht ein großer Malkasten mit vielen kleinen und großen Pinseln.

Jossi ist begeistert – endlich hat er die geheimnisvollen Farben gefunden, von denen er schon so lange geträumt hatte. Jossi trägt den Malkasten mit den Pinseln vor die Hütte des Malers. Er verteilt die Pinsel und in großer Aufregung öffnet er den Malkasten. Als erstes taucht er den Pinsel in die gelbe Farbe und malt eine strahlend gelbe Sonne an den Himmel. Die Gesichter der Menschen strahlen im Licht der leuchtenden Sonne und beginnen voller Freude, das Schattenland anzumalen – jeder so, wie er es sich in seinen Träumen vorgestellt hat.

Quelle: Regina Bestle

Um die Kinder in die Geschichte einzubinden, unterbreche ich an einigen Stellen das Vorlesen und stelle ihnen Fragen:

E: »Weiß jemand von Euch, was Schatten sind?«

Petra: »Guck mal, wenn ich hier stehe, und da ist dann die richtige Erde, z.B. wenn wir draußen wärn, dann wäre ich hier und hier (zeigt auf den Boden) mein Schattenbild.«

E: »Wenn die Sonne scheint hat man keinen Schatten!?«

Carlo: »Man hat auch 'n Schatten, wenn man so'n Schattenspiel macht, von oben Licht und dann kommt da, an die Wand so was, so Schatten hin.«

155

Im Anschluß beraten wir mit den Kindern, was wir alles für unsere Fotoaktion benötigen. Wir erklären ihnen, daß sie die Menschen aus dem Farbenland spielen sollen, und daß davon Fotos in schwarz-weiß und in Farbe gemacht werden, damit wir sowohl Bilder vom Grauland und auch welche vom Farbenland haben.

E: *»Zieht Euch morgen am besten ganz bunte Sachen an, damit ihr so richtig wie die Leute aus dem Farbenland ausseht, und wer von Euch eine Mütze oder Kappe hat, bringt sie bitte morgen unbedingt mit!«*

Zum Tagesabschluß spielen wir natürlich wieder das inzwischen obligatorisch gewordene Suchspiel im Dunkeln.

14. Tag
Die Phantasiegeschichte wird nachgespielt und fotografiert

Ort: Bewegungshalle
Dauer: jeweils ca. 30 Minuten

Heute wollen wir die Jossi-Geschichte als »Diageschichte« nachstellen. Dazu haben wir zwei Fotoapparate vorbereitet, einen mit einem schwarz-weiß Diafilm und einen mit einem Farbdiafilm.

Da es ein regnerischer grauer Tag ist, müssen wir unser Vorhaben im Haus durchführen. Wir treffen uns in der Bewegungshalle. Eine Erzieherin liest die Geschichte erneut vor, die Kinder sitzen, bereits verkleidet, auf der großen Turnmatte. Dann überlegen wir die Rollenverteilung. Linda möchte gerne den Jossi spielen, alle sind damit einverstanden. Sie bekommt einen Hut mit einer langen Feder als Kostüm. Die anderen Kinder spielen die DorfbewohnerInnen. Die SchauspielerInnen stellen sich auf, bei der Inszenierung unterstützt sie eine Erzieherin, beratend, nicht bestimmend! Die erste Szene steht: Jossi steht inmitten der DorfbewohnerInnen, die seinen Geschichten aufmerksam zuhören. Nun überlegen sich die beiden FotografInnen, von wo aus sie das Foto knipsen wollen, auch hier gibt eine Erzieherin Tips. Die FotografInnen knipsen jeweils ein Foto aus der gleichen Position, die SchauspielerInnen müssen dafür die ganze Zeit ruhig stehen. Wenn die Fotos »in der Kiste« sind, rufen die FotografInnen laut: »Fertig!«, damit alle wissen, daß sie sich nun wieder bewegen dürfen. Die Erzieherin fragt, was als nächstes gespielt werden soll, und die Kinder überlegen sich spontan eine Spielszene in Anlehnung an die Geschichte. So wird die Geschichte von Jossi Stück für Stück nachgespielt. Die Straßen oder die Häuser werden mit Hilfe von Kisten und Kartons gebaut. Als besonderen Trick bauen die Erzieherinnen aus kleinen Papphäusern ein Dorf auf, so haben wir eine tolle Luftaufnahme vom Farben- bzw. Grauland. Auch werden noch Großaufnahmen (Gesichter mit Hüten) von Jossi und den DorfbewohnerInnen geknipst. Dann schreibt Anja den Titel der Geschichte auf eine große Pappe, und Verena und Franzi verschönern sie mit bunten Tupfern. Den Titel fotografiert Lennart mit dem Farbfilm-Apparat ab. Den Kindern wird bei dieser Aktion deutlich, wie ein Text mit Bildern illustriert werden kann.

Wir erklären den Kinder, daß es nun einige Tage dauern wird, bis die Bilder als Dias zurück im Kindergarten sind. Zum Abschluß spielen wir »Über-Tisch-und-Stuhl«, so können sich die Kinder nach den anstrengenden, konzentrierten Phasen richtig austoben.

15. Tag
Die Diafotogeschichte wird erstellt

Ort: Bewegungshalle
Dauer: ca. 60 Minuten

Als Vorbereitung zur Diaschau treffen wir uns mit 10 Kindern in der Bewegungshalle. Die Kinder stecken zunächst sämtliche Dias in die bereitstehenden Diamagazine. Ein Diaprojektor und eine große Leinwand werden aufgestellt. Die Matten werden als Sitzflächen bereitgelegt, und die Außenjalousinen werden geschlossen. Fabian übernimmt, wie verabredet, als erster die Bedienung des Projektors und drückt den Startknopf. Dann erscheint auch schon das erste Farbbild. *»Da, guck' mal, da bin ich!«* ruft Linda. *»Ja, als Jossi verkleidet!«*. Wir sehen das ganze Magazin einmal durch, damit wir wissen, welche Fotos vorhanden sind, außerdem sind die Kinder ganz neugierig, auf welchen Bildern sie zu sehen sind.

Als das erste schwarz-weiß Dia erscheint, rufen einige Kinder sofort: *»Oh, wie im Grauland!«* Sobald alle Dias betrachtet sind, lassen wir wieder Licht in den Raum. Wir erklären den Kindern, daß wir die Dias nun in eine Reihenfolge bringen müssen, so daß die Geschichte von Jossi wie ein Bilderbuch anzusehen ist. Zur Erinnerung liest eine Erzieherin die Geschichte noch einmal vor.

Dann setzen wir uns auf die Matten, legen einen großen Bogen weißes Papier in die Mitte und legen die Dias darauf, damit sie vor Staub etwas geschützt sind. Merve nimmt nun das erste Dia in die Hand, schaut es gegen das Licht an und erklärt uns, was sie darauf sieht: *»Da ist Jossi zwischen ganz vielen bunten Luftballons, in der Hängematte!«*.

Wir fragen die Kinder: *»Gehört das eher an den Anfang oder in die Mitte der Geschichte?«*

Carlo: *»An's Ende!«*

E: *»Wieso an's Ende, erklär mal!«*

Carlo: *»Na, da ist doch alles schon bunt und dann kann der, der liegt doch dann gemütlich und dann ruht der sich aus!«*

E: *»Ja, genau, das ist ziemlich am Ende, als die Dorfbewohner und der Jossi schon alles angemalt haben, dann steck' das Bild mal ganz weit nach hinten in das Magazin!«*

Franzi: *»Hier, das ist das von Anfang!«*

E: *»Was ist da drauf zu sehen?«*

Franzi: *»Na, was ich angemalt habe, das, wo Du was draufgeschrieben hast!«*

E: *»Zeig mal her, ach ja, der Titel, der muß als erstes kommen, das ist völlig richtig, gut!«*

So wird nun Bild für Bild in eine Reihenfolge gebracht. Diese Arbeit verlangt von den Kindern viel Ausdauer und Vorstellungskraft, aber mit unserer Unterstützung klappt das ganz prima. Die Kinder erfassen sehr schnell, wie eine Bildergeschichte konstruiert ist und wie eine sinnvolle Bildabfolge entstehen kann.

Als die Diafotogeschichte fertig ist, schauen wir uns das Ergebnis an. Eine Erzieherin liest dabei die Geschichte vor und macht sich am Textrand Notizen, damit Bild und Text zusammenpassen. Benjamin und Charlotte werden von den Kindern ausgewählt, bei der morgigen Vorführung den Projektor zu bedienen. Die anderen werden Eintrittskarten abreißen oder sind für die die große Begrüßung zuständig.

Die Eintrittskarten müssen noch gemalt werden und so räumen wir die Bewegungshalle auf und gehen hinüber in den Kreativraum. Da wir ungefähr neunzig Karten (ca. 7x5cm) brauchen, müssen wir etwa sechs DINA4 Blätter anmalen. Dazu kleben wir weiße Blätter auf die Tische und bespritzen sie mit bunten Farbklecksen. Nachdem sie getrocknet sind, beklecksen wir die andere Seite mit grauen und schwarzen Tupfern. Mit einem großen Schneidemesser können die Blätter dann in kleine Kärtchen zerschnitten werden.

Benny: »Die seh'n ja toll aus, besser als im Kino!«

Jetzt sind wir für die große Diaschau, die morgen stattfinden soll, gut vorbereitet.

16. Tag
Die Diaschau

Ort: Bewegungshalle
Dauer: 30 Minuten

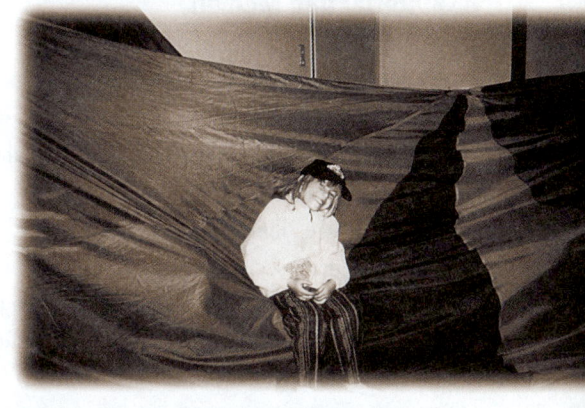

Heute ist der große Tag der Aufführung. Im Morgenkreis werden die Eintrittskarten verteilt. *»Aber nicht verlieren, sonst kommst Du nicht rein!«* verkündet Ivo ernst. Benny und Luisa kündigen im Duo die Uhrzeit an: *»Achtung, Achtung, die große Diashow beginnt um 11Uhr, in der großen Halle, kommt alle!«*

Dann bauen wir mit einigen Kindern die Halle um. Der Diaprojektor und die Leinwand sowie die Matten und Bänke werden aufgebaut. Am Eingang steht ein Tisch für die »Kasse«. Der Raum wird verdunkelt, und für die Vorleserin wird eine kleine Leselampe bereitgestellt. Dann ist es soweit, die ersten Kinder strömen ins »Diakino«, Karten werden abgerissen, Plätze ausgesucht, ein großes, fröhliches »Tohuwabohu«. Aus einem Kassettenrekorder klingt Musik. Die Kinder machen es sich auf den großen Matten für die Show gemütlich. Als alle einen Platz haben, begrüßt das Duo Luisa und Benny alle Kinder und ErzieherInnen, und dann gehts auch schon los. Die Vorführung ist ein Riesenerfolg. Es gibt Applaus, und eine große Tüte mit bunten Bonbons wird zum Schluß in die Zuschauer-Innenmenge geworfen.

Nachdem die Show vorbei ist, treffen wir uns in der Kleingruppe wieder im dunklen Gruppenraum und besprechen noch einmal die vergangenen Aktionstage.

Die Kinder finden es toll, so schöne Sachen in der Dunkelheit gemacht zu haben: *»Ich hatte gar nicht wirklich Angst, weil's immer so lustig war!«* Aber nun wird es Zeit, daß wir wieder die Sonne und das Licht in den Löwenraum hineinlassen, damit wir auch einmal wieder die Farben sehen können. Einige der Kinder finden das sehr schade, doch sie sehen auch, daß besonders unsere Zimmerpflanzen Licht brauchen, die sind nämlich schon leicht verwelkt. Heute spielen wir noch einmal ausgiebig »Suche-im-Dunkeln« und an den nächsten Tagen schaben wir die Fenster von den Papierschnipseln frei.

Material und Medien

- ▶ Kleister und alte Zeitungen (zum Abdunkeln der Fenster), besser aber schwarze Folien, da das Papier nur sehr schwer von den Fenstern abzulösen war
- ▶ Schwungtuch (für die Spiele zur Körperwahrnehmung)
- ▶ Musik (Untermalung der Aktionen)
- ▶ Geschichte »Jossi sucht das Farbenland«
- ▶ Verkleidungssachen, besonders Mützen und Tücher (für das Nachspielen der Szenen)
- ▶ Pinsel, Farben, Papier (für die Spielszenen und die Eintrittskarten)
- ▶ Joghurtbecher und Schüsseln (für die Geruchs- und Tastspiele)
- ▶ zwei Fotoapparate (für die Diageschichte)
- ▶ Farb-Diafilme (36er + Entwicklung + Rahmung pro Film ca. 20,– DM)
- ▶ Schwarz-weiß-Diafilme (36er + Entwicklung + Rahmung pro Film ca. 30,– DM)
- ▶ Kassettenrekorder mit Mikrofon, evtl. Adapter für die Geräuschaufnahmen (ausleihbar bei der Kreisbildstelle)
- ▶ leere Audiokassetten (90min. ca. 3,50 DM)
- ▶ Diakisten und Diaprojektor

Hinweise und Tips

Einige Schwierigkeiten, die im Laufe des Projektzeitraums auftauchten, versetzen uns in die Lage, ein paar wichtige Tips an diejenigen weiterzugeben, die Ähnliches planen:
- ▶ Vor der Projektplanung sollte das grundsätzliche Interesse des Gesamtteams an der Aktion ermittelt und besprochen werden, z.B. wieviel Raum die Besprechung der Aktionen in den Teamsitzungen einnehmen darf. Gibt es die Möglichkeit, sich von den nicht beteiligten KollegInnen im Falle von Pannen oder »kreativen Krisen« Unterstützung zu holen? Eine positive Haltung aller Erzieherinnen zu der geplanten

Aktion macht den Verantwortlichen Mut! Ebenso ist die zeitliche Verortung des Projekts wichtig. Es ist im Vorfeld dafür zu sorgen, daß es z.B. in einem Zeitrahmen liegt, in dem möglichst wenige KollegInnen ihren Urlaub geplant haben. Zu guter letzt sollten auch die das Projekt Durchführenden selbst prüfen, ob sie zeitlich ausreichend belastbar sind. Bei aller Freude an einer mehrwöchigen und spannenden Aktion verlangt diese doch ein hohes Maß an Konzentration, Vorüberlegung und vorausschauendem Handeln.

▶ Die Überprüfung aller technischen Geräte, inklusive der benötigten Stecker und Adapter auf deren Funktionstüchtigkeit und Kompatibilität sollte in jedem Fall vor Beginn der Aktion stattfinden. Auf diese Weise werden nicht nur Pannen, sondern auch Verzögerungen und unnötige Laufereien vermieden.

▶ Möchte man im Kindergarten die Fenster verdunkeln, so sollte dies nicht mit Hilfe von Kleister und schwarzen Papierschnipseln geschehen. Der zeitliche Aufwand ist enorm und das anschließende Säubern der Fenster aufwendig, also lieber schwarze Folien aus dem Baumarkt besorgen.

6. Vertiefung:
Medienpädagogik und Sinnlichkeit

In der pädagogischen Diskussion wird audiovisuellen Medien häufig eine entsinnlichende Funktion zugewiesen. So stellt Hans-Günther Rolff fest, daß Grundschulkinder in Kabelhaushalten täglich rund zweieinhalb Stunden vor dem Fernseher säßen und schließt daraus, daß sich der »Modus der Kommunikation«, also die Aneignung von Welt, verändert habe. Die Bilder im Fernsehen sind technische Bilder, »blitzschnelle« Einstellungen, die vom Seher kaum registriert und verarbeitet werden können (vgl. ROLFF 1989, S. 68). Ähnlich argumentiert Neil Postman, der feststellt, daß Fernsehen eine Bilderkultur repräsentiere, die eher die Gefühle als den Verstand anspreche und mehr zum Empfinden als zum Denken auffordere (vgl. POSTMAN 1983, S. 88).

Beide Autoren beziehen ihre Argumentation aus dem kritischen Vergleich mit der Schriftkultur. Im Gegensatz zum gesprochenen Satz oder geschriebenem Wort sei ein Bild nicht zu widerlegen. Beide gehen also von der Idee aus, daß Bilder keine Begriffe darstellen, sondern die Dinge zeigen. Eine weitere Folgerung ist die Einschätzung, daß Medienerlebnisse und

-erfahrungen der Kinder unwirklich seien und nur eine zweitrangige Funktion in der Aneignung von Welt haben könnten. Die Begegnung der Kinder mit der Umwelt aus »erster Hand«, d.h. nicht über symbolische Repräsentationen, sei also durch die Medien gefährdet (vgl. ROLFF 1989, S. 69).

Stimmt das? Was heißt Erfahrungen aus erster Hand machen? Wieviel Wissen über die Welt haben wir aus erster Hand? Wie eignen Menschen sich Erfahrungen überhaupt an? Die Organe und Fähigkeiten, über die ein Mensch sich Welt unmittelbar aneignen kann, sind die Sinne und das Denkvermögen, ohne das das Sehbare nicht gesehen und erkannt, das Hörbare nicht gehört und verstanden, das Fühlbare nicht gefühlt und begriffen werden könnte. Wie die Sinne und das Denkvermögen zueinander in Verbindung stehen, kann hier nicht geklärt werden. Eine wissenschaftlich gesicherte Erkenntnis fehlt bis auf den heutigen Tag, und so muß gefragt werden, inwieweit die Stärkung der Wahrnehmungsfähigkeit die Bedingungen des Erkennens begünstigen oder nicht.

Ein positives Verständnis über die Leistungsfähigkeit sinnlicher Wahrnehmung führt auch zu einem in der Medienpädagogik diskutierten Ansatz, dem des ästhetischen Lernens. Die ursprüngliche Bedeutung von Ästhetik geht auf das griechische »aisthesis« zurück und hat zweierlei Bedeutungen: zum einen die sinnliche Wahrnehmung, der Sinneseindruck, die Sinnesempfindung; zum anderen die sinnliche Erkenntnis, das Begreifen, das Verständnis, schließlich auch das Urteil und der Verstand. »Etwas als wahr nehmen« oder althochdeutsch »wara neman«: »auf etwas aufmerksam sein, achthaben, gewahren« sind weitere gebräuchliche Erklärungen.

Die Wahrnehmung wird damit zum Ausgangspunkt der sinnlichen Anschauung. In ihrer Verbindung von Empfindung – Wahrnehmung hin zur Vorstellung können wir uns reflexiv den Gegenständen zuwenden und sie beurteilen. Wahrnehmung ist aber nicht nur die Wahrnehmung einer fertigen Ordnung, sondern sie entsteht in der Erfahrung und wandelt sich. Die verschiedenen Ansichten und Auffassungen der Wahrnehmenden sind mit Perspektiven vergleichbar, in denen dasselbe Objekt auf verschiedene Weise sichtbar wird, möglicherweise sogar nur subjektiv konstruiert wird. Wendet man dieses Wahrnehmungsverständnis auch auf Bilder an, muß man mit einer Fülle von Wahrnehmungsereignissen rechnen, wenn eine Person ein Bild »sieht«. Und warum – um auf die Anfangsbehauptung zurückzukommen – sollten (technische) Bilder nicht interpretierbar sein?

Bilder hinterfragen...

Der Kunstpädagoge Gunter Otto konzentriert sich in seinen Ausführungen gezielt auf die Fragwürdigkeit von Bildern. Für ihn gibt es eine Eindeutigkeit nicht, weil die Information, die uns ein Bild (ob künstlerisch oder nicht) vermittelt, in hohem Maße davon abhängt, was wir aufgrund unserer subjektiven Erfahrung und der individuellen Assoziationsstruktur hineinsehen (vgl. OTTO 1992, S. 53f). Die grundsätzliche Interpretierbarkeit dessen, was wir wahrnehmen, ist demnach eine Ausgangsposition, die ein In-Frage-Stellen der Objekte, der Handlungen und der Beziehungen auslöst. Dies beinhaltet auch, daß die Bedeutung des Gegenstandes bei der Einordnung in einen größeren Zusammenhang hinterfragt wird.

»Mir fällt nur eine Situation ein, in der – aber auch nur bedingt – nicht interpretiert wird: beim Befolgen von Kommandos auf dem Kasernenhof ... Wo nicht interpretiert werden darf, herrscht Entmündigung« (OTTO 1992, S. 53).

Interpretation bedeutet also die Einbeziehung der eigenen Strukturen in die Rezeption des Gegenstandes. Sie macht dem Betrachter seine subjektiven Strukturen bewußt.

Entwicklungsbedingte Wahrnehmungsweise berücksichtigen...

In der pädagogischen Arbeit gilt es dann zugleich die entwicklungsbedingten Wahrnehmungsweisen von Kindern und Jugendlichen zu berücksichtigen. Es gehört zu den Grundeinsichten heutiger Entwicklungspsychologie, daß sich formal-intellektuelle Strukturen der Wahrnehmung und Verarbeitung von realen wie medialen Eindrücken erst im Verlauf der kindlichen Entwicklung herausbilden und sich diese in Abhängigkeit von subjektiv bedeutsamen Umwelteinflüssen manifestieren (vgl. NEISSER 1979, ROGGE 1992). Dies ist insofern sehr bedeutsam, weil Kinder somit aufgrund ihres Entwicklungsstandes visuell-akustische Darbietungen anders aufnehmen und folglich anders interpretieren als Erwachsene. Diese Unterschiedlichkeit muß deutlich gesehen werden.

»Hier gibt es potentielle und tatsächlich rezipierte Aussagen und Aussagendeutungen. Was in den tatsächlichen Wahrnehmungs- und Deutungshorizont des Nutzers eindringt, das wird ohne Zweifel durch die ästhetische Form einer Aussage bestimmt, aber ebenso auch durch den lebensweltlichen Kontext, in dem die Aussage entweder tatsächlich zum ›stimulus‹ wird oder aber wirkungslos bleibt« (BAACKE 1992, S. 47f).

Ein Beispiel kann dies veranschaulichen: Zwei Kinder sehen den selben Film und tauschen sich darüber aus. Während das erste Kind sehr lange über eine spannende Verfolgungsjagd berichtet, wird diese beim zweiten Kind kaum erwähnt. Vielmehr erzählt dieses Kind ausführlich von einer Situation am Tisch und wie komisch das war.

Wahrnehmung ist also interessengeleitet und mit perspektivischer Aufmerksamkeit verbunden. Weiterhin gilt: Je jünger ein Kind ist, desto kürzer sind seine Aufmerksamkeitsspannen und desto punktueller (auf einzelnes gerichtet) ist seine Sicht der Umwelt. Rogge nennt diese an Einzelheiten orientierte Wahrnehmung von Kindern die »Und-Summen-Auffassung«, da jüngere Kinder eine Einzelheit an die andere reihen, ohne eine chronologische Abfolge zu beachten (vgl. ROGGE 1990, S. 44f). Für die Wahrnehmung von Fernsehsendungen bedeutet dies, daß Vorschulkinder zwar aufmerksam hinschauen, sich jedoch nur wenig am eigentlichen Handlungsverlauf orientieren. Vielmehr greifen sie einzelne subjektiv besonders bedeutsame Aspekte heraus und füllen diese mit eigenen Erlebnissen aus. Hier muß also die Frage gestellt werden, welche selbstgesteuerten Kompetenzen Kinder im Zusammenhang mit Mediennutzung mitbringen und inwieweit diese hinreichend sind, mit Medien und medialen Erfahrungen konstruktiv umzugehen.

»Ob ich Bild-Ideologien erliege oder nicht; ob ich einen schlechten, ungeschulten Geschmack behalte; ob ich meine soziale Situation verstehend bewältige oder nicht: Dies alles läuft über die Fähigkeit, das Wahrnehmungsmaterial zu sortieren, das Wichtige vom Unwichtigen, die Inszenierung vom tatsächlichen Ereignis zu unterscheiden usf.« (BAACKE 1992, S. 41).

Auf welche Weise also Kinder Zugang zu Themen der inneren und äußeren Lebenswelt bekommen, ist ein wichtiger Aspekt der elementardidaktischen Diskussion. Ausgehend von der Frage, wie Kinder Interesse für ein Thema gewinnen, wie sie lernen, wie sie etwas aus dem Gelernten machen, berücksichtigt medienpädagogisches Lernen, in dem es den Entwicklungsstand und die Erfahrungswelt des Kindes ernst nimmt.

Wahrnehmung üben...

Von der Auffassung ausgehend, daß in einem einseitig kognitiven Zugang oft nur Teilaspekte eines Gegenstandes erarbeitet werden können und dies häufig über die Köpfe der Kinder hinweg, bezieht sich handlungsorientiertes medienpädagogisches Handeln auch auf sinnliches Lernen. Wenn Kinder beispielsweise mit selbster-

stellten Sehröhren ihre unmittelbare Umgebung erkunden, erhalten sie einen Einblick in die Ausschnitthaftigkeit sinnlicher Wahrnehmung. Dies ist ebenso der Fall, wenn Kinder von unterschiedlichen Standorten aus einen Gegenstand oder eine Person betrachten. Einmal legen sie sich auf den Boden, einmal betrachten sie die Situation von einer erhöhten Position.

Auf diese Weise werden die Sinne selbst in einem auf differenzierte Wahrnehmung ausgerichteten Lernen ausgebildet, und dies ist ein Ziel medienpädagogischer Bemühungen. Ausbildung der Wahrnehmungsmöglichkeiten heißt hier, grundsätzlich die Mittel und Wege zur Welterschließung zu erweitern. Und dies kann mit und ohne technische Mittler initiiert werden. Insbesondere das Sehen und Hören sind Sinne, die über medienpädagogische Lernprozesse sensibilisiert, gefördert und geschult werden können und sollten.

STAUDTE, ADELHEID (Hg.): Ästhetisches Lernen auf neuen Wegen. Weinheim und Basel 1993.

Birgit Degenhardt, Sabine Eder

»Der Gesang der Wale.«
Eine Unterwassergeschichte als Ton-Dia-Schau

Unser Kindergarten liegt am Rande eines kleinen Dorfes, mitten im Grünen. Seit Sommer 1996 arbeiten wir nach dem offenen Konzept. Jeweils 10-12 Kinder können sich morgens einem von sechs Angeboten zuordnen. An dem Projekt haben 12 Kinder im Alter von 5 und 6 Jahren teilgenommen.

Vorüberlegungen

»Die, die kreativ tätig sind, besitzen und verwirklichen persönliche Fähigkeiten, Neues zu entwickeln, sei es gedanklich, emotional oder im praktischen Handeln.«

Kinder nehmen täglich hunderte von Sinneseindrücken wahr. Viele davon laufen unbewußt ab, werden verarbeitet und wieder vergessen, andere gilt es zu sortieren und zu bestimmen, also zu bearbeiten. Die kindliche Wahrnehmungsfähigkeit spielt dabei eine große Rolle und steht im Zusammenhang mit dem, was Kinder selbst »an Gedanken, Gefühlen und Sprache schon haben, was sie aktualisieren und erweitern können« (SCHEFFER 1990, S. 53). Wahrnehmung ist somit ein schöpferischer Prozeß, der ohne die Fähigkeit, Dinge zu erkennen und im Austausch mit anderen zu benennen, nicht möglich wäre. Nur durch die Kommunikation können Menschen sich gegenseitig erklären und erzählen, wie sie die Welt sehen. »Kompetenz im Umgang mit den eigenen Sinnesorganen scheint unabdingbar für die Entwicklung einer Kompetenz im Umgang mit den multifunktionalen Medien unserer Zeit, mit den technischen Instrumenten, die – verkürzt gesagt – nichts anderes sind als Fortsetzungen unserer eigenen Sinne. Seit jeher gilt der Ausbildung unserer Schreib- und Lesefähigkeit das didaktische Bemühen unseres Bildungswesens. Hören und Sprechen dagegen geraten nur selten zum Gegenstand des Unterrichts. Es kursiert die Vermutung, als seien uns diese Fähigkeiten von Geburt an zu eigen« (KARST 1998, S.7). Da das kommunikative Vermögen und die audiovisuellen Wahrnehmungsfähigkeiten von grundlegender Wichtigkeit für die kindliche Entwicklung sind, soll das Medienprojekt diesbezüglich unterstützend und förderlich sein.

Die Erstellung einer Ton-Dia-Show bietet sich durch die einfachen Bearbeitungsmöglichkeiten gerade in der Arbeit mit Kindergartenkindern an. Durch die Produktion von Diapositiven und Geräuschen können die Kinder auf eine kreative Art und Weise ihren Hörbzw. Sehsinn schulen. Dabei werden verschiedene technische und künstlerische Fähigkeiten entwickelt und ausgebaut.

Ein besonderer Vorteil bei der Arbeit mit Dias bzw. Lichtbildern liegt darin, daß die Diavorführung im Dunkeln stattfindet, nur der Lichtstrahl des Projektors beleuchtet den Raum. Ein verdunkelter Raum schult unweigerlich die Sinne, denn um sich in ihm zurechtzufinden, müssen neben den Augen und den Ohren auch der Tastsinn genutzt werden. Zudem können die Kinder spielerisch, in einem geschützten Rahmen, mit vertrauten Personen ihren Empfindungen (z.B. der Angst vor der Dunkelheit) begegnen. Weiterhin liegt ein großer Reiz in der Vergrößerungsmöglichkeit eines Dias gegenüber einem »normalen« Foto.

Die eigene Kreativität zu erleben, etwas zu erarbeiten, zu produzieren im Austausch mit anderen, stehen im Vordergrund des medienpädagogischen Interesses. Vorgesehen ist, daß die Kinder zunächst Dias (Klapprahmen mit Glasscheiben) mit Hilfe von Farben und Materialien selbst gestalten. Die entstehenden Maldias können sie dann in aller Ruhe betrachten, sie können »hineintauchen« und sich über ihre Eindrücke austauschen. Bei der Betrachtung der Dias können die Kinder ihren Assoziationen und phantastischen Einfällen, die entstehen, freien Lauf lassen. Das Bild bietet ihnen eine Anregung zur eigenen Interpretation, die Rezeption ist dabei ebenso wie die Produktion ein schöpferischer Prozeß und ermöglicht den Kindern einen neuen Erfahrungsspielraum. Da die kindlichen Eindrücke unweigerlich an die eigenen Erfahrungen beziehungsweise die eigenen Weltvorstellungen angeschlossen werden, findet über das kreative Tun hinaus eine Bearbeitung der eigenen Themen statt. Das Bild wird zur subjektiven, sinnlichen Erfahrung, denn es hat mit der eigenen Lebenssituation zu tun und wird durch sie verstanden. (vgl. MANN / SCHRÖTER / WANGERIN 1995). Die Dias können anschließend in eine Abfolge gebracht werden, aus der sich möglicherweise eine kleine Geschichte entwickelt. Diese kann dann mit selbsterzeugten und aufgenommenen Geräuschen und mit Musik bzw. Text untermalt zu einer Ton-Dia-Show zusammengestellt werden.

Wie der obige Titel »Der Gesang der Wale« unschwer erkennen läßt, haben sich die Kinder, angeregt durch die »Maldias«, eine phantastische Unterwassergeschichte einfallen lassen. Aber lesen sie selbst den folgenden Bericht!

Projektverlauf im Überblick
Zeitrahmen: eine Woche

Vorbereitung

»Was ist denn so toll an einem Dia?«
Einführung in die Arbeit mit Dias.
Diabetrachtung. Erste Experimente mit selbstgestalteten Dias.

1. Tag

Was paßt zwischen zwei flache Gläschen?
Gestaltung von Maldias. Experimentieren mit Farben und anderen Materialien.

2. Tag

Licht aus – Projektor an!
Diabetrachtung und Gespräche mit den Kindern über ihre Eindrücke.

3. Tag

Achtung Tonaufnahme!
Einführung in die Arbeit mit dem Aufnahmegerät (Walkman mit Mikrofon).
Aufzeichnen von Wassergeräuschen und Tönen.

4. Tag

Die Ton-Dia-Show!
Zusammenstellen einer Diareihe. Entwicklung einer dazu passenden Geschichte.
Geräusche, Geschichte und Dia im Zusammenspiel.

Medienpädagogische Ziele

Die Kinder können:
▶ durch die Produktion einer Ton-Dia-Show die medienspezifischen Besonderheiten und Ausdrucksmöglichkeiten kennenlernen;
▶ den Umgang mit technischen Geräten (Diaprojektor, Kassettenrekorder) ausprobieren;

170

▶ im Gruppenerleben und der Kooperation bei der Erstellung eines Gemeinschaftswerkes soziale Kompetenzen ausbauen;

▶ animiert durch das Medium »Diapositiv« ihre Phantasie anregen und diese in Wort, Bild und Ton zum Ausdruck bringen.

Projektverlauf

Das Medienprojekt findet immer im gleichen Gruppenraum statt. Dieser kann verdunkelt werden, und die Arbeitsmaterialien (Diaprojektor, Farben, Kassettenrekorder etc.) können während der gesamten Woche aufgebaut bleiben. Die folgende Vorbereitungsphase soll dazu dienen, zu erfahren, ob die Kinder sich überhaupt für die Arbeit mit Dias begeistern lassen.

Vorbereitung
»Was ist denn so toll an einem Dia?«

Die Kinder sitzen im Kreis auf dem Teppichboden des Gruppenraumes. Vor ihnen liegt ein Tuch, unter das ich vorher unbemerkt einen leeren Diarahmen gelegt habe. Die Kinder fassen nun nacheinander unter den Stoff und ertasten den Rahmen, ohne zu verraten, was sie fühlen. Einige wissen sofort, was sich unter dem Tuch verbirgt, andere tappen noch völlig im Dunkeln. Als alle an der Reihe waren, zählen wir gemeinsam bis drei, und alle rufen laut die Lösung: »*Dia!*«

Dann bauen wir im Gruppenraum einen Diaprojektor auf und schauen uns gemeinsam verschiedene Diaserien an, z.B. »Naturbilder« oder »Die Schöpfungsgeschichte«[1]. Außerdem haben wir im Fundus noch einige Diafotos, die von gemeinsamen Ausflügen »berichten«. Als der Projektor läuft, machen die Kinder erst einmal Fingerschattenspiele. Sie heben ihre Hände vor den Lichtstrahl, zappeln mit den Fingern und rufen im Chor »*Tri tra trallala!*«. Das macht ihnen riesigen Spaß.

Die Kinder sind ganz hingerissen von den großen Einblendungen und haben viel Spaß beim Betrachten und Besprechen einzelner Bilder. Ihre Begeisterung wird dadurch noch erhöht, daß sie selbst den Projektor bedienen dürfen. Am liebsten schauen sie sich Bilder von Vulkanen und Sternbildern an. Manche Lieblingsdias lasse ich auf Wunsch und Drängen der Kinder während der Mittagspause an der Wand projiziert.

---

[1] Wir können Diareihen in der Bildungsstätte des Nachbarortes ausleihen.
Weiterhin haben wir Diareihen gekauft, die uns vom Jünger-Verlag (Offenbach / Main) zugeschickt wurden.

Weiterhin führe ich ein erstes Experiment durch. Flüssiger, durchsichtiger Klebstoff und Glasmalfarbe (verschiedene Farben) wird auf die aufgeklappten Glasscheibchen gepinselt, und der Rahmen wird wieder zugeklappt. Das frische »Maldia« wird dann schnell in den Projektorschlitz gesteckt und erscheint als vergrößertes Bild auf der Leinwand. Die leuchtenden Farben tauchen das Zimmer in eine unwirkliche Atmosphäre. *»Das Bild lebt!«*, ruft Anisa, tatsächlich bewegt sich die Farbe zwischen den Glasplättchen, sie »wandert« von oben nach unten und der Klebstoff bildet zusätzlich kleine Bläschen, die lautlos zerplatzen. Die Kinder sind ganz erstaunt über das Ergebnis. Immer wieder entstehen neue Gebilde, in denen sie Neues entdecken: *»Da vorne, das ist ein Esel!«*, *»Jetzt nicht mehr, nur noch 'ne Pfütze!«*, *»...oder ein Pfannekuchen!«*

Durch diese Vorbereitungsphase konnte ich die Begeisterung der Kinder für die Arbeit mit Dias erkennen. Das machte mich sicher für das geplante Vorhaben.

1. Tag
Was paßt zwischen zwei flache Gläschen?

Ort: Gruppenraum und im Freien (Kindergartenspielplatz)
Zeitdauer: 30 - 40 Minuten

Heute können die Kinder eigene Maldias herstellen. Ich zeige ihnen alle Utensilien, die schon auf einem großen Tisch, den ich vorher mit Zeitungspapier abgedeckt habe, bereitstehen. Dort stehen Farben, Zahnstocher, Pinsel, Wattestäbchen, Federn und leere Dias. Wir sehen uns die Materialien genau an und sortieren die Farben nach hellen und dunklen Tönen. *»Was können wir denn mit dunklen Farben malen?«* frage ich. *»Ein dunkles Pferd, eine Höhle, die Nacht, einen Tunnel!«* rufen die Kinder. *»Und mit den hellen Farben?«* will ich wissen. *»Die Sonne, 'ne Blume«*, erhalte ich als Antworten.

Dann erkläre ich, wie die Rahmen aufzuklappen sind, und wir überlegen gemeinsam, was zwischen die beiden Gläschen paßt: Gräser, Sand, Federn, Körner, Blätter und alles, was flach ist. Nun gehen wir hinaus auf den Spielplatz und sammeln Materialien für die Diagestaltung. Zurück im Gruppenraum sucht sich jedes Kind einen Platz am Tisch und nimmt sich drei leere Dias aus der Kiste. Damit die Bilder später nicht verwechselt werden, schreibe ich zur Sicherheit den jeweiligen Kindernamen auf den Plastikrahmen. Die Kinder können nun drei Dias nach Belieben gestalten. Das kreative Tun verschafft allen großes Vergnügen. Nebenbei läuft leise Entspannungsmusik. Die Kinder sind konzentriert bei der

Sache und helfen sich gegenseitig, wenn z.B. der Rahmen klemmt oder andere kleine Schwierigkeiten auftreten.

Die fertigen Dias werden aufgeklappt auf die Fensterbank gestellt, dort können sie über Nacht trocknen.

2. Tag
Licht aus – Projektor an!

Ort: Gruppenraum
Zeitdauer: 30 - 40 Minuten

Alle warten schon mit Spannung darauf, die fertigen Bilder anzusehen. Sibille stellt den Projektor an, und dann erscheint auch schon das erste bunte Bild auf der Leinwand. *»Das ist meins!«* ruft Sina sofort. *»Das sieht aus wie 'ne Blume!«*

Den Kindern ist es sehr wichtig hervorzuheben, welches ihr jeweiliges »Kunstwerk« ist. Möglicherweise habe ich das aber auch unbewußt gefördert, da ich ja gleich zu Beginn der Aktion ihre Namen auf die Rahmen geschrieben habe. Vielleicht sollte man darauf verzichten, denn es handelt sich ja bei einer Diashow um ein Gemeinschaftsprodukt.

Die Kinder haben zunächst gar keine Geduld, sich in Ruhe auf die Bilder einzulassen und fordern Sibille, die den Projektor bedient, auf: *»Los, weitermachen!«* Es ist klar, daß sie ganz aufgeregt und gespannt sind, was wohl auf dem nächsten Bild zu sehen ist. Um aber die Phantasiebildung zu unterstützen, ist es wichtig, daß sie sich ein Bild in aller Ruhe erschließen. Daher bitte ich Sibille immer wieder, zu warten und noch nicht weiterzuschalten.

Mit der Zeit lassen sich die Kinder auf meine Fragerei: *»Was könnt ihr denn auf dem Bild erkennen?«* ein und assoziieren frei drauflos: *»Da ist ein Berg!«*, *»Da vorne ist eine Schlange!«*, *»Ooohhhh, wie schön!«*, *»Da ist ein großer Fisch!«*, *»Das sieht aus, als ob die Fische da in das Krokodil reinbeißen!«*, *»Das Grüne da ist ein Schneemann!«*, *»Nee, das ist ein Krokodil, da hat man ein Schneemann draus gemacht, es ist ein Krokodilschneemann!«*

Haare und Wolle zwischen den Diagläsern sehen manchmal aus wie Ungeheuer: *»Das sieht aus wie ein haariges Monster!«*, bekundet Florian und *»Weißt Du was, das sieht aus wie ein Fisch, daß das hier der Fischschwanz ist!«* *»Wenn man das anders 'rum dreht, sieht das aus wie eine Blume!«* ruft Maria. Ich drehe das Dia auf den Kopf, und sie sagt erneut: *»Guck, wie eine Blume, die so rund ist, und wo 'ne kleine Puppe drin wächst!«* Karina sieht ein Hufeisen in demselben Bild.

Auf dem Dia von Adrian wird ein Eingang zu einer Höhle erkannt. Da das Dia sehr blau gehalten ist, wird die Höhle schnell als »Unterwasser-höhle« bezeichnet, die von Meerwasser umspült wird. In einem Dia von Benny sehen einige einen Wal, andere ein U-Boot. Das letzte Dia an diesem Tag sieht aus wie aus goldenem Sand. Silas ruft auch sogleich: *»Gold, Gold! Eine Schatztruhe!«*

Kurz vor Schluß frage ich die Kinder, ob sie sich alleine oder gemeinsam eine Geschichte zu den Bildern ausdenken wollen. Drei Kinder möchten lieber alleine arbeiten, während die anderen neun Kinder sich für eine gemein-same Geschichtenentwicklung entscheiden.

Sodann schauen wir uns alle Dias erneut an. Die Aufgaben-stellung: »Welche Geschichte könnten wir uns zu den Bildern ausden-ken?« haben wir im Hinterkopf. Zu den meisten Abbildungen entstehen bei den Kindern Assoziationen, die mit Wasser, Unterwassertieren und Strand, Fischen, Korallen und Seehöhlen zu tun haben. *»Wir könnten uns eine Unterwassergeschichte ausdenken, in der eine kleine Höhle im Meer ist!«*, *»Ja und wo wir viele Fische sehen!«*, *»...und eine Schatztruhe finden!«*, *»...und mit Tauchern!«*

Während dieser Arbeitsphase ensteht also das Thema der Ton-Dia-Show, eine Unter-wassergeschichte. Diese erhält den Titel »Der Gesang der Wale« und soll von drei Tau-chern und ihren Erlebnissen unter Wasser berichten.

Zum Abschluß frage ich die Kinder, ob sie am nächsten Tag passende Unterwasser-geräusche zu den Bildern aufnehmen wollen. Die Idee wird mit Begeisterung aufgenom-men: *»Ich bringe meine Taucherbrille mit!«* ruft Adrian. *»Ich bringe eine Walkassette mit!«*, äußert Silas.

Die Kinder wollen während des Mittagessens und in der anschließenden Ruhephase unbedingt einige ihrer Lieblingsdias betrachten.

3. Tag
Achtung Tonaufnahme!

Ort: Gruppenraum
Zeitdauer: 30 - 40 Minuten

Wir sitzen im Gesprächskreis und unterhalten uns kurz über die Eindrücke des Vortages. Silas ist ganz aufgeregt, er zeigt uns eine mitgebrachte Kassette, auf der Walgesänge zu hören sind. Er legt sie in den bereitstehenden Kassettenrekorder ein, und wir hören uns gemeinsam einen Ausschnitt von der Aufnahme an. Die Kinder sind ganz verblüfft, daß so große Tiere wie die Wale derartig piepsende und fiepende Geräusche machen.

Wie eine Kassette abzuspielen ist, wissen die Kinder bereits, denn sie besitzen alle einen eigenen Rekorder. Wie eine Aufnahme eigener Geräusche funktionieren kann, ist an einem »Walkman« mit Aufnahmefunktion schnell erklärt.

Da wir heute Wassergeräusche aufnehmen wollen, überlegen sich die Kinder zuerst einmal, wie Wasser klingt, z.B. »*Blubb, blubb, blubb...*« oder »*Plopp, plopp, plopp...*«, »*Gluck, gluck, gluck...*«. Adrian hat seine Taucherbrille mit Schnorchel dabei. Wir bauen eine mit Wasser gefüllte Plastikwanne auf, in der dann mit dem Schnorchel geblubbert werden kann.

Nun heißt es: Ausprobieren! Es geht es los! Die Kinder einigen sich darauf, daß jede/r für ein anderes Kind die Aufnahme durchführen kann. D.h., wenn ein Kind mit dem Schnorchel gurgelt, hält ein anderes Kind das Mikrofon und ein weiteres Kind schaltet das Gerät an und aus. Als Zeichen für »Aufnahme« steht den Kindern eine kleine Warnblinklampe zur Verfügung. Sobald diese blinkt, heißt das für alle, daß die Aufnahme beginnt. Auch die Lampe wird von einem Kind bedient.

Das erste Technikteam besteht aus Aischa und Silke, Benny macht ein Geräusch, er gießt langsam einen Eimer mit Wasser in eine Wanne hinein. Dabei müssen die anderen ganz ruhig sein. Das Warnblinklicht erinnert sie daran. »*Das hört sich an wie ein Wasserfall!*«, sagt Karina nach der Aufnahme.

Dann macht Sina ihr erstes Geräusch. Sie nimmt den Schnorchel und macht in der Wanne lange Blubbertöne. Um sicherzugehen, daß wirklich etwas auf dem Band zu hören ist, hören wir uns die ersten beiden Aufnahmen erst einmal an. Es hat geklappt, der »Wasserfall« und das Blubbern sind zu hören. Dann geht es reihum, ein Kind macht das Geräusch, und drei Kinder übernehmen die Technik.

Zu Beginn sind die Kinder noch wenig kreativ und ahmen lediglich Sinas Schnorchel-geräusche nach. Erst nach einer Weile probieren sie auch andere Möglichkeiten, Geräu-sche zu erzeugen, aus. Sie werfen beispielsweise Figuren oder Gegenstände in die Wanne hinein, um ein lautes Platschen aufzunehmen oder klatschen mit den Handflächen auf die Wasseroberfläche. Florian imitiert fiepend den Gesang der Wale. Um die Wanne herum bil-den sich immer größere Pfützen, und wir machen eine kurze Wegwisch-Pause.

Als alle mit ihren Aufnahmen fertig sind, kommt die mit Spannung erwartete Phase des Abhörens. Auch hier wird wieder mit Begeisterung geraten und phantasiert. Florian setzt seine Phantasie sofort um und geht gleich nach dem Abhören der Wassergeräusche in unseren Mal- und Bastelraum. Dort baut er sich ein U-Boot und läßt es hinter unseren Fensterrollos umherfahren.

Eine Mutter gibt am nächsten Tag die Aussage ihres Sohnes wieder: »*Bei uns im Kindergarten war es heute wie in einem echten Tonstudio!*«

4. Tag
Die Ton-Dia-Show!

Ort: Gruppenraum
Zeitdauer: 60 Minuten

Anhand der Bilder und der Tonbandaufzeichnungen soll heute die endgültige Geschichte entstehen. Die besondere Herausforderung liegt darin, Bild, Text und Geräusch parallel aufzunehmen. Um dies zu organisieren, verteilen wir Aufgaben bzw. Rollen.

Benny, Paul und Anna sind für die Wassergeräusche verantwortlich, sie sind das Geräu-scheteam. Arno, Karina, Florian und Maria übernehmen die Rolle der SprecherInnen – z.B. als »Taucher« –, Sibille und Silas bedienen den Diaprojektor und Aischa, Sina und Silke übernehmen die Tonaufnahmen. Die Geschichte beginnt mit einer kurzen Vorgeschichte, die Mira auf das Band spricht. Danach gehen wir wie folgt vor: Ein Diabild wird eingeblendet.

176

Die SprecherInnen überlegen sich hierfür einen kurzen Text (jedes Kind einen oder zwei Sätze), den sie zur Probe einmal laut sagen. Anfangs unterstütze ich sie, indem ich hin und wieder ein Wort einwerfe, das sie aufgreifen können. Die GeräuschemacherInnen denken sich zu den Dialogen und dem Diabild passende Geräusche aus. Die Tontechnik macht sich bereit und bringt das Mikrofon in die richtige Position. Als alle soweit sind, ruft Sina: »*Achtung Aufnahme, Ruhe bitte!*« Aischa löst daraufhin die Pause-Taste des Rekorders und gleichzeitig drückt Sina das Blinklicht ein. Dann beginnen die GeräuschemacherInnen mit dem Plätschern und die SprecherInnen sprechen, möglichst laut und deutlich, ihre Dialoge auf das Band. Sobald sie fertig sind, geben sie ein Zeichen (Nicken). Aischa bringt den Rekorder wieder in die Pause-Stellung zurück, und das Blinklicht erlischt. Nach einer kurzen Verschnaufpause erscheint auf Silas Knopfdruck hin das nächste Dia.

Die Kinder aus dem SprecherInnenteam sind zu Beginn der Geschichte noch etwas unsicher und tun sich schwer mit Einfällen. Ein Kind kommt auf die tolle Idee, direkt auf die Projektionsleinwand Taucherfiguren zu kleben. Gesagt getan. Aus Pappen schneiden wir geschwind drei Taucher aus und heften diese an die Leinwand. Diese Figuren »tauchen« nun von einem Bild in das nächste. Je nach Hintergrund befinden sie sich in einer Höhle, neben einem Wal oder am Strand.

Die Pappfiguren scheinen den Kindern zu helfen, sich in eine Unterwassersituation hineinzuversetzen und einen entsprechenden Text zu formulieren. Je weiter sie »eintauchen«, umso reger werden sie und finden Spaß an der Aktion und an ihren Rollen. Die Aufmerksamkeit und das Durchhaltevermögen der Kinder sind enorm groß, sowohl bei der Bedienung der Geräte als auch beim Erzeugen der Geräusche und beim Erzählen.

Auszüge aus der Aufnahmesituation:

Die Vorgeschichte wird von Mira aufgesagt: »*Drei Taucher treffen sich, um gemeinsam eine Unterwasserhöhle zu besichtigen. Sie ziehen ihre Tauchermasken über und gehen ins Wasser.*« Die GeräuschemacherInnen schlagen mit nassen Fäusten in die Handfläche und die Sprecher der Taucher ziehen sich Taucherbrillen über. All das wird von der Tontechnik aufgenommen.

Dann wird das erste Dia auf die Leinwand projiziert. Maria erzählt dazu: »*Am Ufer war schon eine gefährliche Giftschlange, und die drei Taucher tauchten ins Meer.*« Paul, der gerade für die Geräusche zuständig ist, klatscht mehrere Male mit den Händen in die mit Wasser gefüllte Wanne.

Das nächste Dia wird eingeblendet. »*Die drei Taucher schwimmen in die Höhle, wo der Wal drin war und die ganzen gefährlichen Tiere.*« Jetzt werden z.B. Walgesänge, Knirsch- und Knabbergeräusche von Fischen imitiert.

Das folgende Bild wird von Karina vertextet: »*Dicke Felsen lösen sich im Hinterteil des Felsen und der Höhle!*« Die GeräuschemacherInnen werfen Steine in die Wanne. »*Seht ihr Taucher bereits einen Wal?*« »*Nein! Aber bald kommt einer!*«

Dann wird auf dem nächsten Bild ein U-Boot sichtbar. Arno ruft: »*Oh je, es kommt ein U-Boot von links, hoffentlich schießt der keine Bombe!*« Auf dem kommenden Dia passiert ebenfalls etwas Aufregendes: »*Hey, wir sind in einen Wasserstrudel geraten!*« Die Kinder an der Wanne plätschern laut. »*Unbekannte Fische kommen auf uns zu!*« ruft ein Taucher. Ein anderer macht eine ganz besondere Entdeckung: »*Guckt mal, Unterwassernilpferde!*« Die Taucher schwimmen weiter durch die Meereswelt und unterhalten sich, während die Diabilder nacheinander eingeblendet werden:

»*Ich glaube, wir sind zu tief im Meer, laßt uns höher tauchen!*«

»*Hey, seht mal, da ist der Wal!*«

»*Ja, und ein Tintenfisch!*«

»*Wollen wir noch näher dranschwimmen!?*«

»*Was ist denn das?*«

»*Oh, das könnte eine Schatzkiste sein!*«

»*Ja, wir haben eine Schatzkiste gefunden, mit Gold und Edelsteinen!*«

»*Ganz viele Goldsteine!*«

»*Nehmen wir Goldsteine mit oder kommen wir dann nicht mehr hoch?*«

»*Die Gasflasche ist zu schwer, wir nehmen kein Gold mit!*«

»*Was ist denn noch in der Kiste?*« Das nächste Dia wird eingeblendet.

»*Noch mehr Edelsteine und Schneemänner in der Schatztruhe!*«

»*Und da hinten Regenfische!*«

»*Der Sauerstoff ist bald alle, laßt uns den Ausgang der Höhle suchen!*«

»*Oh, dahinten ist der Ausgang!*«

»*Und der Wal ist da auch, ich sehe sein Auge!*«

Dann sind die Taucher an der Wasseroberfläche, sie schwimmen mit ihren Schwimmflossen plätschernd (die Geräuschegruppe kümmert sich um das Plätschern des Wassers und das Platschen der Flossen) ans Ufer. Die Taucher besprechen sich: »*So, jetzt sind wir am Strand!*«

»Oh, hier scheint die Sonne, schön warm!«

»Es ist zwar ein bißchen gefährlich unter Wasser aber auch sehr schön, wir können es nochmal wagen!«

»Wir können nochmal tauchen gehen, wenn die Sauerstoff-flaschen gefüllt sind, gehen wir nochmal ins Meer!«

Als die Geschichte von den Tau-chern beendet und alle Aufnahmen auf der Kassette sind, bedanken wir uns mit einem lauten, großen Applaus bei uns selbst.

Die aufgenommene Geschichte wollen wir uns natürlich sofort anhören und zeitgleich dazu die Dias anschauen. Die Kassette ist zurückgespult und das Diamagazin ist neu eingelegt worden. Nun übernehme ich die Bedienung des Projektors, damit sich alle Kinder in Ruhe auf die Ton-Dia-Show einlassen können. Wir sind alle ganz gespannt, die Dias in der Kombination mit den aufgenommenen Geräuschen und Dialogen zu sehen.

Die Vorführung ist ein großes Erlebnis. Die Kinder sind fasziniert von ihrem Werk. Sie lauschen bedacht und sind zeitweilig völlig sprachlos. Obgleich dieser Projektabschnitt für die Kinder sehr anstrengend und schwierig war, so war er doch für die meisten äußerst spannend und attraktiv. Zum Schluß sagt Arno *»Ich würd' es sofort wieder machen!«*

Benötigte Materialien

- ► Diaprojektor (ca: 200,– DM, auch bei Kreisbildstellen ausleihbar)
- ► Leinwand oder weißes Bettlaken oder eine freie, helle Wand
- ► ca. 50 Diarahmen mit Glas (100 Stück = ca. 20,– DM)
- ► Glasmalfarben für ca. 40,– DM (pro Farbtöpfchen ca. 4,– bis 8,– DM), sehr ergiebig!
- ► Wattestäbchen, Zahnstocher oder Pinsel zum Malen
- ► Terpentin und alte Hemden (Farbe läßt sich nicht aus der Kleidung waschen)

Martina Dimitrow-Retkowsky, Daniela Zingrebe, Jürgen Zipf

Die Phantasie-Fotokammer
Technische Bilder selbst gestalten

Was wäre die Welt ohne Bilder? Sähe sie aus wie ein Text, wie eine mathematische Formel, wäre sie Klang? Kinder begegnen Bildern, lange bevor sie sprechen lernen. Bilder sind alltäglicher Bestandteil ihrer Kommunikation. Wir alle schätzen Tage mit Sonnenschein, die uns die Welt hell und klar zeigen, und alle genießen Bilder, die sie berühren, ihre Phantasien und Vorstellungskräfte wecken, individuell ganz verschieden. Gleichzeitig denken wir hier selten an technische Bilder. An Bilder, die gemacht oder inszeniert sind. Seien es Verkehrsschilder oder Bildschirmbilder, Reklamewände oder virtuelle Computer-Kompositionen. All diese Bilder liefern Informationen, die uns die Welt zeigen und deuten wollen. Denn ähnlich wie Worte übermitteln sie Botschaften. Und ihre Bedeutung wächst mit der Verbreitung technischer Medien stetig.

Auch auf Elternabenden wird häufig diskutiert, daß eine »wahre Bilderflut« mit ihrer »suggestiven Kraft« uns und insbesondere die Kinder »überreizt«. Geht man von dieser Überlegung aus, so heißt das, daß Kinder Bilder lesen und sehen lernen müssen. Mit einem frühzeitigen Fördern der Auseinandersetzung mit Bildern, gerade auch technischen Bildern, können pädagogisch begleitet erste Kompetenzen im Umgang mit Bildsprache und Bildsymbolen angebahnt und die aktive Bewußtseinsbildung der Kinder gestärkt werden. Kinder lernen vor allem dann genau hinzusehen, wenn sie darin unterstützt werden, sich mit ihrer Lebenswelt auseinanderzusetzen. Nur dann werden sie motiviert sein, sich eigene Bilder zu schaffen und Ausdrucksmöglichkeiten zu suchen, diese mitzuteilen.

Ein für Kinder sehr attraktives Medium zur Bearbeitung dieser Aufgabe ist die Fotografie. Fotografische Bilder wirken »echter« als gemalte Bilder, und sie bieten zugleich die Chance, in den Umgang mit technischen Mitteln einzuführen. Viele ErzieherInnen können sich – so lange sie es nicht selbst versucht haben – nur schwer vorstellen, daß bereits Kindergartenkinder Fotos selbst herstellen, also aufnehmen und entwickeln können. Dabei ist der gesamte fototechnische Prozeß bereits mit wenigen Vorkenntnissen durchführbar, wie nachfolgender Projektbericht zeigt.

Ort des Projektes ist eine Hortgruppe. Geleitet wird die Hortgruppe von zwei ErzieherInnen, die durch eine Praktikantin unterstützt werden. Neben Mittagstisch und Hausaufgabenbetreuung nimmt die Freizeitgestaltung einen wesentlichen Aspekt in der erzieherischen Arbeit ein. Freie Spielphasen, offene Angebote wie z.B. ein Tanzprojekt und gemeinsame Gruppenaktivitäten gehören zum Regelangebot der Freizeitarbeit.

Medienpädagogische Ziele

Die Kinder ...

► sollen Kompetenzen im Umgang mit Fotomaterialien und Chemikalien entwickeln um in der Dunkelkammer arbeiten zu können;

► sollen einfache technische Zusammenhänge bezüglich des Funktionierens einer Fotokamera erkennen;

► sollen erfahren und erkennen, welchen Einfluß Helligkeit, Dunkelheit und die Belichtungszeit auf das Fotoergebnis haben;

► sollen nachvollziehen, wie eine Bildergeschichte unter Verwendung der erlernten fototechnischen Mittel entstehen kann.

Projektverlauf im Überblick

	14.00 Uhr	15.30 Uhr
1. Tag	Einführung in die Arbeit in der Dunkelkammer durch die Erstellung erster Fotogramme	Reflexion und gemeinsames Anschauen der entstandenen Bilder
2. Tag	Fortführung der begonnenen Arbeiten und Entwickeln kurzer Bildergeschichten mit Fotogrammen	Austausch zu den entstandenen Geschichten und Präsentation derselben
3. Tag	Bau der Lochkamera	Erste Experimente im Umgang mit der Lochkamera
4. Tag	Fotografieren mit der Lochkamera	Fortführung

Das Projekt soll sich möglichst eng an die Bedürfnisse der Kinder, sowie an die Möglichkeiten der Einrichtung anlehnen. Durch die hohe zeitliche Instabilität der Hortgruppe – einzelne Kinder werden bereits gegen 14.00 Uhr abgeholt – wird das Projekt als offenes (Freizeit-) Angebot konzipiert. Dies garantiert den einzelnen Kindern viel Freiheit für eine selbstbestimmte und eigenverantwortliche Beteiligung. Im Anschluß an die Mittagszeit wird für eine Woche die Projektzeit »Fotoarbeit« angesetzt. Auf die Bearbeitung von Hausaufgaben wird in dieser Zeit verzichtet. Die Eltern sind mit dieser Regelung einverstanden und auch einige LehrerInnen unterstützen die Durchführung der Projektwoche, indem sie weniger Hausaufgaben verteilen.

Die fensterlose und etwa zwei Quadratmeter große Kuschelstube wird zu einer Dunkelkammer umgebaut (siehe Praxisanleitung S. 190 in diesem Buch).

Ziel des projektorientierten Vorhabens ist es, die sechs bis zehnjährigen Kinder mit einfachen Mitteln in die Arbeit mit Fotos einzuführen. Ausgehend von der Herstellung von Fotogrammen, sollen die Kinder erste Laborerfahrungen machen und durch den Bau einer eigenen Lochkamera in spielerischer Weise optische Zusammenhänge erkennen können.

Projektverlauf

1. Tag
»Ich kann gar nichts sehen«

Mit Spannung erwarten die Kinder den ersten Tag der Fotoprojektwoche. »*Können wir richtige Fotos machen?*« – »*Können wir selber die Fotos entwickeln?*« – »*Wie kann man denn aus einer Kakaodose einen Fotoapparat machen?*«

Nach einer kurzen Einführung für alle Kinder in die Arbeit mit Fotogrammen und in der Dunkelkammer geht es auch schon los. Die Kinder nutzen die Gelegenheit und experimentieren mit unterschiedlichen Materialien. Federn, Klammern, ausgeschnittene Formen und Figuren aus schwarzem Fotokarton werden zusammengesucht und für die Motivanordnung des späteren Fotogramms vorbereitet.

»*Sieht man das denn hinterher?*« Die Kinder können sich das Ergebnis noch nicht vorstellen. Immer zwei Kinder gehen mit einem Erwachsenen in die Dunkelkammer. »*Es ist so unheimlich dunkel hier drinnen!*« – »*Ich kann gar nichts sehen*« sind die ersten Äußerungen der Kinder in der Dunkelkammer, in der nur ein schwaches Rotlicht brennt

und die Augen sich zunächst an diese Lichtquelle anpassen müssen. Nun wird das Fotopapier ausgepackt und die vorbereiteten Motive werden daraufgelegt. Nicht benötigtes Fotopapier wird sofort wieder lichtdicht verpackt. Danach wird mit einer schwachen Schreibtischlampe kurz belichtet. Während der kurzen Phase der Belichtung zählen die Kinder im normalen Sprechtempo bis drei. Die Dunkelheit und das Beachten eines genauen Ablaufes erzeugt Konzentration und Spannung. Mit großer Vorsicht geben die Kinder nun ihre belichteten Fotopapiere in

den Entwickler und warten darauf, ein Bild zu sehen. Nach kurzer Zeit zeichnet sich eine schwarze Fläche ab und die Kinder lupfen das Fotopapier in ein Wasserbad, um es dann ins Fixierbad weiterzureichen. Anschließend kann gleichzeitig mit der Endwässerung das Licht angeschaltet werden (siehe Praxisanleitung, S. 190f in diesem Buch). Lucia ist erstaunt:

»Man kann meine Feder richtig erkennen, sogar die kleinen Häärchen!« Die Kinder faszieniert das Herstellen der Fotogramme besonders, weil das Auftauchen der Abbildungen in der Entwicklerflüssigkeit wie Zauberei wirkt. Der Umgang mit Entwickler und Fixierer wird bereits nach einmaligem Erklären mit großer Achtsamkeit und Selbständigkeit ausgeübt.

Alle entstandenen Fotogramme werden nach der Endwässerung im Gruppenraum auf eine (Wäsche-)Leine zum Trocknen aufgehängt und können dort von allen Kindern begutachtet werden. Beim abschließenden Betrachten der Fotogramme in der Abschlußrunde sind alle Kinder stolz auf ihre Ergebnisse und motiviert, am nächsten Tag weiter zu machen. Obwohl das Angebot offen konzipiert ist, wirken an diesem Tag alle Kinder der Hortgruppe mit.

2. Tag
»Ich kann die Tigerente gut malen!«

»Wann machen wir weiter?« ist die erste Frage nach der Schule. Heute beabsichtigen wir, in zwei Gruppen jeweils eine Bildergeschichte mit vier bis fünf Einzelbildern zusammenzustellen. Als Anregung für eine Geschichte haben wir verschiedene Comics bereitgelegt. Diese werden zunächst intensiv durchgeblättert, danach verschiedene Ideen für eine Umsetzung besprochen. Deutlich wird, daß unsere Jungen eher starke Figuren wie »Batman« oder »Spiderman« mögen, während die Mädchen sich mehr für Figuren aus Disneyfilmen und Tiere interessieren. Beide Gruppen entscheiden sich unabhängig voneinander für eine Geschichte vom kleinen Bären und der Tigerente. Die Kinder der jeweiligen Gruppe überlegen für sich, was auf die Fotos soll und dargestellt wird. Sie bereiten die nötigen Motive vor. *»Ich kann die Tigerente gut malen!«* preist Jana ihre Fähigkeiten an, und auch die weitere Arbeitsaufteilung zur Herstellung der Vorlagen klärt sich erstaunlich übereinstimmend und selbstreguliert.

Die Vorlagen werden zunächst auf schwarzem Tonpapier vorgezeichnet und dann ausgeschnitten. Um diese Schablonen zu verfeinern, werden Augen eingeschnitten, Flügel angelegt und weitere Motive durch Ausschneiden hinzugefügt. Wichtig dabei ist, zu begreifen, daß durch die fotochemische Umkehrung alles, was schwarz ist, weiß wird und umgekehrt. Jeweils zwei Kinder sind gemeinsam für ein Bild verantwortlich und entwickeln dieses in der Dunkelkammer. So entsteht nach und nach die vollständige Bildergeschichte. Die Kinder freuen sich über ihre Produkte, und die entstandenen Bilder regen die Phantasie zu weiterem Tun an. Sie gestalten ihre Geschichten weiter aus, und gemeinsam mit den

ErzieherInnen werden kurze Texte verfaßt. Die Abschlußrunde zeigt ausschließlich zufriedene Gesichter und die Gruppen stellen sich ihre Geschichten gegenseitig vor. Jedes Kind erhält eine Kopie der Geschichte.

Die Fotogeschichte mit der Tigerente

Die Tigerente geht spazieren

1. Heute ist ein besonders schöner Tag.
Die Sonne scheint, die Vögel singen und die Blumen blühen und duften sehr schön.
Deshalb beschließt die Tigerente einen Spaziergang zu machen.

2. Die Tigerente geht erst über ein paar schöne grüne Wiesen und dann durch den Wald.

3. Im Wald begegnet sie dem kleinen Bären. Sie gehen ein Stück des Weges zusammen weiter und reden über einen schönen Tag.

4. Beide sind sehr froh, daß sie sich getroffen haben. Doch die Tigerente muß jetzt wieder nach Hause und verabschiedet sich vom kleinen Bären. Glücklich und zufrieden kommt sie bald wieder Zuhause an.

Frosch und Tigerente besuchen den kleinen Bären.

1. Der Frosch möchte mit der Tigerente zusammen den kleinen Bären besuchen. Weil der Weg sehr weit ist, setzt sich der Frosch auf den Rücken der Tigerente und sie reiten los.

2. Langsam geht es durch den dunklen, tiefen Wald. Kein Tier ist zu sehen und kein Geräusch zu hören.
Doch da stoßen sie plötzlich auf eine Schnecke.

3. Die Schnecke ist sehr nett und beschließt mit ihnen zu gehen.
Vergnügt ziehen sie nun alle drei durch den Wald.

4. Endlich können sie schon von weitem das Haus des kleinen Bären erblicken. Der kleine Bär erwartet seine Besucher schon sehnsüchtig und winkt ihnen zu.

5. Freudig steht er vor seiner Haustür und begrüßt seine Besucher freundlich. Nun gehen sie ins Haus und trinken erst einmal zusammen Kakao und essen selbst gebackenen Kuchen.

186

3. Tag

»Ich glaube nicht, daß man mit einer Dose fotografieren kann!«

Für den heutigen Tag ist der Bau der Lochkamera geplant. Dafür haben die Kinder schon Wochen zuvor Kakao- und Soßendosen gesammelt. *»Ich glaube nicht, daß man mit einer Dose fotografieren kann!«* merkt Niels erneut skeptisch an. 12 Kinder sitzen um einen Arbeitstisch und wollen ihre Dosenkamera basteln. Während des Bauens fragen die Kinder: *»Muß ich denn einen Film einlegen?«*, *»Wo kann ich durchgucken?«*, *»Wo kann ich draufdrücken?«*

So können wir Erwachsenen schon beim Basteln erste Zusammenhänge über optische Phänomene erklären. Der Bau der Kamera und die Beantwortung der gestellten Fragen der Kinder beanspruchen soviel Zeit, daß wir nicht mehr zum Fotografieren kommen. Lediglich zwei Kinder können einen Probedurchlauf starten. Anna und Lena gehen nach dem »Beladen« der Lochkamera nach Draußen und

versuchen, den Spielplatz aufzunehmen. Der Streifenverschluß wird geöffnet, die Kamera trotz anders lautender Hinweise am Körper gehalten, bis fünfzig gezählt. Dann wird die Dose schnell wieder verschlossen. In der Dunkelkammer herrscht Gespanntheit, ob sich nun ein Bild entwickeln läßt. Die Enttäuschung ist groß, als sich abzeichnet, daß das Motiv mißlungen ist. Das Spielschiff des Spielplatzes ist mehr als verwackelt. Für das nächste Bild nimmt Lena die Erfahrung mit, die Kamera doch standsicher aufzubauen. Annas Bild scheint zu kurz belichtet. Die Gegenstände zeichnen sich nur schwach ab. Das Fotopapier bleibt weitgehend weiß.

Durch die Berichte der beiden Mädchen sensibilisiert, nehmen sich die anderen Kinder vor, am nächsten Tag vorsichtiger mit ihrer Dosenkamera umzugehen.

187

4. Tag
Mit der Lochkamera unterwegs

Heute ist ein – vom Wetter her gesehen – trüber Tag. Wir bereiten die Kinder darauf vor, daß es bei solch kargen Lichtverhältnissen sehr fraglich ist, ob wir beim Fotografieren mit der Lochkamera zu befriedigenden Ergebnissen kommen werden. Daher vereinbaren wir, nur feststehende Objekte zu fotografieren und auch dafür zu sorgen, daß die Kamera sicher steht. Diese Hinweise werden dennoch teilweise ignoriert, und Katharina versucht, Lena zu fotografieren, die allerdings keine 50 Sekunden reglos dastehen kann. Folglich verwackelt dieses Bild und wirkt stark verzerrt. Trotz solcher Schwierigkeiten macht es den Kindern sehr viel Freude, mit der selbstgebauten Kamera zu experimentieren, um ein »echtes Bild« zu erzielen. Nach und nach wird die Fehleranalyse genauer und der Umgang mit der Lochkamera sicherer. Da die Lichtverhältnisse heute sehr mäßig sind, beschließen wir, die Fotoaktion an einem helleren Tag fortzuführen. Aus der Abschlußbesprechung mit den Kindern gewinnen die ErzieherInnen die Überzeugung, daß es sich lohnt, eine eigene Dunkelkammer im Hort dauerhaft einzurichten, um dieses Angebot wiederholen zu können.

Für die Abschlußpräsentation des Projektes entwickeln die Kinder und ErzieherInnen die Idee, gemeinsam eine Fotoausstellung für die Eltern im Stile einer Vernissage zu gestalten.

Negativ

188

Reflexion

Das Projekt war als offenes Angebot geplant, faszinierte jedoch die Kinder so sehr, daß fast alle kontinuierlich bis zum Ende mitgemacht haben. Während des Projektes kam nie ein konsumorientiertes Denken auf, z.B. soviel Fotogramme wie möglich zu erstellen. In der Nachbesprechung ziehen die ErzieherInnen folgendes Resümee: *»Das Projekt bewerten wir als gelungen und schön, weil die Kinder sich selbst motiviert haben und uns damit mitgezogen haben. Damit fiel die größte Anstrengung unserer täglichen Arbeit weg, Kinder an der Stange zu halten und zu begeistern. Auch die Unterstützung durch die Teamer von außen stärkte die Möglichkeit zum Reinwachsen, so daß ich mich jetzt traue, es selbständig fortzuführen. Unser Ziel ist es, auch zukünftig immer wieder medienpädagogische Themen in die Arbeit einfließen zu lassen. Nur eine kontinuierliche Erweiterung der Kompetenzen und weitere Wahrnehmungsschulung der Kinder kann ein bewußteres Umgehen mit Medien bewirken.«*

Positiv

Praxisanleitung

Fotogramme – Bilder ohne Apparat

Schon Vorschulkinder sehen gerne Fotos an und nehmen Kameras – so fern man sie läßt – sehr selbstverständlich in die Hand, um eigene Bilder zu schießen. Die Frage, wie denn aus dieser oftmals »blitzenden« Tätigkeit und durch die spätere Abgabe eines kleinen Röllchen in einem Fotogeschäft diese wunderschönen farbenfrohen Abzüge entstehen, wird allerdings nur selten aufgegriffen oder kindgemäß nachvollziehbar gemacht. Dabei ist der Prozeß des Sichtbarmachens von fotografierten Gegenständen auf Fotopapier eine spannende Aktivität, die bereits Vorschulkinder fasziniert.

Ein elementarpädagogisch geeignetes Verfahren ist die Herstellung von sogenannten Fotogrammen in der Dunkelkammer. Für diese »Fotos ohne Kamera« benötigt man weder eine professionelle Ausrüstung noch viel technisches Verständnis. Sie sind mit einfachen Mitteln herzustellen und wirkungsvoll. *»Da sie in verdunkelten Räumen stattfindet und das Auftauchen der Abbildungen in der Entwicklerflüssigkeit oft mit Zauberei assoziiert wird, ist eine solche Aktion für Kinder eine Erfahrung mit großem und oft sehr lange nachwirkendem Erlebniswert«* (NÄGER 1992, S. 34).

Raumausstattung

Voraussetzung ist ein verdunkelbarer Raum, in dem die wichtigsten Utensilien installiert werden können. Oftmals gibt es einen fensterlosen Raum in der Einrichtung oder gar eine Putzkammer mit Waschbecken. Fenster und Türspalte gilt es dann mit schwarzer Folie (z.B. Teichfolie aus dem Bauwerkermarkt) oder mit schwarzem Kreppapier abzudunkeln bzw. zu verschließen. Der ausgewählte Raum muß über einen Stromanschluß für zwei Lampen verfügen oder sich über eine Kabeltrommel an eine Steckdose anschließen lassen. Neben einer üblichen Tischlampe oder Strahler benötigt man eine Rotlichtlampe. Ist jedoch eine Deckenleuchte vorhanden, kann die Rotlichtbirne auch direkt in die vorhandene Fassung eingeschraubt werden. Der Abstand des Rotlichtes zur Arbeitsfläche sollte möglichst zwei Meter betragen, da nur dann gewährleistet ist, daß das Licht fotochemisch neutral bleibt. Der Strahler, der für die Belichtung des Fotopapiers eingesetzt wird, sollte mit einer schwachen Glühbirne (ca. 25 Watt) ausgestattet werden und einen engen Lichtkegel (z.B. Spot) haben, damit das Licht möglichst gebündelt bleibt.

Arbeitsplatz

Der Arbeitsplatz für die Entwicklungsarbeiten muß gut zugänglich sein und möglichst in einer Reihe aufgebaut werden. Benötigt werden vier Wannen, sogenannte Naßschalen (mind. 18 x 24), und ebenso viele Papierzangen, wobei die Schalen für die Chemikalien im Verhältnis zu den Wasserbädern auch kleiner sein können. Für das abschließende Wasserbad ist es vorteilhaft, wenn man über ein Waschbecken verfügen kann, allerdings reicht auch eine Naßschale oder ein Eimer mit Wasser (vgl. Zeichnung). Jetzt wird festgelegt, in welche Wanne welche Flüssigkeit soll. Um Verwechslungen zu vermeiden, ist es sinnvoll, die Wannen entsprechend zu markieren bzw. zu beschriften. In die erste Schale wird die Entwicklerflüssigkeit hineingegeben, wie dies in der Anleitung beschrieben ist, dann folgt ein Essigbad (Zwischenwässerung oder auch Stoppbad genannt). In der dritten Wanne wird das Fixierbad (Fixierer) angesetzt und zuletzt steht für die Endwässerung nochmals ein Wasserbad bereit, um die restlichen Chemikalien auszuwaschen. Heutige handelsübliche kunststoffbeschichtete Papiere (PE-Papiere) brauchen allerdings nur noch wenige Minuten endgewässert werden, so daß lange (End-)Wartezeiten entfallen. Diese trocknen auch schneller und wellen kaum, so daß die Bilder zum Trocknen auf einer Wäscheleine aufgehängt werden können.

Materialien

- 4 Fotoschalen oder ggf. Eimer
- 4 Fotozangen
- Fotopapier (PE-Papier)
- Entwickler
- Fixierer
- Essigsäure (6%)
- 1 Meßbecher und Trichter
- 2 leere Plastikflaschen für angesetzte Chemikalien
- Kreppklebeband
- Schere
- Stift
- Unterlage und Glasplatte (z.B. Bilderrahmen)
- evtl. Gummihandschuhe bei Allergie
- Ersatz-Rotlichtbirne
- Ersatz-Glühbirne (25 Watt)

Arbeitsgang – Fotogramm

1. Fotopapier mit der Schichtseite nach oben unter die ausgeschaltete Belichtungslampe legen. Das übrige Fotopapier lichtdicht verpacken.

2. Gegenstände auf dem Fotopapier nach Wunsch anordnen. Bei dünnen Objekten, die nicht direkt aufliegen (Gräser), die Objekte mit Glasplatte beschweren.

3. Belichten: Die Belichtungszeit richtet sich nach: der Art der Lichtquelle, der Stärke der Lichtquelle, der Entfernung vom Fotopapier, der Art des Fotopapiers (Fabrikat, Kontakt oder Vergrößerungspapier, Gradation, frisch oder überlagert). Wir empfehlen mit einer 25 Watt Lampe zu arbeiten, bei einer ungefähren Entfernung von 50 cm. Hier erzielten wir gute Ergebnisse bei einer Belichtungszeit von ca. 3 Sekunden.

4. Gegenstände vom Fotopapier fortnehmen (das Fotopapier wirkt gänzlich unverändert).

5. Entwickeln: Das belichtete Fotopapier wird in den Entwickler geschoben, Schmalseite voran, mit der Fotozange nachdrücken. Jetzt kommt der spannende Moment. Das Bild baut sich auf. Wenn richtig belichtet wurde, schwärzen sich die vom Licht getroffenen Stellen, während alle von lichtundurchlässigen Gegenständen bedeckten Partien als weiße Flächen stehen bleiben. Dauer ca. 0,5-1,5 Minuten.

6. Weitere Bäderfolge: Kurzes Zwischenwässern, Weiterreichen ins Fixierbad, Entwässerung (einige Minuten)
(vgl. Remann 1976, S. 71).

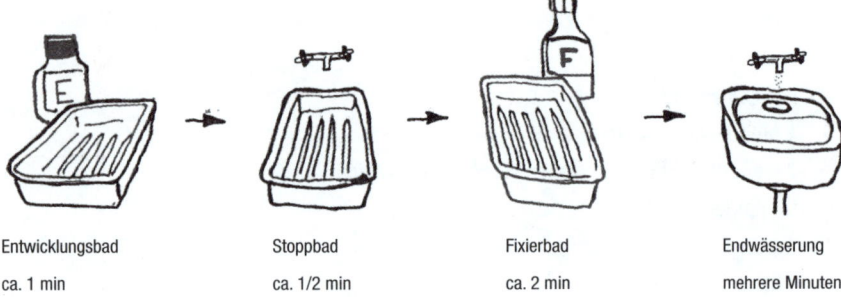

| Entwicklungsbad | Stoppbad | Fixierbad | Endwässerung |
| ca. 1 min | ca. 1/2 min | ca. 2 min | mehrere Minuten |

Lochkamera

Optische Zusammenhänge sind für Kinder schwer zu verstehen. Durch den Bau einer eigenen Lochkamera können diese Zusammenhänge erklärt und verstanden werden. Die Kamera ist mit einfachen Materialien herzustellen. Es werden keine besonderen feinmotorischen Fähigkeiten vorausgesetzt.

Wie geht das?

Die Innenwände und die Böden einer Dose, z.B. Kakaodose, werden mit schwarzem Tonpapier ausgeklebt. Die gesamte Fläche muß schwarz abgedeckt sein. Die Innenseite des Dosendeckels muß ebenfalls schwarz beklebt werden. In die Mitte des Dosenbodens wird mit einem Nagel oder einer Pinnwandnadel ein kleines Loch gestochen. Das Loch wird außen und innen mit feinem Schleifpapier nachgeschliffen. Dies begünstigt eine bessere Lichtbrechung. Mit einem schwarzen Pappstreifen wird ein Verschluß mit Klebeband am äußeren Dosenboden befestigt, damit das Loch durch Hochklappen des Pappstreifens geöffnet werden kann.

Als zusätzliche Abdichtung des Deckels wird schwarzes Krepppapier mit Gummiband über den Deckel gestülpt.

Tips zur Auswahl und zum Bau der Lochkamera

▶ Für das Sammeln der Dosen genügend Zeit einberechnen (evtl. Großküchen ansprechen).

▶ Eckige Dosen haben eine bessere Standfestigkeit, Dosen sind Schachteln vorzuziehen.

▶ Die Dose sollte nicht zu klein sein. Je kleiner die Dose, um so kleinere Papierformate können darin untergebracht werden. Ergebnis : Kleine Fotos.

▶ Die Dose muß völlig schwarz ausgekleidet sein, notfalls mit schwarzem Tonpapierstreifen nachbessern.

▶ Das Loch darf nicht zu groß werden (Stecknadelgröße). Bei einem zu großen Loch besteht die Gefahr der Überbelichtung.

▶ Einige Kinder brauchen beim genauen Anpassen des Tonpapiers Hilfestellung.

Fotografieren mit der Lochkamera

Mit der selbstgebauten Lochkamera kann man richtige Fotos machen. Voraussetzung zum Entwickeln der Fotos und zum Einlegen des Fotopapiers ist eine Dunkelkammer oder ein völlig zu verdunkelnder Arbeitsbereich.

Das Einlegen des Papiers

Das Fotopapier wird bei Rotlicht in der Dunkelkammer entsprechend der Größe des Dosendeckels zugeschnitten. Mit Tesakrepp wird die unbeschichtete Seite an zwei Stellen auf der Deckelinnenseite befestigt. Der Deckel wird auf die Dose aufgesetzt. Das Loch wird mit dem Pappstreifen verschlossen. Um zu verhindern, daß das Fotopapier belichtet wird, muß der Pappverschluß mit einem Finger zugehalten werden.

Fotografieren

Als erstes wird ein Motiv ausgewählt. Die Kamera wird in Blickrichtung Motiv feststehend ausgerichtet (Pfosten, Stuhl, Bank als Stativ nutzen). Feststehende Motive eignen sich besser als bewegliche Objekte. Nun wird der Pappverschluß geöffnet, ohne die Dose zu bewegen. Das Fotopapier wird belichtet. Die Belichtungsdauer beträgt bei Außenaufnahmen ca. 50 Sekunden. Innenaufnahmen sind nicht anzuraten. Wieder verschlossen, wird die Kamera in die Dunkelkammer zur Entwicklung zurückgebracht.

Entwickeln der Fotos – Negativ und Positiv

In der Dunkelkammer angekommen, wird die Lochkamera bei Rotlicht geöffnet, das Fotopapier herausgenommen und sofort entwickelt. Das Ergebnis ist das Negativ. Das Bild ist seitenverkehrt, hell und dunkel sind vertauscht. Durch Umkehrentwicklung wird das Negativ zum Positiv. Hierfür das getrocknete Negativbild bei Rotlicht mit der Glanzschicht auf neues Fotopapier (Glanzschicht auf Glanzschicht) auflegen. Das Bild wird mit einer Glasplatte beschwert und dann zwischen 10 und 30 Sekunden belichtet. Danach kann das neue Foto entwickelt werden.

Tips zum Umgang mit der Lochkamera

► Die Belichtungszeiten im Freien und die Entwicklungszeiten in der Dunkelkammer testen, die angegebenen Erfahrungswerte sind nur ungefähre Richtwerte.

► Dunkelkammer ausreichend lüften.

► Maximal zwei Kinder gleichzeitig in der Dunkelkammer arbeiten lassen, währenddessen können andere Kinder auf Motivsuche gehen.

► Günstige Lichtverhältnisse an Sonnentagen nutzen, bei trüben Wetter lieber einen Ausweichtermin suchen.

► Fertige Bilder auf Wäscheleine gut sichtbar aufhängen, Ergebnisse können dann besprochen werden.

REMANN, BARBARA UND SIEGFRIED: Fotografieren mit Kindern. Ravensburg 1976.

Gisela Döring, Stefanie Schrödter, Sabine Eder

»Wenn ein Bücherwurm verfressen ist!«

Ein Fotobilderbuch entsteht

Unser Kindergarten besteht seit fast 40 Jahren und liegt in einem ruhigen Wohngebiet einer mittleren Großstadt. Wir haben ein großes Außengelände mit vielen Bäumen und üppigem Grün. Unsere Einrichtung besteht aus drei Gruppen: zwei Ganztagsgruppen mit jeweils 25 Kindern und einer Halbtagsgruppe mit 14 Kindern. In unserer Kindertagesstätte arbeiten wir nach dem situationsorientierten Ansatz. Als didaktisches Prinzip wird das exemplarische Lernen bevorzugt, da es uns darauf ankommt, ausgewählte und für die Kinder aktuelle Themen zu bearbeiten und ihnen bei ihrer Bewältigung Unterstützung zukommen zu lassen.

Die Zusammensetzung der Gruppen ist altersgemischt. Jede Gruppe wird von zwei pädagogischen Fachkräften betreut. An dem gruppenübergreifenden Medienprojekt haben 12 Kinder (7 Mädchen und 5 Jungen) im Alter von 5 bis 6 Jahren teilgenommen. Diese wurden von zwei Erzieherinnen begleitet.

Vorüberlegungen

Bücher sind für ein Kind eine Möglichkeit
mit der Realität in einen persönlichen Dialog zu treten,
sie sind Projektionsfläche für eigene innere Bilder.

Kinderbücher, Märchenbücher, Bilderbücher, Fotoromane, Geschichtensammlungen, Comics – es gibt unzählige Bücher und mit ihnen ebensoviele Geschichten, die von der Welt erzählen und Bilder, die diese Welt illustrieren. Bilderbücher und -geschichten kennt hierzulande jedes Kind. Sie werden im Kindergarten oder zuhause angeschaut oder vorgelesen. Drei- bis sechsjährige Kinder verbringen rund 60 Minuten täglich damit, Bücher anzusehen bzw. sie sich vorlesen zu lassen (vgl. PEECK / TIETZE 1994, S. 107). Bücher sind Teil der Kinderkultur, sie überliefern und dokumentieren, veranschaulichen und interpretieren die Welt. Indem die Kinder Geschichten lesen (hören) und die Bilder betrachten, schöpfen sie aus dem großen Meer der Symbole, der Phantasie, der Imagination. »Geschichten*hören* und Geschichten*erzählen* (storying) sind für Kinder fundamentale Formen, um die Welt besser verstehen zu lernen, um einen Sinn daraus zu konstruieren« (OBERHUEMER 1995, S. 351f).

Im Gegensatz zum Film können Kinder bei einem Bilderbuch verweilen, sie entscheiden die Sehgeschwindigkeit, das Medium läuft ihnen nicht davon. Was allerdings nicht heißen soll, daß Filme nicht auch wunderbar zur Auseinandersetzung mit der Umwelt dienen können. Alle Geschichten, ob filmische, geschriebene oder bebilderte sind für die Kinder »Fenster zur Welt«. Sie eröffnen ihrer Phantasie neue Horizonte. Das Buch als »Dialogpartner« kann ihnen helfen, eigene Sinnentwürfe zu entwickeln und Antworten auf ihre Fragen zu finden.

Wir haben den Eindruck, daß dennoch Bücher für einige Kinder nebensächlich sind oder ihnen der Zugang dazu fehlt. Die Bücherkisten[1] in den Gruppenräumen, die allen Kindern jederzeit zugänglich sind, werden von ihnen höchstens als »Pausenfüller« genutzt, hin und wieder wird in einem Buch geblättert, aber selten, so unsere Beobachtungen, mit Zeit und Ausdauer. Dieses Desinteresse können wir uns nur schwer erklären, denn bei gemeinsamen Besuchen der nahegelegenen und zu Fuß gut zu erreichenden Bücherei ist die Neugierde und Lust an Büchern viel stärker ausgeprägt. Dort nutzen die Kinder die Gelegenheit, nach Herzenslust und mit viel Geduld in den vielen (Bilder-) Büchern herumzustöbern. Diese Lust am Buch möchten wir auch im Kindergarten wieder herstellen. Unser Medienprojekt hat daher das Ziel, die Kinder kreativ an das Medium »Buch« heranzuführen und ihr Interesse an Büchern zu steigern.

Aus diesem Grund wollen wir mit den Kindern ein eigenes Foto-Bilderbuch herstellen. Die spezifischen Ausdrucks- und Gestaltungsformen des (selbstgemachten) Mediums »Buch« sollen von den Kindern erkundet werden und zwar dadurch, daß sie zunächst eine eigene Geschichte entwickeln und anschließend die Fotografien für die Geschichtenillustration herstellen. Die selbstgemachten Fotografien »bieten – im Gegensatz zum gesprochenen oder gelesenen Text – gleichzeitig Informationen über Inhalte, Atmosphäre, Tatsachen, Farben, Formen, Vorstellungen ...« (GRENNER-QUINT, in: OBERHUEMER 1995, S. 348). Die Geschichte kann anhand der Bilder auch ohne eine »Vorleserin« verstanden werden, was gerade für Vorschulkinder wichtig ist, wenn sie Bücher alleine nutzen möchten.

Ein weiteres Ziel, welches das Medienprojekt erreichen möchte, ist das Erlernen des Umgangs mit dem Fotoapparat.

Vor dem Projektstart lassen wir unauffällig alle Bücher aus den Gruppenräumen verschwinden. Dann basteln wir aus einem alten Strumpf, Draht und Wolle eine Handpuppe. Diese stellt einen Bücherwurm dar, der das Medienprojekt kindgerecht begleiten und anleiten wird. Kinder werden durch das Auftreten derartiger Figuren aus der Alltagswirklichkeit des Kindergartens herausgeholt und in eine spielerische Wirklichkeit geleitet, die ihre Imaginationskraft anregt. Hier gelten andere Regeln und Normen. Ängste, wie z.B. die,

---

[1] In der Stadtbücherei lassen wir uns auch oft Bücherkisten zusammenstellen, die den Gruppen für einen Zeitraum von vier Wochen zur Verfügung stehen.

auf sprachliches Fehlverhalten hingewiesen zu werden, gehen verloren – man ist unter sich! In dieser Situation wird es gerade zurückhaltenden Kindern ermöglicht, sich am Gespräch zu beteiligen (vgl. ELLWANGER / GRÖMMINGER 1978, S. 110f.).

Kurz vor Beginn unseres Projekts stehen die Kinder der Situation gegenüber, daß plötzlich alle Bücher aus dem Gruppenraum verschwunden sind. Grund dafür war der Appetit des frechen Bücherwurmes, der scheinbar alle Bücher aufgefressen hat. Ein zerfleddertes Buchexemplar ist übrig geblieben und zeugt von seinem gefräßigen Werk.

Medienpädagogische Ziele

▶ Die Entwicklung einer Geschichte regt die kindliche Phantasie an. Es entstehen dadurch innere Bilder, die im Gespräch transparent gemacht und mitgeteilt werden.

▶ Durch den selbständigen Umgang mit dem Fotoapparat lernen die Kinder diesen sowohl als technisches Gerät als auch als Ausdrucksmittel kennen: Zu Fotografieren bedeutet immer zielgerichtet wahrzunehmen, eine Auswahl zu treffen, ein Objekt im Sucher zu finden und zum richtigen Zeitpunkt auf den Auslöser zu drücken. Hier wird sowohl die Feinmotorik als auch die visuelle Wahrnehmungsfähigkeit geschult.

▶ Diese Sensibilisierung für die Bedeutung eines Bildes und seine Komposition (Perspektive, Bildausschnitt etc.) fördert die Bildlesefähigkeit.

▶ Durch die selbständige Herstellung eines Buches sollen die Kinder einen Einblick in die Buchproduktion erhalten. Dabei sollen sie insbesondere den Zusammenhang von Bild und Sprache erkennen. In diesem Projekt wollen wir zunächst dem sprachlichen Aspekt Rechnung tragen, indem wir den Kindern die Möglichkeit geben, gemeinsam eine Geschichte zu entwickeln. Anschließend soll diese Geschichte durch aussagekräftige, lebendige Fotografien illustriert werden.

▶ Dem reinen Konsum von Medieninhalten soll ein eigenes Produkt gegenübergestellt werden.

▶ Das Interesse an Büchern soll (erneut) geweckt werden.

200

Projektverlauf im Überblick

Zeitrahmen: 6 Tage innerhalb von zwei Wochen

1. Tag

Der Bücherwurm hat Bauchweh

Ein Bücherwurm gesteht, alle Bücher des Kindergartens gefressen zu haben.

Es wird der Entschluß gefaßt, ein eigenes Buch herzustellen.

Ein Bilderbuch ohne Bilder – das geht doch nicht!

Einführung in die Arbeit mit dem Fotoapparat.

2. Tag

Geschichten gibt's wie Sand am Meer

Wie eine Geschichte entsteht. Ideen zur Geschichte werden gesammelt.

3. Tag

Dazu könnte man gut ein Foto machen!

Die Geschichte von »Lars, dem Bären« ist fertig.

Die Szenarien für mögliche Fotos werden besprochen.

4. Tag

Bärenhunger und Lachse grillen

Die erste Szene der Geschichte wird inszeniert und abfotografiert.

5. Tag

...hier ist das Vögelchen – oder: wenn Bären geknipst werden...

Die Geschichte wird inszeniert und fotografiert.

6. Tag

Guck mal, da bist ja Du drauf!

Die Fotografien werden begutachtet und für das Bilderbuch ausgewählt.

Projektverlauf

1. Tag
Der Bücherwurm hat Bauchweh

Ort: große Halle

Zeitdauer: ca. 40 Minuten

Heute starten wir unser Buchprojekt. Wir treffen uns mit 12 Kindern in der großen Halle, in der ein Stuhlkreis aufgebaut ist. Ein uns noch unbekannter Gast, eine Strumpfpuppe mit roten Haaren und einer Brille auf der Nase, begrüßt uns herzlich mit einem »*Hallo!*« Die Kinder sind freudig überrascht und rufen der Handpuppe ihre Namen zu. Wie sich herausstellt, ist der Gast ein Bücherwurm und heißt Waldemar. Er erzählt den Jungen und Mädchen, daß er von Bauchweh geplagt werde und gar nicht wüßte, warum ihm so schlecht sei. Die Kinder vermuten, es könnte daran liegen, daß er zuviele Süßigkeiten gegessen habe, und geben Tips, wie er die Schmerzen loswerden kann: »*Du mußt erstmal auf's Klo gehen*«, »*Du mußt pupsen, dann geht es vorbei!*« Aber Waldemar schüttelt den Kopf: »*Ich esse gar keine Süßigkeiten, ich esse doch nur Bücher!*« Die Kinder rufen: »*Iiihhh, Bücher essen!*« Anisa fragt entrüstet: »*Dann hast Du alle Bücher aufgegessen, alles weggeknabbert? In unserer Gruppe steht nur noch unser Fotoalbum!*« Eine Erzieherin entdeckt plötzlich unter ihrem Stuhl ein völlig zerfressenes Buch: »*Sag mal, haben wir richtig gehört, Du hast unsere ganzen Bücher verspeist?*« Waldemar protestiert kleinlaut: »*Aber ich bin doch ein Bücherwurm – ich liiiiieeeeebe Bücher!*« André äußert energisch: »*Wir müssen in Deinen Mund fassen und alles rausholen!*«. Auch die anderen Kinder sind nun etwas verärgert: »*Aber Du kannst doch nicht einfach unsere Bücher wegfressen, die brauchen wir zum Angucken!*« oder »*Kauf' Dir doch selber welche, damit Du die essen kannst!*« Tatsächlich sind alle Bücher aus den Regalen verschwunden, und auch in der Leseecke befindet sich kein einziges Exemplar mehr. Waldemar entschuldigt sich für seine Gefräßigkeit: »*Und was machen wir nun?*« André schlägt vor, Bücher von zu Hause mitzubringen: »*Meine Oma hat noch ein Buch!*« Melanie bittet Waldemar, die Bücher wieder auszuspucken, doch der Bücherwurm gibt zu bedenken, daß diese ja derweil völlig verdaut seien.

Lara hat einen Vorschlag: »*Mach uns neue Bücher, für alle!*«

Waldemar findet die Idee, ein eigenes Buch herzustellen, toll: *»Aber ihr müßt mir bitte dabei helfen!«*, ruft er. Die Kinder sind einverstanden. Gemeinsam überlegen wir nun, was wir alles benötigen, um ein Bilderbuch anzufertigen wie z.B. Papier und Stifte zum Schreiben einer Geschichte. *»Aber ich kann doch gar nicht schreiben!«* wirft Tayfun ein, *»...und ich kann gar nicht lesen!«* ruft Ludmilla. Eine Erzieherin fragt in die Runde: *»Wie wäre es denn, wenn Ihr Kinder euch eine Geschichte ausdenkt, und wir Erwachsenen schreiben sie dann auf?«* Die Kinder stimmen diesem Vorschlag zu.

Im weiteren Gespräch wird den Kindern klar, daß eine Geschichte auch durch ihre Bilder »erzählt« wird. Sie kommen aber nicht von selbst auf den Gedanken, daß auch Fotografien hierfür geeignet sind, und so holt eine Erzieherin zwei Fotoapparate hervor. *»Was willst Du denn damit?«* fragt Waldemar ganz verständnislos. *»Na, damit könnten die Kinder Fotobilder für unser Buch machen, oder?«* Ludmilla und André sind skeptisch: *»Fotos kann man nicht gebrauchen für eine Geschichte!«* Derk und Johana berichten ihnen aber über Bücher, in denen ebenfalls Fotos zur Illustration benutzt werden. Als die Kinder erfahren, daß sie selber die Fotos für das Buch knipsen dürfen, ist die Skepsis wie weggeblasen, und alle wollen die Apparate sofort ausprobieren.

Damit das Fotografieren später gut klappt, müssen wir uns natürlich vorher mit den Fotokameras vertraut machen. Wir fragen in die Runde, welches Kind weiß, wie man mit so einem Apparat umgehen muß. Die meisten Kinder kennen sich schon sehr gut aus, und so ist auch die Handhabung (Auslöser-, Blitz-, Sucherfunktion etc.) der beiden vollautomatischen Fotoapparate schnell vermittelt. *»Am besten ist es, wenn ihr mit dem einen Auge durch den Sucher seht und das andere Auge zuhaltet!«* erklärt eine Erzieherin, und sie reicht leere Klopapierrollen herum, mit denen die Kinder üben können, Bildausschnitte zu »suchen«.

Damit das Gehörte auch gleich umgesetzt werden kann – denn nur durch Ausprobieren können Kinder »begreifen« – werden jeweils zwei Kinder losgeschickt, um erste Aufnahmen zu machen. Wir geben kleine Aufgaben vor, wie z.B. »Fotografiere das Bausteingebäude in der Bauecke« oder »Fotografiere dein Lieblingsspielzeug« etc. Die anderen Kinder warten derweil in der Halle und suchen mit ihren Papprollen nach möglichen Motiven.

Einige diskutieren auch schon mögliche Storys für das Buch. So entstehen Ideen wie z.B. André: »*Der König der Löwen.*«

Derk: »*...oder Barbar.*«

Melanie: »*...Pocahontas.*«

Tayfun: »*Jurassic Park.*«

Karlo: »*...oder Fußball, eine Fußballgeschichte*«.

Der Einfluß des Fernsehens wird bei den Ideen der Kinder sehr deutlich. Wir lassen die Vorschläge zunächst im Raum stehen und bitten die Kinder, sich ihre Ideen bis zum nächsten Treffen zu merken.

Die Fotoapparate stehen den Kindern in den kommenden Tagen zur freien Verfügung. Wenn sie etwas fotografieren möchten, können sie den Apparat ausleihen und in Aktion treten.

Reflexion

Wir konnten beobachten, daß die Handpuppe »Waldemar« eine große Rolle für die Kinder gespielt hat. Die Kinder waren fasziniert und betrachteten die Strumpfpuppe als eigenständiges Wesen. Solche Handpuppen können oft sehr viel einfacher als »wir Erzieherinnen« die Aufmerksamkeit der Kinder einfangen. Der Einsatz der Handpuppe »Waldemar« stellte sich daher als hervorragendes Mittel heraus, den Kindern die bestehende Situation zu verdeutlichen. Die Handpuppe hatte zwar einen großen Fehler gemacht, aber ihre Späße zeigten, daß »Waldemar« eigentlich sehr liebenswürdig ist. Die Kinder konnten ihrem Ärger Luft machen, aber sie haben sich auch mit dem kleinen »Waldemar« identifiziert und konnten sich in seine Lage hineinversetzen. Die Handpuppe war somit attraktiv für die kindlichen Projektionen und Wünsche. »Waldemar« stellte die Kinder vor eine neue, spannende Aufgabe. Dieser Herausforderung mußten sich die Kinder aber nicht alleine stellen, sondern er unterstützte sie auf eine lebendige und kindgerechte Art.

Das Sammeln eigener Erfahrungen und das Vertrauen auf eigene Fähigkeiten und Fertigkeiten konnte durch die eigenständige Arbeit mit den Apparaten ausgebaut werden. Mit dem Angebot, die Apparate auszuleihen, gingen die Kinder sehr sorgfältig um. Sie knipsten nicht wahllos herum, sondern wählten mit Bedacht aus und organisierten sich selbständig in Kleingruppen, wenn sie z.B. jemanden zum Posieren für ein Foto brauchten. Einige Kinder entwickelten hierbei ein besonderes Gefühl für Bildkompositionen, wie folgendes Beispiel zeigt: Als wir an einem Vormittag im Außengelände spielten – einige Kinder machten sich einen Riesenspaß daraus, in einem Laubhaufen zu toben – holte Lara (5) den Apparat aus dem Gruppenraum und fotografierte die Szenerie: »*Das sieht so schön aus, wie die Blätter fallen!*«.

2. Tag
Geschichten gibt's wie Sand am Meer

Ort: große Halle
Zeitdauer: 20 Minuten

Heute kommen wir wieder in der großen Halle zusammen und beginnen damit, uns eine Geschichte für das Buch auszudenken. Waldemar, der sich wiederholt für seine Untaten entschuldigt hat, übernimmt die Gesprächsführung und motiviert die Kinder, ihre Ideen zu spinnen. Wir nehmen das Gespräch mit dem Kassettenrekorder auf. Das soll uns im Nachhinein helfen, die Geschichte zu rekonstruieren und sie mit Worten der Kinder niederzuschreiben.

Waldemar: »*Habt ihr Euch was überlegt für das Buch?*«

Melanie: »*Von Alladin und Jasmin. Also das ist ein Affe und ein Papagei und Jasmin ist so eine Frau und Alladin ein Mann und Alladin hat noch eine Wunderlampe dabei, da kann er sich immer was wünschen....Der hat noch so einen Teppich, der kann fliegen!*«

Waldemar: »*Wer hat denn noch eine Idee?*«

Ludmilla: »*Wir können auch Susi und Strolch machen.*«

Derk: »*Susi und Strolch ist 'ne gute Idee!*«

Waldemar: »*Aber das sind ja alles Geschichten, die es schon gibt, können wir uns nicht eine Geschichte ausdenken, die noch niiiieeee da war?*«

Anisa: »*König der Löwen!*«

Waldemar: »*Die kenne ich auch schon, die habe ich mal gegessen, die war ganz sandig.*«

Derk: »*Du sollst die nicht essen!*«

Waldemar: »*Wollen wir uns nicht mal eine Geschichte ausdenken, in der ein Kind vorkommt?*«

Alle: »*Ja!*«

Karlo: »*Hänsel und Gretel!*«

Lara:	*»Ich hab' mir gedacht, 'ne Geschichte mit 'nem Eisbär.«*
Waldemar:	*»Oh, ist auch nicht schlecht!«*
Tayfun:	*»Weißt Du, mit Hänsel und Gretel, das ist immer so gruselig!«*
Johana:	*»Die Hexe will erst Gretel in den Ofen sperren, und dann hat Gretel gesagt, dann hat Gretel die Hexe da reingeschubst, das ist auch gut!«*
Waldemar:	*»Die Geschichte mit dem Eisbär, wie könnte die denn anfangen?«*
Lara:	*»Der kleine Eisbär ist auf dem See und badet sich gerade!«*
André:	*»Dann geht er wieder raus, dann ißt er erstmal!«*
Waldemar:	*»Was ißt der denn?«*
André:	*»...Fische, der hat Fische geangelt!«*
Derk:	*»Fischstäbchen schmecken lecker!«*
Waldemar:	*»Hat denn der Eisbär auch einen Namen?«*
Sahar und Derk:	*»Lars!«*
Melanie:	*»Kuschelbär!«*
Karlo:	*»Oliver, Oliver Kahn!«*
Anisa:	*»Dann kann er ja Fußball spielen!«*
Waldemar:	*»Braucht er dazu Freunde?«*
Karlo:	*»Nö.«*
Waldemar:	*»Und was macht der dann?«*
Anisa:	*»Und dann macht der Mittagsschlaf!«*
Lara:	*»Mein Bär spielt nicht Fußball!«*
Waldemar:	*»Aber unser Bär könnte doch Fußball spielen!«*
Sahar:	*»Dann sucht der Freunde zum Spielen...!«*
	(...)

Während des Gesprächs entwickeln sich einzelne Handlungsstränge, die von einer Erzieherin immer wieder zusammengefaßt werden. Aus dem Eisbären wird nach kurzer Zeit ein Braunbär, da draußen derzeit noch kein Schnee liegt. Die Kinder erfinden Charaktere, Rollen und Namen der Figuren, die in der Geschichte vorkommen sollen. Lara darf sich als erste eine Rolle aussuchen, sie möchte gerne den Bären Lars spielen. Einige Jungen kommentieren ihre Wahl mit Zwischenrufen wie *»Du bist doch ein Mädchen!«*, *»Lars ist doch kein Mädchen!«*, aber Lara läßt sich davon nicht beeindrucken, und so sind bald alle damit einverstanden. Die anderen Bärenrollen werden auch sofort verteilt. Sie sind meistens identisch mit den Namen der Kinder, von daher gibt es hier keinerlei Rangeleien.

So verdichtet sich die Geschichte mehr und mehr. Wir achten darauf, daß genügend Figuren in die Handlung eingebaut sind, damit am Ende jedes Kind im Bilderbuch auftaucht. Für den heutigen Tag beenden wir die Aktion mit dem Hinweis darauf, daß wir Erzieherinnen die Geschichte zum nächsten Treffen mitbringen werden.

Reflexion

Bei der Ideenentwicklung für unsere Geschichte trat immer wieder ein direkter Zusammenhang zu Medienfiguren und -heldInnen in Erscheinung. Ob es das Märchen »Hänsel und Gretel«, das Bilderbuch »Lars, der kleine Eisbär« oder aber der Fußballer Oliver Kahn vom 1. FC Bayern München war, die medialen Vorlagen schienen die Kinder zu beschäftigen. So war es nicht verwunderlich, daß sie zur Konstruktion einer eigenen Geschichte herangezogen wurden.

Es fiel »Waldemar« dem Bücherwurm nicht leicht, hier vorbehaltlos zu sein. Er bewertete die Ideen der Kinder, kaum merklich zwar, aber er tat es. Die Ideen, die dem Bücherwurm aus dem Fernsehen bzw. Kino bekannt waren, »schmeckten« ihm nicht so sehr. Daher wurden sie mit dem Hinweis: »Das kennen wir doch schon« verworfen. Die Geschichte des kleinen Eisbären hingegen, als Bilderbuch und ebenfalls aus einer Fernsehsendung, allerdings als ruhiger Kinderfilm bekannt, wurde nicht abgelehnt.

Diese Reaktion von Waldemar kennen wir PädagogInnen aus eigener Erfahrung. Wir selbst möchten den Kindern ebenfalls gerne »eigene, authentische« Ideen entlocken. Wenn sie aber dennoch auf vorgefertigte Geschichten zurückgreifen, wünschen wir uns solche, die wir als »pädagogisch wertvoll« bezeichnen würden. Doch sollte, gerade weil den Kindern Medienthemen ganz offensichtlich sehr wichtig sind, auch ein Film wie z.B. »Jurassic Park« bearbeitet und zu einer eigenen Bilderbuchgeschichte umgewandelt werden können. Jede Bearbeitung eines Themas schafft nämlich eine Verarbeitung des Gesehenen. Wir sollten darauf achten, daß nicht unser Erwachsenengeschmack, unsere Ablehnung oder unsere Unsicherheit gegenüber dem kindlichen Umgang mit derartigen »MedienheldInnen« die Medienerlebnisse der Kinder verdecken.

Interessant ist der Aspekt der Rollenvergabe. Das Mädchen Lara wollte gerne die Hauptrolle als Bär übernehmen. Dieser Wunsch schien nur für einige Jungen problematisch zu sein, die anderen Mädchen hingegen fanden daran nichts Absonderliches oder Auffälliges. Das mag einerseits daran liegen, daß in sehr vielen Bilderbüchern und Geschichten die Hauptfiguren männlich besetzt sind, und die Mädchen gelernt haben, mit

dieser Tatsache umzugehen und sich die »Helden« zu eigen zu machen. Die »männlichen« Figuren sind in der Regel tatkräftig, mutig, stark und gehen ihren Weg. Die Jungen konnten sich nicht vorstellen, daß diese Charaktereigenschaften, die an die »männliche« Rolle gebunden sind, von einem Mädchen ausgestaltet werden könnten. Es wäre für weitere Projekte zu überlegen, im Hinblick auf die Vergabe von »männlichen« und »weiblichen« Rollen bereits bei der Konstruktion der Geschichte auf eine paritätische Verteilung zu achten und die Rollen nicht mit Geschlechtsrollenstereotypen zu füllen, wie es in der folgenden Geschichte der Fall ist (Arzt, Bauarbeiter, Koch etc.).

3. Tag
Dazu könnte man gut ein Foto machen!

Ort: Gruppenraum
Zeitdauer: ca. 60 Minuten

Vorbereitung

Die Tonbandaufzeichnungen des Vortages sind von uns Erzieherinnen abgehört worden. Aus den Aussagen der Kinder haben wir folgende Geschichte zusammengefaßt:

Lars, der kleine Bär will nicht mehr alleine sein!

Lars, der kleine Bär, geht wie jeden Tag an den Fluß, um für sein Mittagessen Fische zu fangen. Heute hat er Riesenglück, er fängt fünf große Lachse. Er geht in seine Bärenhöhle, um sich den Fisch dort schmecken zu lassen. Nachdem er einen Lachs gegessen hat, ist er pappsatt und sehr müde. Er legt die restlichen Fische in die Ecke, bedeckt sie ein wenig mit frischem Laub und legt sich wie immer auf sein bequemes, weiches Bett, um seinen täglichen Mittagsschlaf zu halten.

Als der Mittagsschlaf beendet ist, räkelt sich der kleine Bär und denkt: »Was mache ich nun, mir fehlt ein Freund zum Spielen!« Und so macht er sich auf den Weg, einen Freund zu finden.

Zuerst trifft er auf zwei Köche, die vor ihren großen Kochtöpfen stehen und arbeiten. »Wollt ihr meine Freunde sein?« fragt Lars die beiden. Doch die Köche antworten: »Wir haben noch soviel zu kochen, wir haben leider keine Zeit, um Deine Freude zu sein!«

Und so geht Lars weiter. Da trifft er eine kleine Bärin. »Hallo!«, ruft Lars der Bärin zu, »möchtest Du meine Freundin sein?« »Aber gerne«, ruft die Bärin begeistert, »ich heiße Anisa und würde gerne Deine Freundin sein!« »Wollen wir Fußball spielen?« fragt die kleine Bärin »Eine prächtige Idee«, jubelt Lars, »laß uns noch zwei Freunde finden, dann macht das Fußballspielen doppelt soviel Spaß!«

Die beiden machen sich auf den Weg zum Spielplatz. Dort ist eigentlich immer etwas los. Aber heute ist niemand zu sehen. Lars und Anisa gehen weiter und kommen an einer Baustelle vorbei, auf der zwei Bauarbeiter arbeiten. »Hallo!«, ruft Anisa, »wollt ihr unsere Freunde werden und mit uns Fußball spielen?«. Doch die Bauarbeiter sagen: »Es tut uns leid, wir würden gerne Eure Freunde sein, aber wir müssen noch ein ganz, ganz tiefes Loch buddeln und haben keine Zeit zum Spielen!« Da sieht Lars plötzlich einen anderen Bären: »Hallo, ich bin Lars, der kleine Bär und das ist Anisa, meine Freundin. Möchtest Du unser Freund sein?« »Klar, möchte ich Euer Freund sein, ich heiße André.«

Anisa, André und Lars ziehen weiter und kommen an einem großen, unheimlichen Schloß vorbei. Zwei Gespenster, die ganz entsetzlich heulen, huschen über die Köpfe der Bären. Die drei fürchten sich sehr, nehmen aber ihren ganzen Bärenmut zusammen und fragen: »Hallo, ihr Gespenster, wollt ihr unsere Freunde sein«? »Huuuhhh«, jammern die Gespenster zurück, »wir haben leider keine Zeit, wir müssen spuken!« und mit einem Geheule schweben sie davon. Und so machen sich die drei wieder auf ihren Weg.

Nach einer Weile treffen sie einen Arzt, der gerade dabei ist, einen kranken Patienten zu untersuchen. »Hallo?«, fragen ihn die Bären, »möchtest Du unser Freund sein und mit uns Fußball spielen?« »Ich würde gerne mit Euch Fußball spielen, aber wer kümmert sich dann um die Kranken? Es tut mir leid, aber ich kann leider nicht mit Euch kommen.« Auf einmal ruft Lars: »Ich muß mal Pippi!« »Ich auch!« rufen Anisa und André. Die drei laufen so schnell es geht zur nächsten Toilette, und, welch ein Glück, dort begegnen sie einem anderen Bären. »Möchtest Du unser Freund sein und mit uns Fußball spielen?« »Ja«, antwortet ihnen der Bär, »ich heiße Sahar und komme gerne mit Euch mit!«

Zu viert wandern sie los zum Fußballplatz. Dort angekommen spielen sie superlange Fußball und haben viel, viel Spaß miteinander. »Fußballspielen macht hungrig« ruft Lars »was haltet ihr davon, wenn wir ein Lagerfeuer machen und Lachse grillen? Ich habe noch ein paar in meiner Höhle.« »Das ist eine tolle Idee, ich habe auch einen Bärinnenhunger!« ruft Anisa. André und Sahar nicken. Sie laufen geschwind in den Wald, sammeln Holz und Stöckchen für ein Feuer. Als die Feuerstelle gesichert ist, damit bloß nicht der Wald anbrennt, zünden sie das Holz vorsichtig an und grillen die Lachse auf langen Stöcken über dem knisternden Feuer. »Es macht viel Spaß, Freunde und Freundinnen zu haben!« sagt Lars, der kleine Bär. »Ich will nie wieder alleine sein!«

Die Geschichte wird heute vorgelesen. Die Kinder sind sehr erfreut über das Ergebnis. Anisas Kommentar dazu ist: *»Eine ausgedachte Geschichte ist mal schön!«*

Nun überlegen wir gemeinsam, an welcher Stelle der Geschichte ein Foto plaziert werden sollte. Dazu lesen wir die Geschichte in Absätzen erneut vor. Das erste Foto soll »Lars den Bären«, alias Lara, unter dem Baumhaus darstellen. Auf dem nächsten soll man ihn schlafend auf dem Bett sehen. Damit wir nicht vergessen, welche Fotos wir inszenieren und »schießen« wollen, merkt sich jedes Kind eine Szene und bekommt die Aufgabe, im Anschluß an die Runde ein entsprechendes Bild zu malen.

Die Bilder hängen wir in der Halle an die Wand und zwar in derselben Reihenfolge, in der sie auch in der Bärengeschichte auftauchen sollen. Da sieht man »Lars und die Köche in der Küche«, die »Bären im Kita-Flur«, »Zwei Bären auf dem Spielplatz«, »Zwei Bauarbeiter mit Schaufeln im Sandkasten«, »Drei Bären im Garten«, »Bären und Gespenster in der Kuschelecke«, »Einen Arzt, die Bären und einen Patienten«, »Vier Bären im Waschraum«, »Vier fußballspielende Bären« und »Die Bären mit Lachs, wie sie um ein Lagerfeuer stehen«.

Waldemar: *»Das sind ja tolle Bilder! Und was müssen wir jetzt machen?«*

Johana: *»Die müssen wir jetzt alle knipsen!«*

Wir überlegen nun, mit welchen Fotografien wir beginnen wollen. Da das Wetter noch recht freundlich ist, entschließen wir uns, die Aufnahmen, die draußen im Wald gemacht werden müssen, zuerst zu fotografieren. Wir besprechen, welche Requisiten und Verkleidungssachen wir für die Fotoaktion brauchen. Die Bären müssen braun aussehen, also benötigen wir braune Anziehsachen. Jedes Kind wird gebeten, zu Hause nachzuschauen, ob es einen braunen Anorak oder einen braunen Pullover findet, den es mitbringen darf. Wir brauchen aber auch noch Bärenohren und Lachse. Diese Utensilien wollen wir aus Tonpapier basteln. Alle Kinder, die Lust haben, helfen am Nachmittag dabei.

Reflexion

Die Überlegungen, welche Textstellen durch Fotografien untermalt werden könnten, erforderten von den Kindern ein hohes Maß an Aufmerksamkeit und Abstraktionsvermögen. Aus dem Grund brauchten sie immer wieder unsere Unterstützung. Sobald die Kinder entsprechende Hinweise erhielten, hatten sie eigene Ideen, wann eine Illustration erfolgen könnte. Die künftigen Fotos zunächst als gemaltes Bild festzuhalten, ermöglichte es den Kindern, nach eigenen Vorstellungen einen Szenenaufbau zu modellieren. So wurden sie immer wieder in die Entwicklung der Geschichte einbezogen.

4. Tag
Bärenhunger und Lachse grillen!

Ort: Wald

Zeitdauer: ca. 120 Minuten
(mit Busfahrt)

Bevor es heute losgeht, werden die Bären bärenstark geschminkt. Sie bekommen eine schwarze Nase gemalt, ziehen braune Hosen und Pullover an, setzen die Bärenohren aus Tonpapier auf und fertig ist der Bär! Ausgerüstet mit Frühstücksbroten, fahren wir mit dem Stadtbus zum nahegelegenen Wald, suchen uns dort unser »Waldsofa« – einen Stoß Baumstämme – und frühstücken zunächst einmal. Nach einer ausgiebigen Mahlzeit sammeln alle Kinder Stöckchen und schichten diese zu einem Lagerfeuer auf. Da wir kein richtiges Feuer machen dürfen, legen wir gelbes und rotes Kreppapier als züngelnde Flammen zwischen die Äste.

Die »Bären« stellen sich um das Lagerfeuer herum und halten die Äste mit den aufgespießten Lachsen in das »Feuer«. André wärmt sich seine Tatzen. Wir Erzieherinnen geben kleine Schauspieltips: *»Schaut nicht in die Kameras, denkt einfach, wir sind gar nicht da und spielt, als wärt ihr wirklich die vier Bären!«* Yasmin und Tayfun suchen sich mit unserer Hilfe eine geeignete Position und fotografieren die Lagerfeuerszene. Die zuschauenden und die spielenden Kinder werden von ihnen gebeten, in den Hintergrund zu treten, damit sie nicht auf den Fotos zu sehen sind. Alle Kinder, die Lust haben, können ebenfalls noch ein Szenenfoto »schießen«. Mit den anderen Kindern werden kleine Bewegungsspiele (Fangen, Abschlagen) veranstaltet, damit sie nicht frieren oder sich womöglich langweilen.

Die Fotos sind schnell gemacht, und dann geht es zurück in den Kindergarten. Etwas durchgefroren kommen wir an und wärmen uns mit heißem Kakao im gemütlichen Gruppenraum wieder auf.

Reflexion

Die Waldaktion hat den meisten Kindern trotz klirrender Kälte viel Spaß gemacht. Zwei Kinder hatten keine rechte Lust, sie froren und wollten zurück in den warmen Kindergarten. Auch an den parallel zu den Fotoaktionen angebotenen Spielchen wollten sie nicht teilnehmen. Es wurde deutlich, daß es von großer Wichtigkeit ist, die Aktion anzuleiten. Die Kinder, die direkt beteiligt waren, sei es als »Bären« oder als FotografInnen, waren mit Engagement bei der Sache, aber auch sie benötigten zuweilen Hilfestellung, z.B. um eine geeignete Position für das Foto zu finden oder um im Rollenspiel der/die BärIn zu bleiben und sich nicht ablenken zu lassen.

5. Tag
... hier ist das Vögelchen – oder: wenn Bären geknipst werden ...
Ort: Halle, Kindergarten
Zeitdauer: ca. 180 Minuten über den Vormittag verteilt

Waldemar, der verfressene Bücherwurm, erwartet uns heute aufgeregt in der Halle. Die Fotoabzüge von der Waldaktion sind aus dem Labor gekommen. Gespannt setzen wir uns in einen Halbkreis und legen alle Bilder vor uns auf den Hallenboden. Da gibt es viel Gerangel, Gestaune und Erinnerungsfreude: »*Sieh mal, das von Karlo, das habe ich gemacht!*« Wir besprechen die Fotos und gehen auf unterschiedliche Einstellungen, Ausschnitte und Perspektiven ein. Die Kinder erkennen dabei sehr deutlich, daß eine Großaufnahme von einem »Bärengesicht« anders wirkt als eine Aufnahme, auf dem der gleiche Bär neben anderen um ein Lagerfeuer steht: »*Hier sieht man sein Gesicht ja gar nicht!*«

Die Kinder sollen nun zwei der Fotos für ihr Bilderbuch aussuchen. Das ist gar nicht so leicht, denn es gibt so viele schöne und geeignete Aufnahmen. Am Ende haben sie sich, mit Hilfe von Abstimmungen per Handzeichen, auf die beiden Fotos geeinigt.

Wir besprechen nun, welche Fotos noch geknipst werden müssen. »*Da fehlen jetzt nur noch ein paar Bilder!*«, ruft Waldemar und deutet auf die Bilderwand mit den Zeichnungen. »*Das haben wir schon!*« sagt Sahar und zeigt dabei auf das Lagerfeuerbild. Um die noch fehlenden Szenen darzustellen und fotografisch festzuhalten, erinnern wir uns noch einmal daran, welches Kind welche Rolle übernommen hat. Als dies geklärt ist, können sich alle Kinder wieder verkleiden. Johana und Derk – die beiden spielen die Köche – binden sich Schürzen um und setzen große Kochmützen auf. Die Bären ziehen sich wieder ihr »Bärenfell« über, und Karlo und Ludmilla holen die vorbereiteten Laken, denn sie sind die Gespenster. Dann bilden wir SchauspielerInnen- und FotografInnenteams.

Die Gespenster haben zunächst frei, d.h. Karlo und Ludmilla übernehmen einen Foto-apparat und erhalten die Aufgabe, ein Foto von Lars in der Bärenhöhle zu machen. Ein anderes Team, bestehend aus Tayfun und Ludmilla (die beiden spielen später die Bauarbei-ter), knipsen die beiden Köche bei der Arbeit. Die Kinder, die in der Zwischenzeit nichts zu tun haben, warten in der Halle oder begleiten die Teams bei ihrer Arbeit.

Am Ende der Fotoaktionstage hat jedes Kind sowohl fotografiert als auch darstellerisch agiert.

Reflexion

Auch wenn die Kinder es genossen haben, den Fotoapparat zu bedienen und als Schau-spielerInnen in Aktion zu treten, so war es für sie äußerst schwer, diesen Rollenwechsel durchzuhalten. Sie überblickten trotz der Vorbesprechungen nicht, wann sie sich wo, zu welcher Zeit und mit welchem Ziel befinden sollten. Es war für sie nicht leicht, sich während der zwischenzeitlich recht unübersichtlichen Aktion zu konzentrieren und das Endziel »Bilderbuch« im Kopf zu behalten. Hier mußten wir Erzieherinnen immer wieder ordnend eingreifen. Es wäre hilfreich gewesen, die Aktion über mehrere Tag auszudehnen, so daß ein Kind jeweils nur eine Aufgabe zu bewältigen gehabt hätte.

6. Tag
Guck mal, da bist ja Du drauf!
Ort: Halle
Zeitdauer: 60 Minuten

Heute ist der letzte Aktionstag. Die Fotos, der Text und die Zeichnungen sollen ausge-wählt und in eine Reihenfolge gebracht werden. Den Text hat eine Erzieherin per Computer bearbeitet und mitgebracht. Die Kinder sitzen vor den vielen Fotos und die Erzieherin beginnt, die Geschichte vorzulesen. Immer wenn ein Kind meint ein passendes Bild zu sehen, ruft es »*Stop!*« und legt das Bild zur Seite. In den Text wird mit einem Bleistift eine kleine Notiz gemacht, damit wir den Überblick nicht verlieren. So verfahren wir, bis die Geschichte zu Ende ist. Zwischendurch gibt es immer wieder kleine Unstimmigkeiten, wel-ches Bild nun zu bevorzugen sei:

Waldemar:	»*Wieso findest Du denn das Bild besser?*«
Ludmilla:	»*Weil da der Derk so witzig aussieht!*«
Waldemar:	»*Und warum gefällt dir das Bild, das die Ludmilla ausgesucht hat, nicht so gut?*«
Sahar:	»*Weil man hier sieht, daß Johana auf dem Stuhl steht!*«
Waldemar:	»*Warum ist das nicht so gut!*«
Sahar:	»*Die sind doch groß, die brauchen keinen Stuhl!*«
Waldemar:	»*Was meinst Du, Ludmilla?*«
Ludmilla:	»*Ich weiß nicht!*«
Waldemar:	»*Was meint ihr denn, welches Bild ist besser für unser Buch?*«
André:	»*Ich finde das* (von Ludmilla) *besser, weil da sieht man auch den Topf und das ist besser!*«
Waldemar:	»*Das stimmt Mensch, gut gesehen, was meinst Du dazu Sahar?*«
Sahar:	»*O.K.!*«

Diese Unstimmigkeiten werden schnell ausgeräumt. Hin und wieder hilft bei den Entscheidungsprozessen eine Abstimmung.

Für die letzte Seite des Bilderbuches suchen wir Fotos von allen Kindern und von den ErzieherInnen, die am Buchprojekt mitgewirkt haben. Natürlich darf »Waldemar« nicht fehlen, ohne den diese ganze Geschichte nie passiert wäre!

Reflexion

Den Text endgültig mit den Fotografien zu unterlegen, erforderte von den Kindern die Fähigkeit, aus einem Pool von möglichen Bildern das »Passende« herauszufiltern. Die Kinder mußten hierfür die Aussagen der Fotografien entschlüsseln, d.h. wieder auf Perspektiven und Einstellungen achten und weiterhin den ästhetischen Aspekt mitberücksichtigen. In den Bildbesprechungen mußten sie ihre Auswahl erklären. Auf diese Weise wurden die Fotos von den Kindern ganz genau studiert. Uns fiel auf, daß sie die Kriterien der anderen sehr ernst

214

nahmen und nicht auf ihrer Fotoauswahl beharrten. Möglicherweise lag das wiederum daran, daß die Handpuppe Unstimmigkeiten ansprechen und dafür sorgen konnte, daß diese gerecht geregelt wurden.

Hinweise und Tips

▶ Fotografieren heißt soviel wie »Schreiben mit Licht«, deshalb sollte ein Fotoprojekt in der Frühlingszeit liegen. Das Licht, die Sonne, die Farben sind dann intensiver und bunter.

▶ Nicht unter Zeitdruck setzen lassen! Angebote, die parallel zum Medienprojekt liegen, sollten nicht zeitgleich angeboten werden.

▶ Die Erstellung eines Bilderbuches sollte besser in zwei Phasen aufgeteilt werden. In der ersten Phase könnten sich die Kinder mit der Fotografie, dem Fotoapparat, den Einstellungen usw. befassen und hätten viel Zeit zum Experimentieren. Die zweite Phase wäre, nach einer ein- bis zweiwöchigen Pause, dem Bilderbuch gewidmet: Geschichte ausdenken, Bilder erstellen etc. Das Know-How, welches die Kinder in der ersten Phase gewinnen würden, könnten so gezielter angewendet werden.

Benötigte Materialien

▶ Kostüme für die DarstellerInnen

▶ Bastelmaterial (Tonkarton und -papier für die Bärenohren und die Lachse, Kreppapier für die Kochmützen und das züngelnde Feuer, Scheren, Klebstoff)

▶ Filme. Zu empfehlen sind 200 ASA/24 DIN oder 400 ASA/27 DIN. Diese haben, durch ihre hohe Lichtempfindlichkeit eine kurze Belichtungszeit. Verwackelte Aufnahmen können damit eher vermieden werden.

▶ Audiokassetten und Rekorder zum Mitschneiden der Gespräche bei der Entwicklung der Geschichte.

KÖNIG, JOHANNA: Bilderbücher selbstgemacht. In: Handbuch Medienerziehung im Kindergarten Teil 2: Praktische Handreichungen, Deutsches Jugendinstitut (Hg.) Opladen 1995, S. 253 - 261.

Angela Ludowizi, Gabriele Rehberg, Sabine Eder

»Der Piratenschatz«

Ein Bilderbuchkino

Unser Kindergarten, untergebracht in einem alten Fachwerkgebäude, liegt inmitten des mittelalterlichen Kerns einer Kleinstadt. Ein kleiner Hof mit sandigem Untergrund grenzt direkt an das Gebäude an, dorthin können die Kinder jederzeit zum Spielen gehen. Ein großer Spielplatz mit Klettergerüsten und anderen Spielgeräten ist leider nur in Begleitung der ErzieherInnen zu erreichen, denn der kurze Fußweg dorthin führt über eine stark befahrene Straße.

Wir betreuen hier 105 Kinder in 5 Gruppen (3 Ganztags- und 3 Halbtagsgruppen). Die Zusammensetzung der Gruppen ist altersgemischt. Wir haben einen hohen Anteil an Kindern, die aus fremdsprachigen und/oder sozial schwachen Familien kommen. Jede Gruppe wird von drei pädagogischen Fachkräften betreut. Das pädagogische Team besteht aus 13 ErzieherInnen und arbeitet nach dem situationsorientierten Ansatz.

An dem Medienprojekt nimmt die »Eichhörnchen«-Gruppe mit jeweils zehn Mädchen und Jungen teil. Davon sind acht Kinder 5-6 Jahre, zwei 4-5 Jahre und zehn 3-4 Jahre alt.

Vorüberlegungen

Bilderbücher werden in unserer Kindergruppe täglich vorgelesen. Gerade die Illustrationen üben eine besondere Faszination auf die Kinder aus und regen ihre Phantasie an. Besonders die jüngeren verweilen gerne lange bei einem Bild, um es zu »entdecken«. Ihr ausgeprägter Sinn für kleine Details erlaubt es ihnen, Dinge zu entdecken, die uns Erzieherinnen gar nicht mehr auffallen. Um auf alle Fragen, Vorstellungen und Phantasien, die die Kinder beim Vorlesen und Betrachten eines Bilderbuches entwickeln, eingehen zu können, sitzen wir meistens in einer kleinen Runde zusammen. Innerhalb dieser Leserunden wird offensichtlich, daß viele der Geschichten für die Kinder eine Anregung sind, sich einem speziellen Thema zu widmen und Gespräche miteinander zu führen. Durch unser medienpädagogisches Projekt möchten wir dem Interesse der Kinder an Bildergeschichten entgegenkommen. Es ist unsere Idee, ein beliebtes Bilderbuch mit Hilfe eines Diafilms abzufotografieren und es den Kindern als großformatiges »Bilderbuchkino« zu präsentieren. Für das Bilderbuch »Der Piratenschatz« von Bärbel Haas (Würzburg 1991) haben wir uns aus mehreren Gründen entschieden: Dieses Buch schien uns durch die anschaulichen und sehr klaren Bilder sowie die kurzen, verständlichen Textpassagen sehr geeignet, da viele unserer Kinder mit Sprach- bzw. Verständnisproblemen zu kämpfen haben. Außerdem denken wir, daß das Thema »Piraten« in der bevorstehenden Karnevalszeit ganz bestimmt prima bei den Kindern ankommen wird. Da jede Bilderbuchgeschichte unendlich viele Möglichkeiten zur gestalterischen und spielerischen Bearbeitung beinhaltet, wollen wir uns im Anschluß an unser »Kino-Ereignis« auf eine abenteuerliche Schatzsuche und ein großes »PiratInnenfest« vorbereiten: Dazu gehört es, Requisiten zu basteln, Lieder und Fingerspiele einzuüben und vieles mehr. Die animierte Spielaktion kann von den Kindern mit Hilfe einer Polaroid- und einer Autofokuskamera festgehalten werden. Alle geknipsten Bilder wollen wir zu einem »PiratInnenfotoalbum« zusammenstellen.

Kurze Inhaltsangabe des Buches: (Die Figuren des Buches sind als Mäuse dargestellt)
Ein Mäusepostbote liefert bei den drei Mäusepiraten Arno, Kurtchen und dem Käpt'n eine Flaschenpost ab. Die Flasche enthält die Nachricht an alle Piraten, daß auf der Mondinsel ein Schatz vergraben sei. Eine Schatzkarte wird zur Orientierung mitgeliefert. Die Mäusepiraten beschließen, sich auf die Reise zur Mondinsel zu begeben. Der Schiffskoch kümmert sich noch schnell um ausreichenden Proviant, und schon wird das Segel gesetzt und es geht auf zur großen Reise. Auf der Fahrt werden die Piraten von einem Unwetter überrascht, und am Horizont entdecken sie gleichzeitig ein großes, schwarzes Schiff. Durch das Fernrohr können die Piratenmäuse erkennen, daß »Willi Würges«, der Schrecken der Meere, auf sie zukommt. Die beiden Schiffe docken an, und Willi entert das andere Piratenschiff. Es stellt sich heraus, daß die Piraten sich gut kennen, und die Wiedersehensfreude ist so groß, daß alle Mäuse an Deck singen und tanzen.
Willi hat ebenfalls die Schatzkarte und die Nachricht erhalten, und so entscheiden die Piraten, gemeinsam weiterzusegeln. Bald darauf gehen sie vor der Mondinsel, die im dichten Nebel liegt, vor Anker. Mit einem Entenschlauchboot und geschulterten Spaten paddeln sie an Land. Am Strand angekommen, wird sofort nach dem Schatz gegraben, und erst als sich der Nebel lichtet, bemerken sie, daß die ganze Insel voller grabender Piratenmäuse ist. Der alte Seeräuber Hinnerk, so stellt sich heraus, hatte sich die Geschichte mit dem Schatz nur ausgedacht, um alle seine Piratenfreunde und -freundinnen einmal wiederzusehen. Die freuen sich und feiern den Tag mit einem großen PiratInnenfest. Es wird gegessen, gesungen, erzählt und getanzt.

Projektverlauf im Überblick

Zeitrahmen: 7 Tage

1. Tag

Das Bilderbuchkino

Das Bilderbuch wird mit einem Episkop präsentiert und in der Gruppe angesehen.

2.-6. Tag

Augenklappe, Fernrohr, Säbel

Vorbereitungen für das große PiratInnenfest!

Bastelarbeiten und Raumgestaltung

Eine Flaschenpost mit Schatzkarten wird von den Erzieherinnen hergestellt.

7. Tag

Der Tag, an dem die Flaschenpost kam

Ein PiratInnenfest steigt!

Fotografieren mit der Polaroidkamera

Medienpädagogische Ziele

Die Kinder können:

▶ beim gemeinsamen Betrachten der Bilder ihre Phantasie und ihr Vorstellungsvermögen anregen.

▶ das Episkop als Präsentationsmedium kennenlernen.

▶ die Möglichkeit nutzen, im Gespräch eigene Assoziatonen zu artikulieren, anderen Vorstellungen zu lauschen und so an einem kommunikativen Austausch teilnehmen.

▶ die Bilderbuchgeschichte im animierten Rollenspiel kreativ umformen und bearbeiten. Dabei können sie erkennen, wie sie mit Medien eigene Ideen und Wünsche spielerisch umsetzen, sie ergänzen und weiterentwickeln können.

▶ die Polaroidkamera und den Fotoapparat als technische Geräte und als Ausdrucksmittel kennenlernen.

Projektverlauf

Vorbereitung

Für die Präsentation des Bilderbuches leihen wir uns von der örtlichen Medienzentrale der Kreisbücherei ein Episkop. Das Kindergartenteam erhält von uns Informationen zum Ablauf des Medienprojektes, um Überschneidungen, z.B. bei der Raumnutzung, zu vermeiden.

1. Tag
Das Bilderbuchkino

Ort: große Halle
Zeitdauer: 30 Minuten

Wir haben die Turnhalle leicht verdunkelt und an der Stirnseite eine große Leinwand aufgebaut. Mitten im Raum steht ein großes Gerät, das Episkop, auch Papierbildbetrachter genannt. Das Gerät wirkt recht antiquiert, es ist schwer und unhandlich, aber die Bilderbuchillustrationen können damit hervorragend und großformatig auf die Leinwand projiziert werden. Dazu ist es nicht einmal notwendig, den Raum völlig zu verdunkeln. Wir plazieren das Gerät in etwa 5 Meter Abstand vor der Leinwand, so daß die gesamte Fläche von einem Bild ausgefüllt wird. Als alle Kinder sich in zwei Halbkreisen neben das Episkop gesetzt haben, schaltet eine Erzieherin das Gerät ein. Ein heller Strahl ist zu sehen und das Lüftungsgebläse surrt. Dann wird die erste Seite aufgeschlagen und auf eine Platte an der Unterseite des Gerätes gelegt. Der Hebelarm wird angehoben, damit das Buch fest im Gerät steckt und nicht verrutschen kann. Als das erste Bild erscheint, braucht nur noch das Objektiv eingestellt zu werden, und schon ist ein »gestochen scharfes« Mäusebild auf der Leinwand zu sehen.

Begleitend zu den jeweiligen vorgelesenen Textpassagen wird nun eine Illustration nach der anderen eingeblendet. Die Kinder haben genügend Zeit, sie in aller Ruhe zu betrachten, Kommentare abzugeben oder Fragen zu stellen. Ab und zu müssen wir

Erzieherinnen ordnend eingreifen, damit alle Kinder zu Wort kommen können. Den stilleren Kindern stellen wir gezielte Fragen, um sie in das Gespräch einzubinden:

E: »*Wieso haben die denn diese Klappen auf einem Auge?*«

Adele: »*Damit man die erkennt!*«

Tim: »*Weil das Piraten sind!*«

Franzi: »*Bei den Seeräubern ist das immer so, die kriegen immer Flaschenpost!*«

Abdullah: »*In der Flasche sind Karten drin!*«

Die Kinder erklären sich gegenseitig bestimmte Bilddetails. So geht Fulja beispielsweise nach vorne, deutet auf die Pfeile der Schatzkarte, die die Himmelrichtungen bestimmen und erklärt den anderen: »*Das ist, wo die Richtungen sind!*«

Auf dem nächsten Bild ist der Mäusesmutje zu sehen, der in der Kombüse steht und Brote für seine Leute schmiert.

Duibu: »*Der ist der Koch im Haus, der hat Sowas an!*«

E: »*Was hat der denn für Brote geschmiert?*«

Martin: »*Hamburger!*«

Tomasio: »*Cheeseburger!*«

Auf einem anderen Bild sehen wir einen Piraten auf den Masten klettern, um das Segel zu setzen. Da der Pirat aber so klein und das Segel riesengroß ist, ist er von ihm fast vollständig umwickelt, nur seine Füße sind zu sehen. Am oberen Ende des Mastes lugt ein kleiner Holzwurm heraus. Die Kinder beschreiben die Szene folgendermaßen:

Abdulla: »*Da ist ein Wurm drin, darum ist das runtergefallen!*«

Hanna: »*Vielleicht hat der Wurm den weggeschubst?*«

Charlotta: »*Der Wurm hat das Segel angeknabbert!*«

Die Kinder spekulieren, überlegen und diskutieren ausgiebig miteinander. Es ist wieder einmal erstaunlich, wie viele Einzelheiten ihnen auffallen.

Als im weiteren Verlauf der Geschichte der Kapitän »Willi Würges« das Schiff der Piratenmäuse entert, fragen wir: »*Was ist das für einer?*«

Kevin: »*Der ist gefährlich!*«

E: »*Woran sieht man das?*«

Kevin: »*An dem Messer und an der Klappe*«.

Neil: »*Alle Piraten sind gefährlich!*«

Tim: »*Ich erkenne, daß das 'ne Maus ist!*«

Auf der nächsten Einblendung haben die Piraten Enterhaken in ihren Pfoten.

E:	*»Was macht man denn mit einem Enterhaken?«*
Dibu:	*»Enten fangen!«*
Hanna:	*»Nein.«*

Hanna erklärt, daß es nicht Enten- sondern Enterhaken heißt und daß man damit das andere Schiff heranzieht, um es auszurauben.

Tomasio:	*»Damit das Schiff nicht mehr fährt!«*
E:	*»Wo springt denn der Willi Würges hin?«*
Dennis:	*»Von seinem Boot in das andere!«*

Dann erscheint das Bild, auf dem der Seeräuber »Willi Würges« ein Messer quer in der Mäuseschauze trägt.

E:	*»Will er dem Koch helfen, Brötchen zu schmieren?«*
Jens:	*»Nee, Feinde töten!«*
E:	*»Sieht das denn so aus, als ob das Feinde wären?«*
Sandra:	*»Nee, die machen Musik!«*

Zu dem Bild, auf dem alle PiratInnen buddelnd zu sehen sind, kommt von Tim der überraschte Ausruf: *»Ich habe ja gar nicht gedacht, daß es so viele Piraten gibt!«*
Nach dem Ansehen des Buches können die Kinder noch in der Halle spielen und toben.

Reflexion:

Diese neue Form der Bildbetrachtung war eine besondere Attraktion für die Kinder, die allen sehr viel Spaß gemacht hat. Sicherlich werden wir zu einem späteren Zeitpunkt wieder auf das Gerät zurückgreifen! Die intensive Auseinandersetzung mit den Bildern regte die Kommunikation innerhalb der Gruppe an. Die Kinder konnten ihre Gedanken zu den Bildern äußern und diese mit denen der anderen Kinder vergleichen und sehen, daß man gemeinsam viel mehr in einer Geschichte entdeckt. »Durch Kommunikation lernen die Kinder nicht nur zuhören, sondern sich auch selbst zurückzunehmen und mutig vor anderen zu artikulieren. Die Augen werden geöffnet, das Beobachtungsvermögen wird angeregt und durch die vielen unterschiedlichen Betrachtungsweisen und Entdeckungen geschult« (KÖNIG 1995, S. 179f).

Es wird uns wohl nie wirklich gelingen herauszufinden, was Kinder sich konkret aus den Geschichten »herausziehen« und was sie auf welche Weise für ihre individuelle Lebensorientierung nutzen. Was uns aber immer wieder auffällt ist, daß offensichtlich jedes Kind den Inhalt eines Buches gemäß seiner eigenen Erfahrungen versteht. Zu dieser

Annahme kamen wir, da die Fragen oder Äußerungen der Kinder zu den Geschichten sehr vielseitig und unterschiedlich waren.

Wir hatten gehofft, daß sich, im Schutze des verdunkelten Raumes, auch zurückhaltendere Kinder äußern würden, dies war aber leider nicht der Fall. Es wäre daher zu überlegen, mit einer kleineren Gruppe von max. fünf Kindern diese Art des »Kinos« erneut durchzuführen. Dies hätte den Vorteil, daß die Kinder hier sehr viel mehr Raum, Zeit und Aufmerksamkeit bekämen, um ihre verbale Audrucksfähigkeit auszubauen.

Das Bilderbuch stand den Kindern nach der »Kinovorführung« zur Verfügung. Immer wieder wurde es von ihnen angesehen und besprochen. »Nach einer (gemeinsamen) Bilderbuchbetrachtung müssen die Kinder jederzeit die Möglichkeit haben, das Buch noch einmal für sich anzuschauen, um es entsprechend ihrem individuellen Rhythmus zu ›studieren‹. Sie können sich dann an die Geschichte, an ihre persönlichen Einfälle und Phantasien erinnern, sowie bei den Illustrationen, die für sie besonders interessant und wichtig waren, so lange verweilen, wie sie wollen« (HAMEED 1995, S. 175f.).

2. - 6. Tag
Augenklappe, Fernrohr, Säbel

Ort: Gruppenraum,
Dauer: variiert, über den Tag verteilt

Heute wollen wir gemeinsam mit den Kindern überlegen, was wir alles für ein großes PiratInnenfest brauchen. Eine Fülle an Bastelmaterialien steht den Kindern für dieses Vorhaben zur Verfügung. Tomasio möchte gerne ein Piratenschiff basteln, und Neil hat die Idee, eine Flagge aus Stoff zuzuschneiden und einen Totenkopf daraufzumalen. Dann brauchen wir noch Fernrohre und Augenklappen. Für die Insel (die Turnhalle), auf der das »PiratInnenfest« stattfinden soll, malen wir eine große Palme und Fulja tuscht dazu kleine Affen, die in der Palme turnen und die wir auf die Fensterscheiben kleben. Auch Segelschiffe und Piraten werden von den Kindern gemalt und ausgeschnitten. Die Fernrohre basteln wir aus leeren Klorollen, die angemalt oder mit farbiger Folie beklebt und mit einer Wollschnur zum Umhängen versehen werden. Aus schwarzem Filz schneiden wir Erzieherinnen Augenklappen aus und befestigen ein schmales Gummiband daran. Die Säbel und Messer werden auf feste Pappe gezeichnet und ausgeschnitten. Ein Tuch um den Bauch dient als Messerhalterung.

224

Ein zwei Meter langes Papprohr ist der Hauptsegelmast unseres Piratenschiffes, und ein Besenstiel wird zum Quermasten umfunktioniert. Daran knoten wir ein festes Tuch, das Schiffssegel. An das obere Ende montieren wir später einen alten Bastkorb, den Ausguck. Ein Teddypirat, mit Augenklappe und Fernrohr ausgerüstet, soll nach anderen Schiffen Ausschau halten. Natürlich wird auch eine Piratenflagge gemalt und gehißt. Der prächtige Mast wird an einem Bücherregal befestigt. Dann brauchen wir natürlich noch ein Bullauge, und wir haben Glück, denn der Innenteil unserer Tür zum Gruppenraum ist aus Glas. Nach und nach verwandelt sich im Laufe der Woche der Gruppenraum in ein großes PiratInnenschiff!

Neben den Basteleien üben wir mit den Kindern Piratenlieder ein wie z.B. »Eine Seefahrt die ist lustig!« Das Lied kommt wegen des frechen Textes sehr gut bei den Kindern an. Auch Fingerspiele, z.B. »Das sind fünf Seeräuber«, üben wir ein, damit auf dem bevorstehenden Fest auch gesungen und gespielt werden kann.

> *Das sind fünf Seeräuber,*
> *der hat eine Augenbinde,*
> *der hat ein Holzbein,*
> *der hat einen großen Hut,*
> *der hat schmutzige Füße,*
> *und der kleine Stumpen*
> *hat die Kiste Gold genommen*
> *und hat sich damit aus dem Staub gemacht!*
> (vgl. BAUSTEINE KINDERGARTEN 1993, S. 26).

7. Tag
Der Tag, an dem die Flaschenpost kam

Ort: Der gesamte Kiga und die Turnhalle
Zeitdauer: 90 Minuten

Heute soll das große PiratInnenfest steigen. Wie jeden Morgen sitzen wir im Gruppenraum auf dem Teppich und erzählen von den Ereignissen des Vortages. Da öffnet sich plötzlich die Tür, und unsere Köchin stürzt aufgeregt in den Gruppenraum. »*Ich habe hier eine*

Flaschenpost erhalten, die ist an die Piraten und Piratinnen der Eichhörnchengruppe adressiert!« Die Kinder sind ganz überrascht und gespannt. Eine Erzieherin nimmt die Flaschenpost in Empfang. Alle Kinder sind damit einverstanden, daß sie die Post öffnet und applaudieren, während sie drei vergilbte und angekohlte Papierrollen aus dem Flaschenhals herauszieht. Die Papierstücke werden herumgezeigt, auf der einen ist eine Zeichnung zu sehen und die anderen enthalten geschriebene Nachrichten. Eine lautet: *»An alle Piraten! Auf der Insel liegt ein sagenhafter Schatz versteckt. Landkarte und Wegbeschreibung anbei!«* Tatsächlich gibt es eine Landkarte, aber diese muß erst enträtselt werden. Die Schatzkarte wird herumgereicht und mit Akribie entschlüsselt. Die Kinder erkennen auf der Karte ein Eichhörnchen, ein Piratenboot und ein Klettergerüst. Was mag das bedeuten?

Fulja: *»Da sind die Piraten eingefangen!«*

Jonathan: *»Das sind die ganz bösen Piraten!«*

Maja: *»Da ist der Schatz versteckt!«*

Erzieherin: *»Wo ist der Schatz versteckt?«*

Tim: *»Im Keller!«*

Maja: *»Unter der Leiter!«*

Adele: *»In der Turnhalle!«*

Tim: *»Da ist der, da müssen wir hin!«*

Abdullah: *»Wir dürfen das nicht verraten, sonst wissen die Feinde das gleich!«*

Der Weg dorthin ist auf einer weiteren Karte beschrieben. Ihr entnehmen wir nähere Anweisungen: Zehn Aufgaben müssen auf der Reise erledigt werden, und als Hauptaufgabe gilt: Die PiratInnen müssen das Abenteuer gemeinsam meistern und aufeinander achtgeben.

E: *»O.k., am besten wir nehmen die Wegbeschreibung mit und gucken unterwegs immer darauf, wie und wo wir weitergehen müssen!«*

Da wir nicht wissen, wie lange die Reise dauert, nehmen wir uns Proviant (Frühstücksbrote) mit. Die Ferngläser werden umgehängt und die Augenklappen aufgesetzt. Auf den Kopf binden wir uns bunte Tücher. Hier und da wird noch ein Bart ins Gesicht gepinselt und dann geht es los.

Aufgabe Nr. 1 besteht darin, die Köchin aufzusuchen und zu überfallen. Sie soll uns bitteschön Saft einpacken, damit wir auf der Reise ins Ungewisse nicht verdursten. Die Köchin erweist sich schnell als ergeben und packt uns drei Liter Orangensaft ein. Dann müssen wir ganz leise und auf Zehenspitzen weiterschleichen – das ist die zweite Aufgabe – und ziehen flüsternd und behutsam durch die Kindergartenflure. Bei der dritten Aufgabe müssen alle auf Knien rutschend rückwärts die Treppe zur Turnhalle hinunterkriechen. Leider ist am Ende der Treppe ein Warnschild angebracht: »*Achtung Hochwasser! – Ihr müßt umkehren!*« Wir klettern also die Treppenstufen wieder hinauf. Was nun? Der Wegbeschreibung entnehmen wir eine weitere Aufgabe: Wir müssen so laut wie wir können ein Piratenlied singen. Dazu gehen wir in die Kinderküche und alle singen lauthals: »*Eine Seefahrt die ist lustig, eine Seefahrt die ist schön!*« Bevor wir heiser werden, geht es weiter. Wir müssen nun über den Hof gehen, um hinter der nächsten Tür das Meer zu erreichen. Als wir die Tür öffnen, hören wir auch schon das Meeresrauschen (das Geräusch kommt von einer Kassette) und sehen die Boote (Kisten mit Rädern), die bereit stehen. Doch vorerst müssen wir auf der Hut sein, denn möglicherweise lauern im Meer Haie, und die müssen erst mit lautem Gebrüll verscheucht werden. Nachdem die Haie »weggeschrien« worden sind, klettern die Piraten und Piratinnen jeweils zu zweit in die Boote. Mit Staaken (Besenstiele mit Gummipropfen am unteren Ende) und der Hilfe der Erzieherinnen gelangen alle trockenen Fußes an den Inselstrand.

Als alle auf der Insel angekommen sind, beschließen wir, sofort mit der Schatzsuche zu beginnen. Alle Kinder suchen wild durcheinanderlaufend nach der großen Schatzkiste. Plötzlich ruft Hanna: »*Hier ist sie!*« Aus einer Ecke zieht sie eine bunte Metallkiste hervor, um die sich nun alle Kinder neugierig versammeln. Hanna öffnet den Deckel und die Kiste ist über und über mit Goldtalern und Blinkern (Reflektoren für die Jacke) gefüllt. Nachdem der Schatz gerecht verteilt ist und jedes Kind einen Blinki und ein paar Goldtaler erhalten hat, sind alle sehr hungrig. »*Laßt uns mit dem Fest beginnen!*«, ruft eine Erzieherin, »*zuersteinmal laßt uns essen!*« Die PiratInnen setzen sich in den »Sand« und packen ihre Mahlzeiten aus. Das große Festmahl beginnt. Dabei tauscht auch mal ein Pirat sein halbes Brot gegen eine Tomate ein. Aus den Lautsprechern des Kassettenrekorders dringt leises Meeresrauschen.

Als alle fertig gegessen haben, holt eine erwachsene Piratin eine Polaroidkamera und eine Kleinbildkamera hervor und erklärt: »*Liebe Piraten und Piratinnen! Schön, daß ihr so zahlreich zu diesem Fest gekommen seid. Ich wünsche euch allen viel Spaß beim*

Singen, Tanzen und Spielen. Damit wir für unser Fotoalbum schöne Erinnerungen haben, könnt ihr während des Festes mit diesen Fotoapparaten ein Bild knipsen. Fotografiert einfach, was euch am meisten gefällt!« Die Kinder sind begeistert.

Dann legen wir eine Kassette mit Wasserliedern (siehe Materialliste) ein, und alle Kinder können nach Herzenslust toben, spielen, tanzen oder singen oder für ein Foto posieren. Jeweils eine kleine Gruppe von vier bis fünf Kindern wird in die Funktionsweise der Fotokameras eingeführt. Eine erwachsene Piratin hat ihr Akkordeon mitgebracht und spielt einen Piratensong. Die Kinder sind fasziniert, wollen das Instrument halten und versuchen, ihm Töne zu entlocken. Das Fest ist ausgelassen und alle amüsieren sich prächtig. Zum Abschluß versammeln sich alle im Kreis, singen gemeinsam ein Abschiedslied und umarmen sich: *»Bis zum nächsten Mal!«*

Reflexion:

Die Spielanregungen – Schatzkarten, Abenteuerreise zur Insel, das PiratInnenfest – wurden mit Begeisterung von den Kindern angenommen, sie haben sich auf einzelne Spielimprovisationen eingelassen und waren inmitten des Geschehens. Motivierend waren besonders die »ausgefallenen« Aufgaben, die erledigt werden mußten und daß sich die Kinder seeräuberisch verhalten durften – sie durften laut schreien und sich gegenseitig »überfallen« – was sonst im Kindergarten eher verpönt ist. In den von uns beobachteten Rollenspielen griffen die Kinder auf Sequenzen aus dem Bilderbuch zurück, sie bearbeiteten die mediale Vorlage und erweiterten die Geschichte so auf eine kreative Art und Weise.

Das Fotografieren war für viele unserer Kinder neu. Die Polaroidkamera übte eine ganz besondere Faszination aus, da hier das Bild sofort begutachtet werden konnte. Mit großer Spannung warteten sie auf das Ergebnis und zeigten ihre Werke stolz herum. Die Selbstverständlichkeit, mit der auch die ganz Kleinen mit der Technik umgingen, hat uns positiv überrascht. Die Polaroidkamera eignet sich hervorragend für den Einstieg in die Fotoarbeit.

Benötigte Materialien

▶ Episkop (auch Epidiaskop, ausleihbar z.B. in Kreisbildstellen)

▶ Bilderbuch: »Der Piratenschatz« von BÄRBEL HAAS, Galerie in der Töpferstube. Würzburg 1991. ISBN 3-924561-06-0 (24,80 DM)

▶ Bastelmaterialien: Stoffe, Kleber, Scheren, Papier, Farben, Pinsel etc.

▶ Fotoapparat und Filme

▶ Polaroidkamera und Filme

▶ Schatzkiste mit Inhalt: Goldtaler, Blinkis, Bonbons o.a.

▶ »Blubb« – Lieder über und unter Wasser. ERWIN GROSCHE/KLAUS HOFFMANN. Patmos, Kinder MC Extratour

BAUSTEINE KINDERGARTEN, Verlag Bergmoser und Höller 1/93. In: STÖCKLIN-MEIER, SUSANNE: Sprechen und Spielen. Ravensburg 1980.

HAMEED, MARIA: Bilderbücher – immer wieder ein Erlebnis. In: Handbuch Medienerziehung im Kindergarten Teil 2: Praktische Handreichungen. Opladen 1995. S. 173 - 178.

KÖNIG, JOHANNA: Das Epidiaskop – ein Praxisbericht zur Bildbetrachtung. In: Handbuch Medienerziehung im Kindergarten Teil 2: Praktische Handreichungen. Opladen 1995. S. 179 - 182.

Norbert Neuß

Grundlegende Überlegungen zur medienbezogenen Elternbildung

Voneinander lernen statt übereinander reden

Bei der Planung und Durchführung eines Elternabends sollte man beachten, daß Eltern nicht selten durch bereits erlebte Bewertungen ihres Fernsehverhaltens verunsichert sind. Deshalb ist eine der wichtigsten Voraussetzungen für das Gelingen eines Elternabends, den Eltern die Sicherheit zu vermitteln, nicht bevormundet zu werden. Die Angst, bloßgestellt zu werden und sich auf der Anklagebank wiederzufinden – verbunden mit dem schlechten Gewissen, etwas »falsch« gemacht zu haben – muß ausgeschlossen sein. Dann nämlich äußern sich Eltern nicht nur allgemein, sondern beschäftigen sich statt dessen mit der tatsächlichen Rolle des Fernsehens in ihrer Familie. Und auch Medienerziehung wird so nicht darauf reduziert, vor »schlechten« Medieninhalten zu bewahren.

Auf einem Elternabend muß also eine Atmosphäre geschaffen werden, die es Eltern ermöglicht, über reale Probleme und Erlebnisse zu reden. Aufgabe von medienbezogener Elternbildung ist es, fragwürdige Deutungsmuster durch reflektiertere und differenziertere zu erweitern oder zu ersetzen. Das Verständnis für eine differenzierte Perspektive wird erhöht, wenn dies anhand von Elternbeispielen verdeutlicht werden kann. Somit sind die Interessen, Bedürfnisse und Unsicherheiten der Eltern Ausgangspunkt für die medienpädagogische Elternbildung. Angesetzt wird an der Reflexion und dem Verständnis der familiären und der kindlichen Alltags- und Medienwelt, weil die Veränderung von Alltagsstrukturen in der Reichweite der Betroffenen selbst liegt.

Medienthemen sind intim

Bei der Erkundung der individuellen Mediennutzung ist jedoch Sensibilität notwendig. Die jeweiligen Lebens- und Medienwelten dürfen auf einem Elternabend nur soweit zur Sprache gebracht werden, wie dies im Rahmen einer öffentlichen Diskussion möglich ist. Deshalb muß der Moderator eines Elternabends darauf achten, daß keine vorschnelle Stigmatisierung hinsichtlich des Mediengebrauchs anderer passiert. Schnell werden beispielsweise Trivialserien mit normativen Bewertungen wie »*Das ist doch der größte Schwach-sinn*« belegt. Solche Pauschalkritik sollte auf keinen Fall medienpädagogisches Handeln bestimmen, weil sie den Zugang zu den Alltagswelten der Eltern und Kinder verstellt und Abwehrhaltungen aufbaut.

Die Nutzung des Fernsehens und anderer Medien mit ihren vielfältigen Funktionen ler-nen Kinder in der Familie. Um zu einem ehrlichen Gespräch über die Mediennutzung im Alltag zu gelangen, ist es notwendig, die »innere Realität der TeilnehmerInnen« (ROGGE 1990/a, S. 270f) zu erfassen und sie als relevante Faktoren in der Beratungs- und Bildungs-arbeit ernstzunehmen. In der Erwachsenenbildung kommt dies dem pädagogischen Grundsatz gleich, »die TeilnehmerInnen dort abzuholen, wo sie stehen«. Deshalb setzt die Vermittlung von Wissen und die Erweiterung von Handlungskompetenzen an den lebens-geschichtlich geprägten Deutungsmustern und Erfahrungen der TeilnehmerInnen an.

Vom Allgemeinen zum Speziellen

Eltern und ErzieherInnen kommen mit einer Mischung aus alltäglichem Wissen und wissenschaftlichen Versatzstücken zu einem Elternabend. Wie ist von Seiten der Moderator-Innen damit umzugehen? Es ist nötig, Formen der Vermittlung von medienpädagogischem Wissen zu entwickeln, die sich eng an den Fragen und Problemen der Eltern ausrichten. Deshalb sollten die ModeratorInnen auf einem Elternabend Fallbeispiele bringen, die zei-gen, wie Familien mit dem Fernsehen umgehen oder welche konkrete Bedeutung Medien in der Alltagswelt der Kinder haben. Damit dies gelingen kann, muß durch didaktische Reduktion Wissenschaft vermitteln und begreifbar gemacht werden. Den Eltern sollen mit Hilfe von Fallbeispielen anschaulich die neuesten medienpädagogischen Erkenntnisse aus dem Bereich der Wahrnehmung, Wirkung und Verarbeitung von medialen Angeboten ver-mittelt werden.

Dazu gibt es zwei Möglichkeiten: erstens die Erstellung und Aufbereitung von eigenen medienpädagogischen Materialien, z.B. indem die Erzieherin ein medienpädagogisches Projekt durchführt und dokumentiert und als Basis für den Elternabend benutzt. Zweitens kann ein Zurückgreifen auf bestehende medienpädagogische Fallbeispiele und Materialien sinnvoll sein. Insbesondere der lebensweltliche Ansatz bietet auf umfassende Weise Anknüpfungspunkte für die Erkundung der Mediennutzung der Kinder und eröffnet Eltern alternative medienerzieherische Handlungsmöglichkeiten. Das bedeutet auch, Eltern für ihr eigenes Kind zu sensibilisieren, anstatt pauschal von »den« Medienwirkungen zu sprechen. Erst das genaue Hinsehen und Hinhören ermöglicht ein Verständnis, das auch potentielle Gefahren der Medien zu erkennen weiß. Das Aufzeigen von Fallbeispielen macht Eltern Mut, über eigene Erfahrungen zu berichten.

Elternabend als Ort des vertrauten Gespräches

Plurale Gesellschaftsformen brauchen plurale Kommunikationsmethoden. ModeratorInnen sollten nicht als ExpertInnen auftreten, die wissenschaftlich abgesicherte Idealerziehung propagieren. Statt dessen moderieren sie, regen Gespräche an und machen Vorschläge, sie inszenieren Erfahrungsräume für Kinder und Erwachsene, reflektieren Erlebnisse und besprechen Erfahrungen. Hierbei sind alle beteiligten Kinder, Eltern, PädagogInnen und MedienpädagogInnen mit ihren Beiträgen und Meinungen gleichermaßen wichtig. In vertrauter Umgebung haben Eltern es leichter, über ihre Probleme und Erfahrungen mit der Medienerziehung zu sprechen. Außerdem können über den Terminus »Elternabend« auch die Eltern erreicht werden, die nur selten an »bildungsorientierten« Veranstaltungen teilnehmen. Für sie ist der Elternabend vor Ort eine Möglichkeit – mit Rücksicht auf ihren normalen Tagesablauf -, über Medienerziehung zu sprechen und nachzudenken.

Zusammenfassend ist festzuhalten, daß es das Ziel ist, durch kreative Methoden eine gute Gesprächsatmosphäre zu schaffen und mit den Eltern über die eigene Medienbiographie und die eigenen Mediengewohnheiten sowie über die Bedeutung und den Stellenwert der Medien in der Familie zu sprechen, um dann über die Erweiterung der eigenen Deutungsmuster zu einer differenzierteren Handlungsorientierung zu gelangen.

Norbert Neuß

»Von Vögelchen und Fingerabdrücken«
Biographie und Mediennutzung

Dieses ist bereits der zweite Elternabend, der aufgrund der Fortbildung in diesem Kindergarten initiiert wurde. Der erste Elternabend wurde von der an der Fortbildung teilnehmenden Erzieherin selbständig durchgeführt und hatte den Bericht über das eigene medienpädagogische Projekt zum Inhalt. Der hier geschilderte Elternabend wurde gemeinsam mit der Erzieherin abgesprochen, wobei die Moderation und Informationsvermittlung vom Moderator des Blickwechsels übernommen wurde. Für diesen Elternabend lassen sich folgende Ziele zusammenfassen:

▶ Skepsis gegenüber populärer Berichterstattung wecken
▶ monokausale Deutungsmuster über die Wahrnehmung und Wirkung
   von Filmen erweitern
▶ die Beziehung zwischen Medieninhalt und RezipientInnen(-biographie) erkennen
▶ eigene Deutungs- und Handlungsmöglichkeiten erweitern

Ablauf des Elternabends

1. Begrüßung der Eltern durch die Kindergartenleitung.
   Die Fragen der Eltern werden gesammelt
2. Vorstellung: Der Moderator des Elternabends stellt sich selbst,
   den Blickwechsel und den Ablauf des Abends vor.
3. Kurzvortrag: Kreative Einstimmung – Fingerabdrücke.
   Wie wirken Fernsehsendungen?
4. Filmbeispiel: Kinder sehen Opel-Werbung und Experimentalfilm.
   Wie nehmen Kinder Fernsehfilme wahr?
5. Pause: Verteilen von Informationsmaterial. Büchertisch und Buchtips.
6. Filmausschnitt: Arbeitsauftrag: »Cap und Capper« (Walt-Disney):
   »Bitte sehen Sie sich den Filmausschnitt
   ›mit den Augen Ihres Kindes‹ an.«

7. Gruppenarbeit: Zusammentragen der Eindrücke;
    Zusammentragen und Diskussion der Ergebnisse.
8. Diskussion: Vertiefende Informationen zu den Fragen der Eltern.
9. Verabschiedung durch die Kindergartenleitung.

Begrüßung und Vorstellung

Die Kindergartenleitung und die am Projekt teilnehmende Erzieherin begrüßen gemeinsam die Eltern. Im Vorfeld des Elternabends hat die Erzieherin die Eltern angesprochen und ihre Fragen zum Thema »Fernsehen« aufgeschrieben und an den Moderator weitergeleitet, damit dieser auch wirklich auf die Bedürfnisse der Eltern eingehen kann. Folgende Fragen möchten die Eltern beantwortet haben:

▶ Was sind gute und was sind schlechte Kindersendungen?

▶ Wie lange sollten Kinder maximal Fernsehen?

▶ Wie erfahre ich von meinem Kind, wie es was erlebt hat?

▶ Was lösen einzelne Szenen bei den Kindern aus?

▶ Wenn ich das Gefühl habe, das Kind hat etwas aus dem Fernsehen nicht verarbeitet – positiv wie auch negativ -, wie komme ich dann ins Gespräch mit dem Kind?

▶ Wie sehen Kinder fern? Was nehmen sie wahr?

Nachdem auch der Moderator die Eltern begrüßt hat, fragt er die Eltern, wie es ihnen ergangen sei, als sie gehört haben, der Elternabend habe das Thema »Fernsehen«? Eine Mutter lacht verhalten: »Erhobener Zeigefinger«, andere Eltern nicken mit dem Kopf.

Zum Einstieg in das Thema zeigt der Moderator eine Collage aus Überschriften von populären Presseartikeln zum Thema.

Abb. 1

Populäre Berichterstattung:

Eine Hilfe für die Eltern?

234

Die Analyse dieser Artikel zeigt, daß sie kaum konkrete Handlungsmöglichkeiten für die Medienerziehung aufzeigen, sondern eher diffuse und ängstliche Grundeinstellungen in Bezug auf negative Wirkungen und Einflüsse medialer Angebote schüren. Das Muster dieser Artikel entspricht dem allgemeinen medientypischen Gesetz »Schreckensnachrichten sind gut«. Weil aufregend schlechte Nachrichten wichtig zu sein scheinen, bekommt das »Scheitern« von Erziehung in Schule und Elternhaus offensichtlich hohen Nachrichtenwert. Häufig kriminalisieren diese Artikel die Kinder zu »kleinen Rambos« oder »Fernsehmonstern« und publizieren zudem medienpädagogisches Wissen von vorgestern. Neuere Ergebnisse der qualitativen Rezeptionsforschung werden ignoriert. So werden insbesondere kulturpessimistische Sichtweisen gestärkt und bestehende Alltagsmeinungen bestätigt, indem einfache kausale Erklärungsmuster immer und immer wieder präsentiert werden (»Rückgang der Lesekultur«, »schleichender Sprach- und Phantasieverlust«, »Leben aus zweiter Hand«).

Diese Artikel haben ein einfaches Grundschema. Zum einen appellieren sie an das schlechte Gewissen der Eltern, ihre Kinder in irgendeiner, nicht genauer benannten Weise zu vernachlässigen, und zum anderen beschreiben sie zumeist eine spezifische Problemgruppe und übertragen die Aussagen auf die Allgemeinheit. Den Eltern wird schnell deutlich, daß diese Art oberflächlich populärer Artikel eigene diffuse oder ängstliche Grundeinstellungen verstärken, ohne ihnen konkrete Handlungsmöglichkeiten für die Medienerziehung aufzuzeigen. Zur Grundlage dieser Medienerziehung wird so die Angst vor negativen Wirkungen und Einflüssen medialer Angebote. Dagegen sollte ein Elternabend Fallbeispiele bringen, wie Familien mit dem Fernsehen umgehen und welche konkrete Bedeutung Medien in der Alltagswelt der Kinder haben.

»Ich möchte das auch machen«

Biographieträger

Jetzt sammelt der Moderator einige Fingerabdrücke von den Eltern auf einer Overheadfolie. »Ich möchte das auch machen«, ruft gleich eine Mutter, drückt ihren Finger erst in das Stempelkissen und dann auf die vorbereitete Folie. Die Eltern schauen gespannt, was jetzt weiter passiert. Einige tuscheln oder lachen. Danach sieht die Folie wie in Abbildung 2 aus. Als nächstes überlegt der Moderator gemeinsam mit den Eltern, was ein Fingerabdruck symbolisiert. Die Eltern nennen folgende Stichworte:

- ▶ Individualität
- ▶ jeder Fingerabdruck ist anders
- ▶ eigenständiges Leben
- ▶ Einmaligkeit
- ▶ eigene Empfindungen
- ▶ unterschiedliche Erfahrungen
- ▶ eigene Biographie
- ▶ eigene Freunde
- ▶ eigene Werte
- ▶ andere Umwelt und ein anderes Umfeld
  (Großstadt oder Dorf).

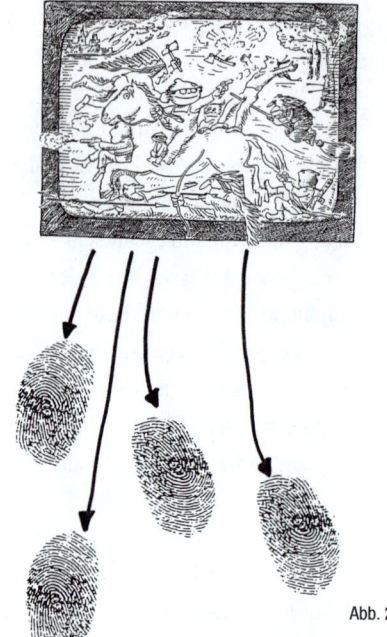

Abb. 2

Kausale Wirkungsvorstellung:
»Jede/r wird gleichermaßen von den
Botschaften der Medien getroffen«

Die Menschen als Objekte in der Masse
der Medienkonsumenten

Zunächst zeigt der Moderator noch einmal auf der Folie die »Wenn-Dann-Vorstellung« von Medienwirkungen, indem er auf jeden Fingerabdruck einen gleichstarken Pfeil zeichnet. In der Medienwirkungsforschung findet sich diese Vorstellung im sogenannten Stimulus-Response-Modell (S-R-Modell) wieder. Dieses Modell unterstellt, daß Wirkungen durch bestimmte Inhalte zustande kommen, indem das Medium diese Inhalte auf den Rezipienten schießt. »Der Rezipient ist den Aussagen der Medien gegenüber wehrlos. Er sitzt sozusagen festgeschnallt am Ende eines Förderbandes für massenmediale Aussagen, wird von diesen zugeschüttet und mit ausgesuchten, vorpräparierten Stimuli zwangsernährt. Wilbur Schramm hat diese Wirkungsvorstellung als ›Geschoß-Theorie‹ (bullet-theory) bezeichnet« (MERTEN 1991, S. 47). Zwischen dem Film (Reiz) und seiner Wirkung (Reaktion beim Kind) wird eine kausale Gesetzmäßigkeit unterstellt. Damit wird den Medien eine übermächtige Wirkung eingeräumt, gegen die RezipientInnen wehrlos sind.

Mittlerweile weiß man jedoch, daß Menschen nicht wie Maschinen reagieren, sondern die Aufnahme und Wirkung von Information von vielen Faktoren abhängt. Ob und wie stark eine Szene auf die Zuschauenden wirkt, hängt auch von ihrer jeweiligen Biographie und *nicht nur* von der filmischen Darstellung ab. Somit wird auch die Frage nach der Wirkung

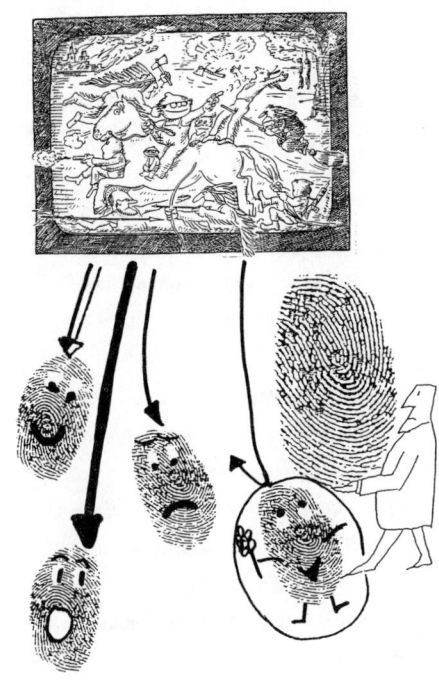

Abb. 3

Individualisierte Medienwirkung

Die Menschen als Subjekte mit individueller Biographie
und eigenen Bedürfnissen

und die Bewertung eines Films schwieriger, weil Eltern nicht ausschließlich im Vorfeld entscheiden können, ob der Film das eigene Kind ängstigt oder nicht.

Diese Wirkungsvorstellung verdeutlicht der Moderator auf Abbildung 3. Er wischt die gleichstarken Pfeile weg und individualisiert die Wirkungen, indem er unterschiedlich starke Pfeile auf die Fingerabdrücke zeichnet und den Abdrücken ein persönliches »Gesicht« gibt und die abgebildete Karikatur dazu legt. Danach sieht die Folie so aus wie in Abbildung 3.

Um die Frage der Wirkung deutlicher auf die Perspektive der Eltern zu beziehen, verdeutlicht der Moderator knapp den Ansatz der handlungsleitenden Themen. Kinder sehen und erleben ihre Umwelt, also auch die Fernsehsendungen, anders als Erwachsene. Die Bedeutung von Filmen verknüpfen Kinder zumeist mit dem Gespür und der Erfahrung von eigenen Entwicklungsaufgaben. »Gerade im Kindesalter ist es notwendig, sich mit den immer neuen Anforderungen des Lebens auseinanderzusetzen: mit persönlichen oder normativen ›Entwicklungsaufgaben‹. Solche Aufgaben stellen z.B. die Loslösung und Individuation, der Erwerb einer Generations- und Geschlechterrolle oder das Einleben in die Institution Kindergarten dar« (CHARLTON/NEUMANN 1990/a, S. 45). Auf diese Weise haben bestimmte Themen aufgrund von lebensweltlichen Erlebnissen und sozialen Beziehungen eine besondere Bedeutung in der Biographie jedes einzelnen Kindes. Bachmair nennt diese die »handlungsleitenden Themen«. So entsteht eine thematische Nähe zwischen einem Film (und der charakterlichen Darstellung der Medienfiguren) und den inneren Themen der Kinder. Welcher Film das Kind besonders berührt oder welche Szene ihm besonders in Erinnerung bleibt, hängt in dieser Vorstellung von der Beziehung

237

zwischen dem Film und den Lebenserfahrungen des Kindes ab. Demnach wirkt eine Szene dann intensiv, wenn sie einen individuellen Sinn durch ihre Nähe zu den Erfahrungen und inneren Themen des Kindes bekommt.

BEN BACHMAIR: Handlungsleitende Themen: Schlüssel zur Bedeutung der bewegten Bilder für Kinder. In: Medienerziehung im Kindergarten Teil 1: Pädagogische Grundlagen. Deutsches Jugendinstitut (Hg.), Opladen 1994, S. 171-184.

Der Kinderkanal – ein medienpädagogischer Rückschritt?

Nachdem der Moderator die Beziehung zwischen Biographie und Medienwirkung verdeutlicht hat, fragt eine Mutter nachdenklich: »*Tja, dann frage ich mich doch, warum die diesen Kinderkanal gemacht haben, der soll doch eigentlich gewaltfrei sein!*« Der Moderator betont, daß der Kinderkanal aus medienpädagogischer Sicht zwar ein guter Ansatz ist und Kindern eine Orientierungshilfe bei der Suche nach ihren Sendungen sein kann. Jedoch ist seine Funktion für die Eltern nicht unproblematisch, denn der Kinderkanal signalisiert den Eltern, hier seien die Kinder »programmatisch« gut aufgehoben, weil ein sorgfältig ausgesuchtes Kinderprogramm bereitgestellt werde. Das mag zwar sein, jedoch führt dies bei Eltern dazu, eher davon auszugehen, da könnten keine ›negativen‹ emotionalen Reaktionen entstehen. Der Kinderkanal nimmt den Eltern die Last der Programmsuche, Programmbeurteilung und Diskussion mit den Kindern ab. Das führt jedoch auch dazu, daß Eltern nicht mehr genau hinsehen, was das Kind eigentlich im Kinderkanal schaut, wie es auf das Gesehene reagiert und ob nicht vielleicht doch Fragen oder Ängste aufgekommen sind.

Eine Mutter erklärt, daß sie sich den Kanal »XX« angeschaut hat und bis auf »Heidi« und »Augsburger Puppenkiste« sei da vieles *»wirklich mit Gewalt«*. Daraufhin spricht ein Vater die Entwicklung des V-Chips an, der Kinder und Jugendliche stärker vor Sex und Gewalt im Fernsehen schützen soll. Das Fernsehgerät solle sich automatisch bei entsprechenden Szenen ausschalten, um Kinder vor bestimmten Programmen zu schützen. (Medien-) Erziehung ist jedoch keinesfalls eine statisch zu lösende Angelegenheit (z.B. durch eine technische Einrichtung wie den V-Chip), sondern bleibt auch in einer von Medien geprägten Kultur die personale und kommunikative Beziehung zwischen Erwachsenen und Kindern. Wie sich zeigen wird, gilt dies insbesondere für solche Filme, die den Eltern aufgrund ihrer Machart und Kennzeichnung deutlich als Kinderfilme bekannt sind.

Eigene Wahrnehmung hinterfragen: »Kippbild«

Der Moderator zeigt den Eltern folgendes Kippbild (siehe Abb. 4) und fordert sie auf, sich dieses Bild zunächst kommentarlos anzuschauen. Nachdem alle Eltern sich das Bild genau angeschaut haben, ergibt sich folgendes Gespräch:

Moderator:	*Können Sie mal sagen, was Sie sehen?*
Mutter 1:	*Ich sehe da einen stolzen Indianer.*
Mutter 2:	*Nee, da ist ein Eskimo. Hier, so von hinten. Der hat eine dicke Jacke an.*
Mutter 3:	*Ja genau, ein Eskimo von hinten.*
Mutter 4:	*Ich sehe da 'nen Indianer mit krummer Nase und Federschmuck.*
Mutter 2:	*Wo ist denn da Federschmuck? Den sehe ich nicht.*
Mutter 1:	*Na hier das scharz-weiße.*

Abb. 4

Kippbild Indianer/Eskimo

Viele Eltern sprechen jetzt durcheinander und zeigen mit dem Finger auf das Bild. Sie teilen sich gegenseitig mit, was sie sehen. Daß ein Elternteil einen »stolzen Indianer« sieht und ein anderer einen »Eskimo« löst Erstaunen aus. Einige Eltern haben große Schwierigkeiten, beide Figuren in diesem Bild zu sehen. Immer wieder kommt es zu Aha-Erlebnissen, wenn sie es schaffen, die eine und die andere Figur in dem Kippbild zu entdecken.

Bei dieser Sehübung sollen die Eltern erkennen, daß trotz gleicher Ausgangsinformation unterschiedliche Bedeutungen gesehen werden können. Dieser Einstieg in das Thema »Wahrnehmung« vermittelt anschaulich, worum es geht: Jede/r nimmt ihre/seine Umwelt anders wahr. Bei gleichen Bildern werden durchaus vollkommen unterschiedliche Bedeutungen gesehen. Alle sehen das gleiche »objektive« Bild. Aber einige erkennen nur den »stolzen« Indianer.

Durch die Übung wird bei den Eltern die gängige Abbildungsvorstellung »gestört«. Diese Abbildungsvorstellung geht davon aus, daß bei allen Menschen dieselben Bilder ankommen und im Gehirn als ›kleine unveränderliche Bildchen‹ gespeichert werden. Diese Vorstellung wird dann auch auf das Ansehen von Filmen übertragen. So glauben

Eltern häufig, daß Filme und ihre Wirkung im Vorhinein beurteilt werden können. Dabei übersehen sie, daß sie nicht die Wirkung des Films auf das Kind einschätzen können, sondern lediglich, ob der Film ihnen für das Kind angemessen erscheint. Wie der Film, die Geschichte oder Einzelheiten auf das Kind wirken, läßt sich nur beim Fernsehen selbst oder aus Gesprächen danach ermitteln. Wichtig ist also zu fragen: *Wer* schaut auf die Bilder? *Wer* sieht den Film? Die Wahrnehmung wird immer durch die bestehenden Vorerfahrungen, Themen und Einstellungen geleitet. Einerseits können so dieselben Umweltereignisse für verschiedene Menschen ganz verschiedene Bedeutungen und Wirkungen haben, andererseits kann ein und dasselbe Umweltereignis für denselben Menschen zu verschiedenen Zeiten ganz verschiedene Bedeutungen bekommen.

»Da wurde das Wesentliche gar nicht wahrgenommen«
Selektivität und Bewertung

Im folgenden zeigt der Moderator ein Filmbeispiel, bei dem Kindern im Vorschulalter ein Opel-Corsa-Werbespot und ein Experimentalfilm gezeigt wird und sie anschließend über das befragt werden, was sie gesehen haben. Der Moderator fragt die Eltern, was ihnen bei diesem Filmbeispiel aufgefallen sei. Eine Mutter sagt: *»Erstmal haben die Kinder eine unheimliche Auffassungsgabe. Von dem Auto haben sie fast gar nichts erwähnt, sondern nur dieses Drumherum mit den Kindern und das alles, wo der Erwachsene gar nicht so drauf achtet.«* Eine andere Mutter ergänzt diese Aussage: *»Da wurde das Wesentliche gar nicht wahrgenommen, die sehen nur, was in ihre Geschichte reinpaßt.«*

Das greift der Moderator auf und fragt, was denn das Wesentliche sei, und wer dies festlege. Dies läßt sich anhand des eingespielten Experimentalfilms verdeutlichen. Darin werden unterschiedlich große weiße Kreise gezeigt, die sich auf einem schwarzen Hintergrund bewegen. Es gibt bei diesem Film weder Kommentare noch Musik. Als die Kinder diesen Film sehen, erzählen sie während der Rezeption, was sie dort alles interpretierend wahrnehmen. Sie sehen einen umgekippten Traktor, einen Schneemann, eine Dose, eine Rakete, kämpfende Bälle und einen Mond. Das, was die Kinder wahrnehmen, hängt mit den eigenen Alltagserlebnissen und der eigenen Wahrnehmungswelt zusammen.

Daß die Interpretation von Filmen und Bildern stark von eigenen Erfahrungen abhängt bzw. geprägt ist, zeigt der Moderator an folgender zugespitzter Karikatur:

Abb. 5
Viermal Horror

Die Karikatur zeigt die für uns Erwachsenen unerwarteten Reaktionen zweier Kinder auf vier »grauenerregende« Bilder. Im Hinblick auf Bild eins, zwei und drei äußern die Kinder keinerlei Reaktionen. Von unseren bisherigen Überlegungen ausgehend, würden wir sagen, daß die Szenen kaum Wirkung hervorrufen, da diese Kinder weder Krieg noch Raubmord noch Atomtod erlebt haben und die Szenen deshalb für sie abstrakt und unverständlich bleiben. Die uns Erwachsenen so harmlos erscheinende Hundeszene macht Kindern viel eher Angst. Der Hund erinnert sie vielleicht an den bösen Nachbarshund, den bösen Wolf aus dem Märchen oder an viele unerfreuliche Hundeerlebnisse. *»Ich verstehe dich nicht, ist doch bloß ein Hund«* könnte ein Elternteil sagen und damit die Erregung des Kindes nicht ernst nehmen. Das bedeutet allerdings nicht, daß die ersten drei Bilder auf die Kinder überhaupt keine Wirkung haben. Die Karikatur verdeutlicht, daß die Wahrnehmung von Kindern und Erwachsenen unterschiedlich ist und daß nicht alles, was Erwachsene als bedrohlich kennengelernt haben, auch gleichzeitig für alle anderen und vor allem für die Kinder gilt.

Allzu schnell übersieht man, daß jede/r einen eigenen Film sieht. Da Kinder in unterschiedlichem Alter auch unterschiedliche entwicklungspsychologische Wahrnehmungsfähigkeiten besitzen, behalten sie nicht ganze Spielfilmhandlungen, sondern die für sie relevanten Szenen oder Bilder in Erinnerung (punktuelle Wahrnehmung). Eine Mutter faßt zusammen, wie sie die Beispiele und Ausführungen verstanden hat: *»Wenn ich Sie richtig verstanden habe, meinen sie damit, daß die Bilder nicht alle in unsere Köpfe kommen. Und daß dies bei Kindern nochmal extrem anders ist, weil die ja doch auch noch* *eine ganz andere Sicht von ihrer Umwelt haben und sich andere Gedanken machen als wir Erwachsene.«*

»Jesus, Vögelchen und Power-Ranger«
Persönliche Themen und Filmerlebnisse

Mit der Darstellung der Karikatur sollen Eltern nicht ermuntert werden, ihren Kinder solche Bilder (Atomtod, Raubmord, Krieg usw.) zu zeigen, sondern sie sollen dafür sensibilisiert werden, daß das, was Erwachsene für sich als besonders schlimm ansehen, für Kinder ganz anders sein kann. Dazu fällt einer Mutter folgendes Beispiel ein: *»Ich weiß, meine Kleine war vor kurzem bei ihrem Cousin, und da lief halt irgendso eine Zeichentrickserie, wo was umgefallen ist, jedenfalls nicht aufgestanden ist, so 'n Vieh. Ich habe es auch so aufgefaßt, daß der tot ist. Und meine Kleine hat sofort angefangen zu heulen und hat gesagt: ›Der soll nicht tot sein.‹ Ich habe ganz lange überlegt, wie kommt sie da jetzt drauf, und ich bin da auch hintergekommen. Sie erzählt jetzt ganz oft ... Wenn wir nach Hause fahren, fahren wir an Jesus vorbei. Ihre Frage ist permanent: ›Warum ist der tot?‹ und ›Warum wurde der totgemacht?‹ Und dann, wenn sie mitkriegt, daß die Katzen tote Vögel mitbringen, da reden wir auch drüber. Da hat sie auch immer gefragt: ›Wann der denn aufsteht?‹ Da habe ich auch gesagt, der kann nicht mehr aufstehen. Da fällt auch dieses ›tot‹. Ich habe mich zuerst gefragt, wieso kann die was mit ›tot‹ anfangen? Es ist noch keine Oma gestorben und es ist so nichts passiert. Bei uns ist im Moment das Thema ›Tod‹. Mit diesem Jesus da an der Straße am Kreuz, das ist fast jeden Nachmittag Thema, warum er nun tot ist und auch noch am Kreuz hängt.«* Die Mutter vermutet, daß ihr Kind die Power-Rangers gesehen hat, ist sich jedoch nicht sicher.

Die heftige Reaktion auf den Film hängt nicht ausschließlich mit dem Film, sondern mit dem Thema des Kindes zusammenhängt. Hinter dem Thema Tod und den unterschiedlichen Szenen, die die Mutter in ihrer Erzählung verbindet, stehen viele Fragen, die dieses Kind beschäftigen:

▶ Wo komme ich her und wo geht es hin?

▶ Warum stirbt jemand und was ist dann?

▶ Warum müssen Menschen überhaupt sterben?

▶ Warum töten größere die kleineren?

▶ Warum ist Tod in der Welt?

Das Thema »Tod« ist ein Thema, das Kinder in einem gewissen Alter interessiert. Medien können auch Hinweise auf bestimmte innere Themen sein. Wenn Eltern sich von ihren Kindern ihre Alltags- oder Medienerlebnisse erzählen lassen, werden sie feststellen, was sie besonders intensiv wahrnehmen und welche Themen und Fragen das Kind eigentlich beschäftigen. »Es gibt für Kinder keine harmlosen, soll heißen: folgelose Medienprodukte. Manchmal bewältigt das Kind seine Ängste schöpferisch, manchmal schlägt die spielerische Begegnung mit Ängsten in Furcht und Schrecken, in Unlust und Frustration um. Die Vielfalt und Unvorhersehbarkeit kindlicher Ängste, die mit der Mediennutzung einhergehen können, sollten Eltern als Zeichen nehmen, die ein Kind setzt, als Zeichen für emotionale Entwicklungsschritte, die das Kind gerade vollzieht, für momentane Sorgen und Nöte bzw. als Hinweis darauf, daß mit dem Filmerleben längst überwundene Erfahrungen wiederbelebt wurden« (ROGGE 1997, S. 249).

Pause

In der Pause führen die Eltern untereinander Gespräche, nehmen sich von den bereitgestellten Getränken, betrachten den aufgebauten Büchertisch und versorgen sich mit den medienpädagogischen Materialien.

Gruppenarbeit »Cap und Capper«

Der nächste methodische Baustein soll den Eltern helfen, sich in ihre Kinder hineinzuversetzen. Sie werden gebeten, sich eine Fernsehszene »mit den Augen ihrer Kinder« anzuschauen. Die Eltern bekommen einen fünfminütigen Ausschnitt aus dem Trickfilm »Cap und Capper« gezeigt.

In diesem Film geht es um eine Freundschaft zwischen dem Jagdhund Capper und dem Fuchs Cap. Sie lernen sich kennen, als sie noch sehr jung sind und von der »natürlichen Feindschaft« zwischen Jagdhunden und Füchsen nichts wissen. Sie spielen miteinander und erleben gemeinsam viele Abenteuer. Als beide dann größer werden, und Capper auf die Jagd gehen soll, kommt es zum Konflikt, weil der Jäger schon lange hinter Cap her ist. So machen sich der Jäger und Capper eines Tages auf die Jagd nach Cap. Cap hat inzwischen eine Fuchsfreundin gefunden und ist glücklich verliebt. Der Jäger stellt Fallen auf und wartet darauf, Cap mit einem Gewehr zu erlegen. Als dieser die Falle bemerkt, flüchtet er mit seiner Freundin in den Fuchsbau. Während Capper den einen Eingang des Fuchsbaus aggressiv verteidigt, macht der Jäger am anderen Ausgang ein Feuer. Rauch und Feuer bedrohen die beiden Füchse. Cap und seine Freundin sitzen in der Falle und drohen zu ersticken. Nur im letzten Moment können sie aus dem Fuchsbau fliehen. Dorch die Jagd geht weiter. Die beiden Füchse verstecken sich in einem alten Baumstamm. Auf der Suche nach ihnen werden der Jäger und Capper durch einen großen, bösartigen Bären überrascht und angegriffen. Beim Fliehen tritt der Jäger in eine seiner Fallen und ist hilflos dem Bären ausgeliefert. Capper versucht den Bären abzulenken, doch auch er droht dem Bären zu unterliegen. Als Cap sieht, daß sein alter Freund Capper gleich vom Bären getötet wird, zögert er einen Moment, greift dann aber doch in den Kampf ein und lenkt den Bären von Capper und dem Jäger ab. Dabei gerät er selbst in große Gefahr.

Aufregende Musik und schnell wechselnde Schnitte bestimmen die Dramaturgie dieser sechsminütige Szene.

Abb. 6 Capper greift Cap an

Abb. 7 Der Jäger macht Feuer

Abb. 8 Cap beißt den Bären ins Ohr

Die Eltern besprechen ihre Eindrücke und Wahrnehmungen zu diesem Film in Kleingruppen. In einem Gruppengespräch werden die Ergebnisse der Kleingruppenarbeit und die persönlichen Erinnerungen zusammengetragen. Aus der Diskussion werden hier drei Meinungen und Einschätzungen exemplarisch dargestellt. Eine Mutter beginnt das Gespräch: »*Ich muß sagen, mein Junge kennt den Film und hat auch diese Szene gesehen, und der war nicht erschreckt oder irgendwas, weil ich denke, daß der das anders gesehen hat. Nämlich so, daß die sich immer gegenseitig helfen. Der Fuchs hilft seiner Frau. In der Höhle ist er mit Sicherheit davon ausgegangen, daß es da mehrere Ausgänge gibt. Dann kommt das mit dem Bären. Da hilft ja der Hund dem Mann und dann ja auch noch der Fuchs dem Hund. Ich habe den Film ja zusammen mit ihm angeguckt. Er hat da wirklich nicht reagiert. Ich habe gedacht: ›ohhh‹. Das ist ja auch bei anderen Filmen, bei ›Bambi‹ oder bei ›König der Löwen‹, ist es ja genau das gleiche. Er reagiert da nicht drauf. Er nimmt das wahrscheinlich ganz anders auf.*« Eine andere Mutter entgegnet dem: »*Wenn man den ganzen Film sieht, dann ist diese Szene nicht so schlimm. Ich fand die Musik selber sehr spannend und aufregend. Ich kann nur sagen, auch wenn es meine Tochter nicht gesehen hat, die würde da abticken. Schon wegen der Musik und wegen dem Hund.*« Eine dritte Mutter beurteilt die Wirkung der Szene folgendermaßen: »*Also, meine Tochter hätte sich das bestimmt nicht bis zum Ende angesehen, weil sie das nicht ertragen kann, wenn Tiere verletzt werden.*« Gemeinsam sammeln die Eltern nun die handlungsleitenden Themen, die durch die Cap und Capper-Szenen angesprochen werden könnten:

- ▶ Freunde finden und behalten
- ▶ Erwachsene zerstören Freundschaft
- ▶ Bedrohung durch Feuer
- ▶ Das übermächtige und unbesiegbare Böse
- ▶ Tiere sind meine Freunde
- ▶ fürsorgliche Gefühle

Der Ansatz der handlungsleitenden Themen verdeutlicht den Eltern zwei wichtige Aufgaben für die Medienerziehung in der Familie:

a) Durch einfühlsame Beobachtung die Fernsehnutzung der Kinder zu verstehen. Wenn sich Eltern mit dem auseinandersetzen, was Kinder beim Fernsehen bewegt, was sie beschäftigt, dann können sie nicht nur etwas über den Medieninhalt entdecken, sondern auch einiges über die Befindlichkeit des Kindes selbst.

b) Kinder zu unterstützen, die Fernseherlebnisse in ihrer Themenperspektive zu verarbeiten. Neben selbstgefundenen Verarbeitungsmöglichkeiten ist es pädagogisch sinnvoll, Kinder auch anzuregen, ihre Medienerlebnisse auszurücken (Zeichnungen, Rollenspiel, Gestaltungen).

Bei dieser unterstützenden Medienerziehung stehen die handlungsleitenden Themen der Kinder im Mittelpunkt und nicht die Medien. Deshalb ist Aufgabe der Medienerziehung, Kindern eine Fülle eigener Erfahrungen, mit und ohne Medien, zu ermöglichen, ihnen zu helfen, sich mit den symbolischen Angeboten der Medien auszudrücken.

Allerdings darf der Ansatz der thematischen Voreingenommenheit und der handlungs-leitenden Themen nicht die alleinige Erklärung für die Fernsehrezeption sein. Auch Aufen-anger betont die Notwendigkeit von Verarbeitungsmöglichkeiten für Kinder, plädiert jedoch gleichzeitig für einen vorsichtigen Umgang mit dem Ansatz der handlungsleitenden Themen: »Der bewahrpädagogische Ansatz mit seiner Wirkungsunterstellung ist eine Zumutung für das Kind, weil er ihm keinen Erfahrungsraum eröffnet und die Möglichkeit zur produktiven Verarbeitung abspricht. Der Ansatz der thematischen Voreingenommenheit ist ebenfalls eine Zumutung für das Kind, weil er – wird er vereinfacht vertreten – dem Kind die Last der Verarbeitung von symbolischen Gehalten der Medien allein aufbürdet« (AUFEN-ANGER 1992, S. 7). Sicherlich darf dieser Ansatz nicht vereinfacht vertreten werden, dennoch zeigen die Beispiele von diesem Elternabend, daß dieser Ansatz eine Erklärungs- und Verständnishilfe für Eltern sein kann. Sie hilft, die Mediennutzung ihrer Kinder besser zu verstehen und bestimmte Wirkungen besser einschätzen zu können. Es geht somit um einen differenzierten Ansatz der Medienerziehung, der eine Balance zwischen Verbieten und Zutrauen sucht.

7. Vertiefung:
»Solange die Garage größer ist als das Kinderzimmer ...«
Kindheit vor der Jahrtausendwende

Die Mediennutzung von Kindern muß im Zusammenhang mit mindestens zwei wichtigen Aspekten diskutiert werden: den Veränderungen der Lebenswelt von Kindern und den Veränderungen der Familienbeziehungen und -konstellationen. So schreibt Dörfler: »*Nicht die Kinder als solche sind schwieriger geworden, sondern die Bedingungen, die Erwachsene ihnen zumuten*« (DÖRFLER 1995, S. 43). Welches sind also die Bedingungen, die Kindheit heute maßgeblich mitprägen?

Veränderungen
der Lebenswelt von Kindern

Dazu zunächst eine kurze Geschichte: »*Ich befinde mich auf einem Stadtfest irgendwo in Deutschland und flaniere durch die Straßen. Überall sind Kleinkunststände und Straßenmusiker. Plötzlich geht es nicht mehr voran. Eine Menschentraube von zweihundert Personen hat sich um etwas versammelt, das ich noch nicht erkennen kann. Neugierig komme ich näher und erkenne die Attraktion: Ein Mann mit einem Fahrrad, auf dessen Gepäckträger ein großer Weidenkorb befestigt ist. In diesem Korb waren vier Tiere. Ein Hase, der von einigen Kindern unaufhörlich gestreichelt wird; ein Hahn, der ab und an kräht; eine Gans, die stolz umhermarschiert, und ein Rabe, der auf der Schulter des Mannes sitzt. Viele Erwachsene stehen um die Tiere herum, freuen sich über das Krähen des Hahnes und das Gackern der Gans und spenden dem Mann bereitwillig Geld in den Schlapphut.*«

Diese Geschichte hat nur indirekt mit Medienerziehung zu tun, aber sie sensibilisiert für das Fehlen von nicht-medialen Erlebnismöglichkeiten. Vier einheimische Tiere sind ein Erlebnis! Die geschilderte Szene weist auf verlorengegangene Erfahrungsräume hin und auf Bedürfnisse, die offensichtlich in Städten nicht mehr befriedigt werden. Der Lebensraum von Kindern hat sich vor allem durch die Ausdehnung des Autos und der damit zusammenhängenden Folgen (Parkflächen, Straßenbau, Parkhäuser, Garagen usw.) gravierend verändert. Kamen 1950 noch auf 1000 Einwohner 11 Autos, so sind es 1998 fast 500, d.h. 40 Millionen angemeldete PKW (ohne

LKW) in der Bundesrepublik Deutschland. Mit der Ausdehnung der Parkflächen und dem erhöhten Verkehrsaufkommen geht der Spiel-Platz Straße selbst in reinen Wohngegenden verloren. Für Eltern bedeutet dies – nicht nur in der Stadt – eine immerwährende Angst vor einem Unfall. Parallel zu dieser Entwicklung wurden Kinder auf eigens für sie reservierte Flächen und Spielplätze abgedrängt. Die normierten Spielgeräte auf diesen Spielplätzen kommen zwar dem Bedürfnis der Erwachsenen nach Sicherheit und Übersichtlichkeit nach, nicht jedoch dem Bedürfnis der Kinder nach Abenteuern und aktiver Gestaltung mit Baumaterialien.

Für das zeitliche Ausmaß des Medienkonsums der Kinder sind jedoch auch die fehlenden Erlebnisalternativen in ihrer direkten Lebenswelt mitverantwortlich. *»Je normierter und erlebnisärmer die räumliche Lebenswelt von Kindern wird, desto mehr scheinen sich Kinder dem Konsum vom Medien zuzuwenden«* (SCHMIDT 1988, S. 24). Medien üben auch deshalb eine so große Faszination aus, weil die Lebenswelt der Kinder kaum noch Möglichkeiten unmittelbarer sinnhafter Erfahrungen bietet. Wohl auch als Reaktion auf fehlende unmittelbare Erfahrungsräume hat sich vor allem für Stadtkinder ein »Freizeit-Organisations-Alltag« etabliert. Die Eltern fahren die Kinder vom Tennistrai-

ning zum Musikkurs und zur Ballettgruppe. Dies betrifft jedoch nur die Gruppe der Stadtkinder, deren Eltern diese Hobbys finanzieren können. Eine weitaus größere Gruppe von Kindern verbringt die Freizeit auf der Straße, indem sie ihre Freizeittreffpunkte und Aktivitäten sehr unterschiedlich gestalten. So schließen sich manche Kinder zu Skater- oder Rollerbladesgruppen zusammen, um sich auf öffentlichen Plätzen zu treffen. Während für diese Kinder auch noch öffentliche Betreuungsangebote existieren (Hort, Jugendtreff usw.), besteht vor allem für Kinder im Vor- und Grundschulalter in der Stadt ein beunruhigender Mangel an autofreien Zonen, die als Spielnischen dienen könnten. Die Einrichtung von »erwachsenenfreien Ecken« sollte für Kinder auch die Möglichkeit von Begegnungs- und Kommunikationsräumen bedeuten, in denen sie mit Naturelementen (Wasser, Feuer, Erde und Matsch, Luft) und Tieren wieder in Berührung kommen können. Insgesamt wird es darum gehen, kindgemäße Lebensräume bereitzustellen und zurückzuerobern. Die Bedürfnisse von Kindern nach Spiel- und Kommunikationsmöglichkeiten im sozialen Nahraum sind auch durch pädagogische Maßnahmen (wie z.B. Abenteuerspielplätze, Kinderbauernhöfe, Umgestaltung von Schulhofanlagen und Kindergartenaußenanlagen) weiterhin zu unterstützen. Daß jedoch nicht nur Kinder den unmittelbaren Kontakt mit der Natur und mit Tieren suchen, wurde an der einleitenden Geschichte deutlich. Allerdings brauchen Kinder nicht nur den Streichelzoo im Erlebnispark, den sie für einem Tag besuchen, sondern einen Ort, an dem sie mit den Tieren etwas erleben können und an dem sie Verantwortung für Tiere übernehmen dürfen. Die Rückeroberung von Lebensqualität vor allem im städtischen und großstädtischen Raum wird seit einigen Jahren unter den Stichworten »Kinderkultur, Spielkultur, Kinderrechte, Kinderpolitik, Stadtplanung und -nutzung« von PädagogInnen und Eltern diskutiert und dringt langsam in das Bewußtsein von PolitikerInnen, Stadtplaner-Innen und ArchitektInnen ein. Aber auch Kindergärten können ihren Teil dazu beitragen. Ist ein Hühner-, Kaninchen oder Meerschweinchenstall im Freigelände des Kindergartens unmöglich? Um den Kindern mehr Gestaltungs- und Erlebnismöglichkeiten im Alltag zuzugestehen, ist von Erwachsenen in Zukunft mehr Flexibilität im Denken und Handeln nötig.

Veränderungen der Familienbeziehungen

Neben den Veränderungen der räumlichen Lebenswelt von Kindern tragen Prozesse der Individualisierung und Pluralisierung zum gesellschaftlichen Wandel bei und führen insbesondere zu Veränderungen von Familienstrukturen und -beziehungen.

Tippelt (1992, S. 43f) und Schäfers (1992, S. 39ff) weisen auf die Wandlungsprozesse und Umbrüche in den Familienstrukturen und -beziehungen hin, die von sozialwissenschaftlichen FamilienforscherInnen herausgearbeitet wurden. Danach ist der familiäre Wandel durch folgende Faktoren gekennzeichnet:

▶ Die Kinderzahl pro Ehe ist in diesem Jahrhundert von durchschnittlich vier auf unter zwei Kinder gesunken. Die erhöhte Anzahl von Ein-Kind-Familien hat dazu geführt, daß viele Kinder heute ohne Geschwister aufwachsen, was gleichzeitig die gestiegene Bedeutung der Gleichaltrigen erklärt. Schäfers nennt als wichtigsten strukturellen Grund für die abnehmende Kinderzahl die Verlängerung der Bildungs- und Ausbildungszeiten.

▶ Die Heiratsneigung hat in den letzten zwei Jahrzehnten abgenommen, zugleich hat die Anzahl der nichtehelichen Lebensgemeinschaften zugenommen. Vor diesem Hintergrund haben sich neue Familienformen und Partnerschaftsmodelle entwickelt, die die »traditionelle Familie« (Elternpaar mit zumindest einem Kind) ergänzt haben. So sei hier als Beispiel die von Peukert (1990, S. 141ff) benannte »Commuter-Familie« (Commuter = Pendler) angeführt, bei der die Ehepartner aus karriere- oder arbeitsmarktbedingten Gründen räumlich voneinander getrennt in zwei Haushalten leben und lediglich am Wochenende gemeinsame Zeit verbringen. Dieser »Familientyp« ist eine Reaktion auf die Mobilitätsanforderungen der modernen Industriegesellschaft und weicht besonders stark von dem Typ der »traditionellen Familie« ab. Dieser Familientyp stellt an die Kinder neue Anforderungen und belastet sie.

▶ Die Scheidungsquote hat sich seit 1960 verdoppelt und steigt derzeit noch an. Das Statistische Bundesamt (1994, S. 34) ermittelte, daß jede dritte Ehe geschieden wird; in manchen Großstädten ist es sogar jede zweite. Das Hamburger Abendblatt (27. 4. 1995, S. 32) berichtete, daß jährlich über 100 000 Kinder in der gesamten Bundesrepublik von der Scheidung oder Trennung ihrer Eltern betroffen sind. Zugleich kommt es häufiger zu Wiederverheiratungen, daher haben heute viele Kinder Stiefväter oder Stiefmütter.

▶ Aufgrund der arbeitsmarktbedingten Anforderungen und der damit verbundenen Mobilisierung leben die Großeltern zunehmend in einem anderen Haushalt und stehen somit zur Entlastung der familiären Anforderungen nicht unmittelbar zur Verfügung.

▶ Zum einen ist die Situation der Kinder durch die Abnahme primärer Bezugspersonen (Vater und Mutter, Geschwister, Großeltern) gekennzeichnet, was zu einer Vereinsamung führen kann, zum anderen steigt gleichzeitig die Bedeutung der sekundären Sozialisationsinstanzen (Kindergarten, Schule, Gleichaltrigengruppe). Zumindest an die genannten Institutionen werden somit auch neue Anforderungen hinsichtlich ihres Selbstverständnisses und ihrer Aufgaben gestellt. Für Kinder bedeutet die Individualisierung höhere Anforderungen an ihre Selbständigkeit, womit allerdings auch Gefahren verbunden sind.

Alle Aspekte haben zu entscheidenden Veränderungen der Sozialisationsbedingungen von Kindern geführt und müssen sowohl bei der Einschätzung der Mediennutzung von Kindern als auch bei der Durchführung medienbezogener Elternbildung berücksichtigt werden. In dieser Argumentation findet die Medienpädagogik deutliche Berührungspunkte zur Spiel-, zur Erlebnis- und zur Familienpädagogik.

Norbert Neuß

»Pippi und die Power-Rangers«
Elternabend zum Projekt »Unser Haus der Träume«

Der Raum, in dem der Elternabend stattfindet, ist liebevoll vorbereitet. Vor der Bühne ist ein großer Kreis mit Stühlen aufgebaut in dessen Mitte auf einem Samttuch ein Blumengesteck liegt. Im Hintergrund (Bühne) ist noch die Villa Kunterbunt zu sehen, in der die Kinder gespielt haben. Auch Getränke stehen für die Eltern bereit. Als kleine Einstiegsanimation bekommen die Eltern von den ErzieherInnen einen Schokoladentaler geschenkt. »*Hm lecker, Goldtaler*«, sagt eine Mutter und sucht sich einen Platz. Langsam füllt sich der Raum und einige schauen sich die Villa Kunterbunt an. Es sind 25 Eltern anwesend. Nachdem eine Erzieherin die Eltern begrüßt und den Moderator vorgestellt hat, fragt sie die Eltern, wie die Kinder zuhause auf das Pippi-Projekt reagiert haben und ob beziehungsweise was sie darüber erzählt haben. Eine Mutter erzählt, daß ihre Tochter immer das Lied von der Pippi gesungen hat. Eine andere sagt: »*Chris hat viel erzählt. Daß es im Kindergarten ganz schön ist, weil es da jetzt die Pippi Langstrumpf gibt.*«

»Otto-Normalerzieher und das Gold von Pippi« – Elternwahrnehmungen

Im Anschluß an diese kurze Rückmeldung zeigen die ErzieherInnen den Eltern den Filmausschnitt, den sie auch gemeinsam mit den Kindern angesehen haben. Sie bitten die Eltern, darauf zu achten, was und warum sie (die Eltern) bestimmte Szenen besonders gut finden. In Kleingruppen diskutieren die Eltern ihre Eindrücke und fassen sie folgendermaßen zusammen:

► »*Die Leiterszene mit den Polizisten. Also das umgedrehte Machtverhältnis, daß auch mal die Erwachsenen bei den Kindern um etwas bitten müssen. Nicht, daß die Kinder immer nur bei den Erwachsenen um etwas bitten müssen.*«

► »*Der Rollentausch, daß die Erwachsenen mal die Dümmeren und Naiveren sind, nicht immer nur die Kinder. Auch die Erwachsenen werden mal als ein bißchen blöd dargestellt.*«

► »*Die Szene in der deutlich wird, daß für Pippi die Eltern auch in deren Abwesenheit, also auch wenn sie gestorben sind, immer noch da sind. Also daß die Eltern da sind, obwohl sie eigentlich nicht da sind.«*

▶ *»Die Darstellung von unterschiedlichem Ordnungsempfinden. Pippi hat eben ihre eigenen Normen und Werte, nicht die der Otto-Normalerzieher. Immer sagen die Erwachsenen, wie es richtig ist: ›So muß man es machen, und so muß man es machen‹.«*

▶ *»Lustig fanden wir auch noch die Schockiertheit der Prüsseliese. Sie ist irgendwo das Abbild der Elternteile, die sich da wiederfinden.«*

▶ *»Und dann die Übertreibungen, daß ist ja sowieso der Kern der ganzen Geschichte.«*

Im Anschluß daran berichten die ErzieherInnen, welche Szenen den Kindern besonders gut gefallen haben und welche Kommentare sie beim Film abgegeben haben. Insbesondere *»Pippi ist die Stärkste auf der Welt«* und *»Es kann auch Frauen geben«*, erheitert die Eltern besonders. Es wird deutlich, daß Kinder eher auf äußere Dinge achten, beispielsweise *»wie die Tante Prüsseliese angezogen war, das hat die Kinder total fasziniert, das haben sie ja dann auch beim Verkleiden häufig nachgespielt.«* Bei dem Vergleich wird deutlich, daß Kinder eher kurze Handlungen, Äußerlichkeiten und »Nebensächlichkeiten« wahrnehmen. So war es für die Kinder ganz wichtig, als Pippi das Gold umherwarf. *»Ja, das hat auch mein Sohn erzählt. Mit dem Schrubber Essen kochen«*, bestätigt eine Mutter.

In den Kleingruppen wird auch festgestellt, daß die Erwachsenen eher als dümmlich dargestellt werden. Diese Beobachtung setzt voraus, daß man mehrere Erwachsene im Blick hat und die gemeinsamen Charaktereigenschaften in der Darstellungsweise erkennt und beschreiben kann. Kinder verfügen über diese strukturierende Wahrnehmung noch nicht. Der Vergleich der eigenen Wahrnehmung und der kindlichen Wahrnehmung und Bearbeitung wird als Grundlage genommen, um auf die entwicklungsbedingten Wahrnehmungsfähigkeiten von Kindern einzugehen. So ist beispielsweise das Hochwerfen des Goldes von den Kindern sehr intensiv wahrgenommen, erinnert und nachgespielt worden. Die Eltern jedoch haben diese Szene gar nicht beachtet.

»Solange es im Rahmen bleibt« – Assoziativer Freiraum

Im Anschluß wird die Projektdokumentation (Dias, Fotos, Videofilm) angesehen und über den Verlauf der medienpraktischen Aktivitäten gesprochen. Die Eltern beschreiben die Spielabläufe ihrer Kinder sehr genau: Am Anfang des Rollenspiels herrscht in der Villa Kunterbunt zunächst etwas Ratlosigkeit, weil die Kinder Anregung und Anleitung gewohnt sind. Dann kommt eine Phase der Orientierung, in der die Kinder schauen, welche Materialien, Requisiten und Verkleidungssachen eigentlich vorhanden sind. Dann gehen die unterschiedlichsten Rollenspiele und Tobereien los, was auch an dem steigenden Geräuschpegel deutlich wird. Die Kinder gruppieren sich stets neu und entwickeln immer neue Szenen. Andere Kinder spielen diese Szenen weiter. Eine Szene, in der Einbrecher das Gold rauben, kommt z.B. in dem Film nicht vor. Sie wird von den Kindern im Rollenspiel neu erfunden. Eine Erzieherin resümiert das freie Rollenspiel: *»Es war schon manchmal wild und für uns schwer auszuhalten, da hätte man am liebsten einschreiten wollen.«*

Das Verhältnis von Freiheit und Einschränkung, von Selbst- und Fremdverantwortung, von Zutrauen und Eingreifen, welches in jedem Erziehungsprozeß und besonders in institutionalisierten Erziehungssituationen zum Tragen kommt, wurde in diesem Zusammenhang neu überdacht. Die ErzieherInnen konnten erleben, daß Zutrauen und der Grad an Freiheit auch die Autonomie und Selbständigkeit der Kinder unterstützt. Das, was an dem Tag des freien Rollenspiels als Extrem möglich war (keinerlei Einschränkungen), wird in diesem Zusammenhang auch weiterhin Thema für das ErzieherInnenteam bleiben. Die ErzieherInnen sind ermutigt worden, auch im alltäglichen Kindergartenalltag weniger beschränkend und ordnend einzugreifen, sondern stärker phantasiebetonte Spiel- und Aktivitätsformen anzuregen.

Auch die Eltern, die den Videofilm mit den Spielaktivitäten der Kinder sehen, geben deutlich positive Rückmeldungen. So sieht eine Mutter dies eher unter dem Aspekt der gegenseitigen Rücksichtnahme (*»Keine Tränen sind geflossen«*), und eine andere Mutter meint: *»Also ich fand das noch relativ im Rahmen.«* Eine Mutter erzählt, was ihr beim Ansehen des Videofilms aufgefallen ist: *»Ungewöhnlich ist, daß die Kinder nebeneinander so viele verschiedene Szenen spielen konnten und das über eine so lange Zeit – und daß sie sich da nicht gegenseitig gestört haben.«*

Der Moderator weist darauf hin, daß neben den sichtbaren, d.h. beobachtbaren Verarbeitungsprozessen auch noch viele unsichtbare Verarbeitungs- und Phantasietätigkeiten ablaufen, die sich jedoch der Überprüfbarkeit oder Anschaulichkeit entziehen. Die Ziele der Medienpädagogik werden von ihm ebenfalls erläutert. Bei der *medienpädagogischen Arbeit mit Medien* sollen die Kinder mit Medien selbst aktiv sein (z.B. Fotografieren mit der Polaroidkamera). Bei der *medienpädagogischen Arbeit ohne Medien* werden Bearbeitungsformen angeboten. Dazu sind in der Regel keine technischen Medien notwendig, sondern es geht darum, die Medienthemen der Kinder aufzugreifen und zu bearbeiten.

»Film-Phantasie-Varianten« – Diskussion der Eltern

Im anschließenden Gruppengespräch geht es um die Frage, was die Eltern davon hielten, wenn hier im Kindergarten eine Sendung wie z.B. von den ›Power-Rangers‹ aufgegriffen und bearbeitet werden würde. Dahinter steht die Vermutung, daß die Pippi-Langstrumpf-Woche auch deshalb viel Zuspruch von den Eltern gefunden hat, weil sie Pippi als positive Medienfigur erinnern. Wie sieht es jedoch mit umstritteneren Figuren aus? Eine Mutter sagt: »*Schön, daß die das hier machen dürfen und nicht zuhause.*« Sie sieht darin offenbar eine Entlastung von ihren eigenen medienerzieherischen Aufgaben. Eine andere Mutter unterstützt diese Meinung: »*Ich fände das gut. Ich denke, da kommt auch bei den Kindern was rüber, wenn man sich damit auseinandersetzt. Die Zeit ist zuhause nicht da, sich erstmal hinzusetzen und das anzugucken. Gerade diese neuen Filme und dann das nachzuspielen. Deshalb würde ich das begrüßen.*«

Eine andere Mutter geht auf die Schwierigkeit ein, überhaupt die Medienfiguren und ihre Handlungen zu verstehen: »*Die Power-Rangers gab es ja vor einiger Zeit im Fernsehen, und dann durften sich das meine Kinder ab und zu mal ansehen, und ich habe mir das mal mit angeguckt. Die schwärmten immer davon, mit Bildchen und Fotos und was es da alles so gab. Ich muß sagen, meine Kinder konnten dieser Handlung besser folgen als ich. Ich konnte mit diesem Film überhaupt nichts anfangen. Die fanden das supertoll. Ich hatte wirklich ein großes Problem damit, gerade mit diesen Power-Rangers. Ich fand das so blöd, und wir haben wirklich heiße Diskussionen darüber geführt. Ich fand das fürchterlich.*« Diese ehrliche Aussage verdeutlicht die Problematik von Eltern sehr genau. Oft kennen sie die Medienfiguren kaum, und wenn sie sie kennen, können sie kaum nachempfinden, was den Kinder daran gefällt. Deshalb ist ein erster wichtiger Schritt in der medienbezogenen Elternbildung, anhand von Falldarstellungen die Bedeutung von Medienfiguren in der Lebenswelt der Kinder zu verstehen. Doch verstehen allein reicht für den Umgang mit Kindern in alltäglichen Situationen nicht aus. Selbst dann, wenn man keine zielgerichtete Erziehungsabsicht hat, fordert das Kind durch sein Verhalten und Handeln eine Reaktion vom erwachsenen Gegenüber heraus. Auch für den familiären Umgang mit medialen Angeboten kann Verstehen nur ein erster Schritt sein. Wie Eltern jedoch mit den Medienerlebnissen der Kinder umgehen, wie sie sie wahrnehmen, deuten, verstehen und auf Wünsche reagieren, spielt für das Verhältnis zu den Kindern auch eine wesentliche Rolle.

Auf die Frage, ob und welche Handlungen, Dialoge und Gestaltungsmöglichkeiten sowohl bei Pippi Langstrumpf als auch bei den Power Rangers bestehen, ergibt sich folgender Dialog zwischen mehreren Eltern.

Herr Enger: *Die Kinder werden auf jeden Fall im Rollenspiel (zu den Power-Rangers) weniger umsetzen können als zu Pippi Langstrumpf.*

Frau Bruch: *Nein, ich denke, das ist eher umgekehrt. Pippi Langstrumpf ist etwas, was nicht so weit weg ist. Pippi Langstrumpf ist ein Kind, in das man sich hineinversetzen kann und das eigentlich alles darf, was man selbst gerne mal möchte. Aber die Power-Rangers, die sind ganz weit weg. Das ist ganz toll, aber das ist das, was man eigentlich nicht erreichen kann. Irgendwie keine Realität, wobei Pippi Langstrumpf schon irgendwie Realität ist. Ich war auch überrascht über das Rollenspiel. Ich dachte, wenn die jetzt machen können, was die wollen ... doch die waren doch relativ harmlos.*

Herr Enger: *Ja, aber bei den Power-Rangers gibt es nicht so viele Varianten zum Spielen. Es gibt ja nur Kämpfen, Verfolgung und Schießen. Das ist es ja. Die Varianten sind viel kleiner. Bei Pippi Langstrumpf haben sie mehrere Möglichkeiten, mit dem Gold, mit dem Kochen und und und. Das Kind stumpft im Rollenspiel mehr ab, mit solchen Dingen, ganz klar. Es gibt kein Rollenspiel in dem Sinn, sondern nur ›action‹.*

Frau Zindel: *Da sind bestimmt Varianten dabei, die wir als Erwachsene gar nicht so sehen. Wir sehen das nämlich so: ›Ist doch total blöd. Die kämpfen nur, und die machen nur dies, und die machen nur das‹. Die Kinder sehen das unter einem ganz anderen Aspekt. Die sehen das nicht so, wie wir das sehen, daß das nur vier Varianten sind und daß das langweilig ist.*

Herr Enger: *Aber es ist doch eins klar. Wenn man sich ein Video anguckt, wo Gewalt praktiziert wird, also He-Man oder Power-Ranger, dann kommt da auch nur Aktion raus. Ich hab es doch gesehen auf den Kindergeburtstagen. Die Jungs wollten kämpfen, und mit den Mädchen konnte man auch mal Flaschendrehen spielen.*

Frau Bruch: *Die Kinder sehen das aus einem ganz anderen Blickwinkel.*

Herr Enger: *Fünf Power-Rangers in einen Raum hinein, da kommt nix anderes bei raus. Das kann ich mir nicht vorstellen.*

Frau Bäck: *Ich habe da ein gutes Beispiel mit meiner Tochter Kristin. Sie ist das erste Mal im Kino gewesen, in ›Pocahontas‹. Das ist natürlich schon ein Erlebnis, von meinem Bruder eingeladen, ganz toll. Ich habe den Film aber nicht mitgesehen. Kristin hat hinterher ganz viel erzählt. Aus diesen Erzählungen habe ich mir so einen roten Faden gemacht. Dann habe ich zum erstenmal ›Pocahontas‹ gesehen und habe gedacht, bin ich in einem anderen Film oder waren die in einem anderen Film? Das erste, was ich wirklich gemacht habe, ich habe meinen Bruder gefragt: ›Habt ihr wirklich Pocahontas gesehen?‹ Da hat der gesagt: ›Ja natürlich‹. Ich hatte nach den Erzählungen von Kristin eine ganz, ganz andere Vorstellung von diesem Film. Das war für mich so ein Erlebnis, daß ich gesagt habe, da passiert wirklich was anderes. Deswegen habe ich eben auch so kraß gesagt, daß man nicht sagen kann, daß das nur eine Schiene ist. Kinder sehen das mit ganz anderen Augen. Für die ist das mit dem Kämpfen und der ›action‹ auch was ganz anderes als für uns.*

Frau Iber: *Wir hatten mal so einen Videofilm, den wir ihr mal geschenkt hatten, ›Meister Dachs und seine Freunde‹ war das. Das war eigentlich was ganz Niedliches – in meinen Augen. Und den mußten wir ausmachen, den hat sie bestimmt ein Jahr nicht geguckt. Nämlich wegen dieser Szene, als da Giftgas ausströmte und die Tiere und alles starben.*

Dieser Dialog zeigt anschaulich den Zusammenhang einer (Vorab-) Bewertung von Medienfiguren und der anschließenden Offenheit gegenüber den Medienerlebnissen der Kinder.

Der Elternabend hatte zum Ziel, die Eltern über den Projektverlauf zu informieren und mit ihnen über derartige Medienprojekte ins Gespräch zu kommen. Dabei führte das Gespräch unweigerlich zu der Bewertung und Einschätzung von medialen Figuren, sowie ihrer Bedeutung für die Kinder. Mit einer positiven Rückmeldung und einem zuversichtlichen Ausblick der ErzieherInnen geht der Elternabend zu Ende: »*Also, ich kann zum Abschluß sagen, daß es ja unser erster Versuch war, mit Medien umzugehen, und daß wir gewillt sind, was Neues zu machen.*«

Martina Dimitrow-Retkowsky, Daniela Zingrebe , Jürgen Zipf

»Kommt ihr auch zur Vernissage über die Ergebnisse der Phantasie-Fotokammer?«

Der Eltern-Kind-Nachmittag

Weil Medien als Teil der Alltagswelt akzeptiert werden und es das Anliegen vieler Eltern ist, einen sinnvollen Umgang mit diesen auszuloten, können sich Erziehungsberechtigte stärker mit einer unterstützenden Medienerziehung anfreunden, wenn diese unvoreingenommen geschieht.

Sehr interessiert sind Eltern an Zugängen, die »ihre« Kinder mit einbeziehen. Werden Kinder als aktive und gestaltende MediennutzerInnen wahrgenommen, gelingt es ErzieherInnen angemessener, mit Eltern über dieses Thema ins Gespräch zu kommen.

Die Idee zu einer Vernissage...

»Wie ich unsere Eltern kenne, wird das mit einem Elternabend nicht klappen. Ich meine das gar nicht böse, aber die kommen nicht. Bei uns sind Elternnachmittage üblich geworden. Da gibt es nicht das Problem mit dem Baby-Sitten und der Bett-Geh-Zeit, und die Kinder können dabei sein.«

Den Projektdurchführenden gemeinsam ist der Wunsch, die Ergebnisse und Erfahrungen der Projektwoche »Die Phantasie-Fotokammer« den Eltern zu präsentieren und zugänglich zu machen, als auch theoretische Informationen zum Thema Medienerziehung weiterzugeben.

Wir beschließen, eine Vernissage mit offizieller Eröffnungszeit zu organisieren, die an einem Nachmittag stattfindet. Wie auf einer echten Eröffnung sollen Häppchen und Getränke auf einem Tablett dekoriert, angeboten und verteilt werden.

Die Kinder sind von dieser Idee begeistert und möchten bei der Umsetzung mitwirken. Die Kinder gehen Häppchen und Getränke einkaufen und bereiten das Buffet mit vor.

Ebenso entwerfen wir gemeinsam mit den Kindern eine Einladung in Form einer Fotokamera, die jedes Kind speziell an seine Eltern und Geschwister übergibt.

Desweiteren werden Videogerät, Fernsehapparat, Diaprojektor, Leinwand, Fotowände und Informationsbroschüren zum Thema organisiert und am Morgen des Eröffnungstages aufgebaut.

Endlich ist es soweit....

Heute nachmittag wird die Fotoausstellung eröffnet. Schon den ganzen Mittag über tummeln sich die Kinder in der Küche, schneiden Brot, Käse und Wurst auf, zerteilen Gemüse und garnieren Häppchen. Die beiden Räume des Hortes werden zu einem Vorführraum für die Video- und Diaschau und in einen Ausstellungsraum für die Vernissage (mit Buffet) umgestaltet und entsprechend vorbereitet.

Auch die mobile Fotokammer wird nochmals aufgebaut, damit einzelne Kinder ihren Eltern demonstrieren können, wie Bilder hergestellt werden.

Die Fotowände, mit den Bildern der Projektwoche, sind ausgestaltet und einige Kinder betrachten sich erneut ihre Ergebnisse. Es ist jetzt fünf Minuten vor vier Uhr und die ersten Eltern kommen an.

Die eintrudelnden Eltern werden in den Vorführraum geführt und nehmen dort Platz. Die Veranstaltung ist gut besucht, von fast allen Kindern ist mindestens ein Elternteil da.

Nach einer kurzen Begrüßung durch das Team und einem kurzem Programmüberblick beginnt die Eröffnungsfeier mit dem Dia-Kino.

»Ein Bild hat 100 Bilder!«

Die selbst gestalteten und gemalten Dias (siehe »Der Gesang der Wale«, S. 167) verfehlen ihre Wirkung nicht. An die Leinwand projiziert entstehen die unterschiedlichsten Farb- und Figurengebilde, skurril und abstrakt. Die Phantasie der Erwachsenen und der Kinder wird auf vielfältige Weise geweckt, jede/r hat ihre/seine Bilder und unterscheidet sich von den anderen. *»Wie unterschiedlich man ein und das selbe Bild sehen kann«* flüstert eine Mutter ihrer Nachbarin zu: *»Stimmt, das habe ich so nicht gesehen!«*

Im Verlauf dieses Spieles mit der Phantasie sind immer mehr Eltern fasziniert von dieser Interpretationsvielfalt, wie auch von der Schönheit der selbst gestalteten Dias.

Mit sensibilisiertem Blick schließt sich eine Diskussion um die Notwendigkeit einer Medienerziehung in Kindergarten und Hort an, und es wird auf ausliegende Informationsbroschüren hingewiesen.

»Die Fotoausstellung im Nebenraum...«

Neugierig und hungrig wenden wir uns nun der Ausstellung zu. Zeitgleich bieten einige Kinder die vorbereiteten Getränke und Häppchen auf Tabletts den BesucherInnen an. Es herrscht eine lockere und kommunikative Atmosphäre. Weitgehend selbstorganisiert übernehmen die Kinder für ihre Eltern die Betreuung und alle Beteiligten erfreuen sich an den herumgereichten Schnittchen.

Die Kinder stehen den Eltern für Erklärungen zur Verfügung, stellen die Dunkelkammer vor und veranschaulichen die Arbeit mit der Lochkamera. So ergibt sich die Gelegenheit, daß Kinder und Eltern gemeinsam voneinander lernen können. Die Kinder vermitteln ihren Eltern ihre neu erworbenen Kenntnisse und Fähigkeiten, und die Eltern schenken ihren Kindern durch ihre Zuwendung Anerkennung.

Auch das selbst entwickelte Bilderbuch, illustriert mit Fotogrammen, ruft großes Interesse hervor, ebenso die Fotostellwand. Der Verlauf der fünf Projekttage ist auf dieser chronologisch dargestellt und die einzelnen Arbeitsergebnissen schriftlich erläutert.

Nach der ausgiebigen Betrachtung der Fotoausstellung wird als Abschluß gemeinsam die zwanzigminütige Videodokumention über den Projektverlauf präsentiert. Der Zusammenschnitt von den Aufnahmen der wichtigsten Arbeitsphasen und -gespräche gibt einen eindrucksvollen Einblick in den Projektverlauf und rundet die Veranstaltung ab.

Resümée

Das Ziel, möglichst viele Eltern für diese Veranstaltung zu begeistern, wurde erreicht. Die Idee, Information und Unterhaltung zu verbinden, führte zu einer kurzweiligen und angenehmen Atmosphäre.

Sehr überrascht waren wir, wie einzelne Kinder in die ModeratorInnenrolle schlüpften und ihren Eltern von dem Projekt berichteten bzw. in der Dunkelkammer den chemischen Prozeß erläuterten. Durch dieses Moment der Selbstorganisation wurde die innere Beteili-

gung der Eltern gestärkt, und die Eltern hatten zudem die Möglichkeit, ihre Kinder als aktive MediengestalterInnen kennenzulernen. Eine weitere Variation wäre es gewesen, mit den Eltern in der Dunkelkammer selbst Fotogramme herzustellen oder sie mit der Lochkamera loszuschicken.

Jürgen Zipf

Ausblick

Zwei ausführliche und durch die TeilnehmerInnen sorgfältig dokumentierte Projektjahre sind vorüber, und die vielen positiven Rückmeldungen und Anfragen zu dieser Arbeit fordern auf, sich auch weiterhin für eine kontinuierliche projektorientierte medienpädagogische Basisarbeit zu engagieren. Es ist deutlich geworden, wie interessiert und motiviert ErzieherInnen und Eltern sich medienpädagogischen Themen öffnen, wenn die häufig anzutreffende Medienbefangenheit erst einmal überwunden ist und die kreativen Möglichkeiten der Arbeit mit Medien entdeckt werden. Medien werden dann einerseits so handhabbar, daß mit ihnen sinnvoll gestaltend umgegangen werden kann. Andererseits öffnet man sich für die eigene Wahrnehmung und Selbstreflexion, indem man Medienbotschaften sensibler gegenübertritt und diese in Beziehung zur eigenen Lebensbiographie und dem eigenen Lebensalltag setzt.

Im Fortbildungsmodell zeigt sich der Vorteil der projektorientierten Begleitung vor Ort. Projektarbeit ist im Lernalltag jeder Zielgruppe immer noch ein Königsweg zur Qualifizierung. Die unmittelbare Praxisrelevanz fördert die Entstehung »echter« Fragen, die sich von Gruppe zu Gruppe unterscheiden und damit eine Fülle an Herausforderungen und vielfältigen Lösungswegen evozieren, die standardisierte Lehrgänge unmöglich bieten können.

Wir bieten für die medienpädagogische Arbeit in niedersächsischen Kindergärten und Horten auch zukünftig vielfältige Möglichkeiten der Qualifizierung und Mitarbeit an – medienpraktische Projekte mit Kindern und Jugendlichen, Elternarbeit, Seminarveranstaltungen und Schulungen, Kooperation und Vernetzung:

1. Medienpraktische Beratung und Begleitung
► Wir unterstützen Sie bei der Erarbeitung medienpraktischer Vorhaben, gestalten Ihren medienbezogenen Elternabend und begleiten Sie vor Ort.

2. Medienpädagogische Grundlagenfortbildungen
► Wir veranstalten ausbildungsergänzende Seminarveranstaltungen für Fach- und Berufsbildende Schulen. Wir gehen in Klassen oder Projektgruppen und führen medienpädagogische Blockseminare durch. Wünschenswerterweise sind die Blockveranstaltungen zweitägig.

▶ Wir führen für Ihre Einrichtung dezentrale ErzieherInnen- und LeiterInnenfortbildungen durch. Diese zeichnen sich durch eine hohe Praxisorientierung, Methodenvielfalt, einen aktuellen theoretischen Stand sowie durch ein breites Themenangebot aus. Sie können ein von uns erstelltes Programm übernehmen, oder Sie wählen Schwerpunkte für Ihre Fortbildungen aus, z.B. »Bearbeitung von Medienerlebnissen durch Kinderzeichnungen«, »Fotografie im Kindergarten«, »Geschlechtsspezifische Aneignung von Medienbildern« oder »Didaktik und Methodik medienbezogener Elternbildung«.

3. Projektorientierte Weiterbildung

▶ Wir bieten für bereits berufstätige ErzieherInnen und SozialpädagogInnen auf der Basis der vorliegenden Dokumentation ein projektorientiertes Weiterbildungs- modell an. Dieses besteht aus einer Grundlagenfortbildung (auf der ein eigenes medienpädagogisches Projekt entwickelt wird) und einer darauf aufbauenden Projektbegleitung vor Ort. Hiermit wird eine systematische Medienerziehung im Kindergarten unterstützt. Idealerweise können jeweils zwei ErzieherInnen aus einem Kindergarten an diesem Weiterbildungsmodell teilnehmen, die als Team zusammenarbeiten.

4. ModeratorInnennetz Niedersachsen

▶ Wir suchen interessierte KollegInnen, die sich mit uns vernetzen wollen, um gemeinsam ein ModeratorInnennetz zu gründen. Wir beabsichtigen, regionale Fachgruppen zu initiieren, die vor Ort medienpädagogische Angebote entwickeln, begleiten und durchführen.

Ziel unserer Bemühungen ist es, für die Notwendigkeit einer im pädagogischen Alltag integrierten Medienerziehung zu sensibilisieren und hierzu für Niedersachsen eine ent- sprechende funktionierende Infrastruktur aufzubauen. Über die Entwicklung eines Netz- werkes soll mittelfristig eine fachlich abgesicherte medienpädagogische Fachberatung gewährleistet und eine medienpädagogische Grundversorgung auch in ländlichen und strukturschwachen Räumen offeriert werden.

Mit diesen Maßnahmen kann und soll schließlich langfristig eine nachhaltige Weiter- entwicklung der Medienpädagogik im Elementar- und Hortbereich Niedersachsens ver- wirklicht werden.

AutorInnen / Blickwechsel e.V.

Sabine Eder

geb. 1965; Diplom-Pädagogin; Zusatzausbildung zur Spielleiterin (szenische Interpretation nach Dr. Ingo Scheller); Gründungsmitglied, 1. Vorsitzende und Referentin des Blickwechsel e.V. – Verein für Medien- und Kulturpädagogik, Göttingen; seit Ende 1996 Sprecherin der GMK internen Fachgruppe »Medien & Geschlechterverhältnisse«; seit Nov. 1997 im Vorstand der GMK (Gesellschaft für Medienpädagogik und Kommunikationskultur) tätig.

Norbert Neuß

geb. 1966; Diplom-Pädagoge; Vorstandsmitglied des Blickwechsel e.V.; Doktorand im DFG-Kolleg »Ästhetische Bildung«; Forschungsarbeit zur Verarbeitung von Medienerlebnissen in Kinderzeichnungen; Lehraufträge für Medienpädagogik an den Universitäten Hamburg und Lüneburg; z. Zt. Forschungsprojekt »Medienpädagogische Ansätze zur Vermittlung von Werbekompetenz im Kindergarten«.

Jürgen Zipf

geb. 1963; Diplom-Medienpädagoge und Lehrer; Zusatzausbildung zum Spielleiter (szenische Interpretation nach Dr. Ingo Scheller); seit 1991 Bildungsreferent für Medienpädagogik des Blickwechsel e.V.; Arbeitsschwerpunkte sind Medienberatung in Kindergärten und Grundschulen, aktive Medienarbeit mit Videotechnik und medienbezogene Elternbildung; z. Zt. wissenschaftlicher Mitarbeiter am Fachbereich Erziehungswissenschaften der Universität Lüneburg.

Kontakt über

Blickwechsel e.V.

Verein für Medien- und Kulturpädagogik
Waldweg 26 · 37073 Göttingen
Fon+Fax: 05 51 / 48 71 06
eMail: blickwechsel@medienpaed.de

Literaturverzeichnis

AISSEN-CREWETT, MEIKE: Musisch-Ästhetische Erziehung in der Grundschule. In: Grundschule, Jahrgang 19, Heft 7/8, 1987.

AUFENANGER, STEFAN (Hg.): Neue Medien – Neue Pädagogik? Bonn 1991.

AUFENANGER, STEFAN: Wirkung oder Autonomie. Was leistet die Medienforschung für den Kinder- und Jugendmedienschutz. In: Zeitschrift für Medienpädagogik: medien praktisch (1) 1992, S. 4-7.

AXELI-KNAPP, GUDRUN / WETTERER, ANGELIKA (Hg.): TraditionenBrüche. Entwicklungen feministischer Theorie. Freiburg i. Br. 1995.

BAACKE, DIETER: Handlungsorientierte Medienpädagogik. In: Schill u.a. (Hg.): Medienpädagogisches Handeln in der Schule. Opladen 1992.

BACHMAIR, BEN: Symbolische Verarbeitung von Fernseherlebnissen in assoziativen Freiräumen (Teil 1). Kassel 1984.

BACHMAIR, BEN: Gestaltungsräume inszenieren. In: Schill u.a. (Hg.): Medienpädagogisches Handeln in der Schule. Opladen 1992

BACHMAIR, BEN: Handlungsleitende Themen: Schlüssel zur Bedeutung der bewegten Bilder für Kinder. In: Handbuch Medienerziehung im Kindergarten Teil 1: Pädagogische Grundlagen. Opladen 1994, S. 171-184.

BACHMAIR, BEN / NEUSS, NORBERT / TILEMANN, FRIEDERIKE (Hg.): fernsehen zum Thema machen. Elternabende als Beitrag zum Jugendmedienschutz. München 1997.

BADINTER, ELISABETH: Ich bin Du. Die neue Beziehung zwischen Mann und Frau oder Die androgyne Revolution. München, Zürich 1986.

BAER, ULRICH (Hg.): 666 Spiele für jede Gruppe für alle Situationen. Seelze-Velber 1996.

BARTHELMES, JÜRGEN / FEIL, CHRISTINE / FURTNER-KALLMÜNZER, MARIA: Medienerfahrungen von Kindern im Kindergarten. Spiele, Gespräche, soziale Beziehungen. DJI, München 1991.

BAUER, KARL W. / HENGST, HEINZ: Wirklichkeit aus zweiter Hand: Kindheit in der Erfahrungswelt von Spielwaren und Medienprodukten. Reinbek 1980.

BAUSTEINE KINDERGARTEN, Verlag Bergmoser und Höller 1/93. In: Stöcklin-Meier, Susanne: Sprechen und Spielen. Ravensburg 1980.

BECKER-TEXTOR, INGEBORG: Mit Kinderaugen sehen. Freiburg 1992.

BECKMANN, MARIA: Typisch Frau oder muß Frau lernen, ihren Mann zu stehen? Geschlechtsspezifische Angebote in Unterrichts- und Massenmedien. In: Texte zur Medienpädagogik 2. Niedersächsisches Landesverwaltungsamt – Landesmedienstelle (Hg.). Hannover 1993.

BEHR, MICHAEL / WALTERSCHEID-KRAMER, JUDITH: Einfühlendes Erzieherverhalten, Weinheim/Basel 1990.

BEINZGER, DAGMAR / EDER, SABINE / LUCA, RENATE / RÖLLECKE, RENATE (Hg.): Im Wyberspace – Mädchen und Frauen in der Medienlandschaft. Schriften zur Medienpädagogik 26. GMK Bielefeld 1998.

BIEGLER, ANGELA / BUSSE-GÜNTHER, ASTRID / MEISSNER, SABINE / PETER, MARINA: Kindheit heute. Vorschläge für Elternbildungsveranstaltungen. Evangelische Erwachsenenbildung Niedersachsen (Hg.) Hannover 1995.

BILDEN, HELGA: Geschlechtsspezifische Sozialisation. In: Hurrelmann, Klaus / Ulrich, Dieter (Hg.): Neues Handbuch der Sozialisationsforschung. Weinheim, Basel 1994, S. 279-301.

BLANK-MATHIEU, MARGARETE: Jungen im Kindergarten. Frankfurt a.M. 1996.

BLANK-MATHIEU, MARGARETE: Kleiner Unterschied – große Folgen? Zur geschlechtsbezogenen Sozialisation im Unterricht. Freiburg 1997.

BOLLNOW, OTTO FRIEDRICH: Der Erfahrungsbegriff in der Pädagogik. In: Zeitschrift für Pädagogik. Jahrgang 14/1968. Heft 3. S. 221-252.

BOLLNOW, OTTO FRIEDRICH: Mensch und Raum. Stuttgart 1990.

BRENNER, GERD / GRUBAUER, FRANZ (Hg.): Typisch Mädchen? Typisch Junge? Persönlichkeitsentwicklung und Wandel der Geschlechterrollen. Weinheim, München 1991.

BRUNER, JEROME: On cognitive growth. In: Bruner, Jerome u.a. (Hg.): Studies in cognitive growth. New York 1966.

CANETTI, ELIAS: Die Fackel im Ohr. München/Wien 1980.

CHARLTON, MICHAEL / NEUMANN, KLAUS: Medienkonsum und Lebensbewältigung in der Familie. München-Weinheim 1986.

CHARLTON, MICHAEL / BACHMAIR, BEN (Hg.): Medienkommunikation im Alltag. Interpretative Studien zum Medienhandeln von Kindern und Jugendlichen. München 1990, S. 270-280.

CHARLTON, MICHAEL / NEUMANN, KLAUS: Medienrezeption und Identitätsbildung. Kultur-
psychologische und kultursoziologische
Befunde zum Gebrauch von Massenmedien im Vorschulalter. Tübingen 1990/a.

CHARLTON, MICHAEL / NEUMANN, KLAUS: Rezeptionsforschung als Strukturanalyse. In:
Charlton, Michael / Bachmair, Ben (Hg.):
Medienkommunikation im Alltag. Interpretative Studien zum Medienhandeln
von Kindern und Jugendlichen.
München 1990/b, S. 25-56.

CHARLTON, MICHAEL / NEUMANN, KLAUS:
Medienkindheit – Medienjugend. Eine
Einführung in die aktuelle kommunika-
tionswissenschaftliche Forschung.
München 1992.

COLBERG-SCHRADER, HEDI u.a.: Soziales Lernen
im Kindergarten: Ein Praxisbuch des
DJI, München 1991.

DEWEY, JOHN: Demokratie und Erziehung. 3.
Auflage, Braunschweig 1993.

DOEHLMANN, MARTIN: Die Phantasie der Kinder
und was Erwachsene daraus lernen
können. Frankfurt a. M. 1985.

DÖRFLER, MECHTHILD: Der offene Kindergarten.
Ideen zur Öffnung aus Theorie und
Praxis. In: Deutsches Jugendinstitut
(Hg.): Orte für Kinder. Auf der Suche
nach neuen Wegen in der Kinderbetreu-
ung. München 1994, S. 105-127.

DÖRFLER, MECHTHILD: Das ganze Haus ist
Gruppenraum. Ein offener Ansatz
erschließt neue Spielzonen. In: Welt des
Kindes. (3) 1995, S. 42-45.

DUNCKER, LUDWIG / MAURER, FRIEDEMAN /
SCHÄFER, GERD E.: (Hg.): Kindliche Phantasie und ästetische Erfahrung. Wirklichkeiten zwischen Ich und Welt.
Langenau-Ulm 1990.

DUNCKER, LUDWIG: Die Kraft der Imagination.
Zur Bedeutung der Phantasie für das
Lernen. In: Neue Sammlung. 34 Jg. (3)
1994, S. 459-474.

ELLNEBY, YLVA: Die Entwicklung der Sinne.
Freiburg 1997.

ELLWANGER, WOLFRAM / GRÖMMINGER, ARNOLD:
Handpuppenspiel in Kindergarten und
Grundschule. Psychologische Bedeu-
tung und pädagogische Anwendung.
Freiburg 1978.

ESSER, PETER: Erlebnisorientierte Psycho-
therapie. Stuttgart 1983.

FAUL-GRUBER, INGRID: Mit zwei Augen sehen.
Das Weltbild der Kinder und ihre
Mediennutzung. Im Auftrag der Zentral-
stelle Medien der Dtsch. Bischhofskon-
ferenz und der kath. Fernseharbeit beim
ZDF. München 1993.

FAULSTICH-WIELAND, HANNELORE: Geschlecht und Erziehung. Grundlagen des pädagogischen Umgangs mit Mädchen und Jungen. Darmstadt 1995.

FEIGE, CHRISTA / KÖDITZ, CARMEN: Malen auf Fotopapier: Chemogramm und Fotogramm. In: Handbuch Medienerziehung im Kindergarten Teil 2: Praktische Handreichungen. Opladen 1995, S. 283- 289.

FEIGE, CHRISTA / KÖDITZ, CARMEN: Fotografieren mit der Lochkamera. In: Handbuch Medienerziehung im Kindergarten Teil 2: Praktische Handreichungen. Opladen 1995, S. 290-294.

FRIED, LILIAN: Sexismus im Kindergarten, beiträge zur Sexualwissenschaft und Sexualpädagogik, Erziehungswissenschaftliche Hochschule Rheinland-Pfalz 1989.

FREUD, SIGMUND: Drei Abhandlungen zur Sexualtheorie. Wien und Leipzig 1905.

FREUDENREICH, DOROTHEA / GRÄSSER, HERBERT / KÖBERLING, JOHANNES: Rollenspiel: Rollenspiellernen für Kinder und Erzieher; mit vielen Spielvorlagen; für Kindergärten, Vorklassen und erste Schulljahre. Hannover, Dortmund, Darmstadt, Berlin 1976.

FUNKKOLLEG: Medien und Kommunikation. Konstruktionen von Wirklichkeit. Deutsches Institut für Fernstudien an der Universität Tübingen (Hg.). Weinheim und Basel 1991.

GLÜCKS, ELISABETH / OTTEMEIER-GLÜCKS, FRANZ GERD (Hg.): Geschlechtsbezogene Pädagogik: ein Bildungskonzept zur Qualifikation koedukativer Praxis durch parteiliche Mädchenarbeit und antisexistische Jungenarbeit. Münster 1996.

GOTTBERG, JOACHIM VON / MIKOS, LOTHAR / WIEDEMANN, DIETER (Hg.): Kinder an die Fernbedienung. Konzepte und Kontroversen zum Kinderfilm und Kinderfernsehen. Berlin 1997.

HAGEMANN-WHITE, CAROL: Sozialisation: Weiblich - männlich? Alltag und Biografie von Mädchen. Opladen 1984.

HANDBUCH MEDIENERZIEHUNG IM KINDERGARTEN Teil 1: Pädagogische Grundlagen. Deutsches Jugendinstitut (Hg.). Opladen 1995.

HANDBUCH MEDIENERZIEHUNG IM KINDERGARTEN Teil 2: Praktische Handreichungen. Deutsches Jugendinstitut (Hg.). Opladen 1995.

HAMEED, MARIA: Bilderbücher – immer wieder ein Erlebnis. In: Handbuch Medienerziehung im Kindergarten Teil 2: Praktische Handreichungen. Opladen 1995, S. 173 - 178.

HARDER, UDO: Medienerziehung im Kindergarten. Arbeitsmappe des Jugendamtes Bergkamen. Ohne Jahresangabe.

HARTUNG, JOHANNA: Verhaltensänderung durch Rollenspiel. Düsseldorf 1977.

HENECKA, PETER: Grundkurs Soziologie. 3. Auflage, Opladen 1990.

HUPPERTZ, NORBERT / SCHINZLER, ENGELBERT: Grundfragen der Pädagogik. Eine Einführung für sozialpädagogische Berufe. München 1985.

JENSEN, KLAUS / ROGGE, JAN-UWE: Der Medienmarkt für Kinder i. d. Bundesrepublik, Tübinger Vereinigung für Volkskunde e.V. Schloss, 1980.

JÖRG, SABINE: Entwicklungspsychologische Voraussetzungen der Medienrezeption. In: Handbuch Medienerziehung im Kindergarten Teil 1: Pädagogische Grundlagen. Opladen 1994, S. 188 - 202.

JÜRGENSEN, SIGRID: Spielwaren als Träger gesellschaftlicher Autorität: e. Beitr. zur visuellen Soziologie. (Europäische Hochschulschriften: Reihe 11, Pädagogik; Bd. 104) Frankfurt a. M., Bern 1981.

KAZEMI-VEISARI, ERIKA: Zur gesellschaftlichen und pädagogischen Funktion von Spielwaren in der Gegenwart: e. Analyse ihres wesentl. Beitr. zur Entfremdung in d. Kindheit u. zur Problematik in der Institution Kindergarten. 2. Auflage, Frankfurt a. M. 1989.

KARST, KARL: Sinneskompetenz – Medienkompetenz. Kommunikationsfähigkeit als Voraussetzung und Ziel einer Pädagogik des (Zu-)Hörens. In: Medien Praktisch 1/98, S. 4-7.

KÖNIG, JOHANNA: Bilderbücher selbstgemacht. In: Handbuch Medienerziehung im Kindergarten Teil 2: Praktische Handreichungen. Opladen 1995, S. 253 - 261.

KÖNIG, JOHANNA: Das Epidiaskop – ein Praxisbericht zur Bildbetrachtung. In: Handbuch Medienerziehung im Kindergarten Teil 2: Praktische Handreichungen. Opladen 1995, S. 179-182.

LENZEN, KLAUS-DIETER: Kinderkultur – die sanfte Anpassung. 1978.

MAIER, REBECCA / MIKAT, CLAUDIA / ZEITTER, ERNST: Medienerziehung in Kindergarten und Grundschule. 490 Anregungen für die praktische Arbeit. München 1997.

MANN, CHRISTINE / SCHRÖTER, ERHART / WANGERIN, WOLFGANG: Selbsterfahrung durch Kunst. Methodik für die kreative Gruppenarbeit mit Literatur, Malerei und Musik. Weinheim und Basel 1995.

MENTS, MORRY VAN: Rollenspiel: effektiv. Ein Leitfaden für Lehrer, Erzieher, Ausbilder und Gruppenleiter. München 1991.

MERTEN, KLAUS: Allmacht oder Ohnmacht der Medien - Erklärungsmuster der Medienwirkungsforschung. In: Funkkolleg Medien und Kommunikation. Studieneinheit 22. Weinheim und Basel 1991.

MÜHLEN-ACHS, GITTA / SCHORB, BERND (Hg.): Geschlecht und Medien. München 1995.

NÄGER, SYLVIA: Kreative Medienerziehung im Kindergarten. Ideen – Vorschläge – Beispiele. Praxisbuch Kindergarten. Freiburg 1992.

NÄGER, SYLVIA: Medienpädagogik zum Anfassen I. Bausteine Grundschule und Kindergarten. Aachen 1996.

NEISSER, ULRIC: Kognition und Wirklichkeit. Stuttgart 1979.

NEUSS, NORBERT u.a.: Schuld sind die Medien. Medienpädagogische Elternabende als Maßnahme vorbeugenden Jugendschutzes. In: Zeitschrift für Medienpädagogik: medien praktisch (2) 1995, S. 60-63.

NEUSS, NORBERT / POHL, MIRKO / ZIPF, JÜRGEN (Hg.): Erlebnisland Fernsehen. Medienerlebnisse im Kindergarten aufgreifen, gestalten, reflektieren. München 1997/a.

NEUSS, NORBERT: Kinderkanal statt Medienerziehung? – Familiäre Mediennutzung zwischen Quote und Qualität. In: Kind – Jugend – Gesellschaft. Zeitschrift für Jugendschutz. (4) 1997/b, S. 117-122.

NEUSS, NORBERT: Bilder des Verstehens. Zeichnungen als Erhebungsinstrument der qualitativen Rezeptionsforschung. In: Zeitschrift für Medienpädagogik: medien praktisch (3) 1998, S. 19-22.

NEUSS, NORBERT: Ich finde Märchenherzenfilme doof! – Perspektiven einer geschlechtsreflektierenden Medienarbeit. In: Beinzger, Dagmar / Eder, Sabine / u.a. (Hg.): Im Wyberspace. Mädchen und Frauen in der Medienlandschaft. Bielefeld 1998, S. 222-236.

NEUSS, NORBERT: Kinderzeichnungen als Reflexion von Medienerlebnissen. In: Aufenanger, Stefan (Hg.): Neue Medien – Neue Pädagogik. (Neuauflage) Bonn 1999.

NEUTZLING, RAINER / SCHNACK, DIETER: Jungs sind halt so! Wirklich? Acht Thesen zu einem vernachlässigten Thema. In: Brenner / Grubauer (Hg.) 1991, S. 133-136.

OBERHUEMER, PAMELA: Bilderbücher, Tonkassetten, Filme: Auf die Geschichten kommt es an. In: Handbuch Medienerziehung im Kindergarten Teil 1: Pädagogische Grundlagen. Opladen 1995, S. 347-352.

OTTO, GUNTER: Geographieunterricht aus der Sicht der Ästhetischen Erziehung. In: geographie heute. Heft 100/1992, S. 52-55.

PEECK, RAINER / TIETZE, WOLFGANG: Fernsehen, Bücher, Kassetten: Nutzungsdaten. In: Handbuch Medienerziehung im Kindergarten Teil 1: Pädagogische Grundlagen. Opladen 1994, S.95-110.

PEUKERT, RÜDIGER: Der soziale Wandel der Familienformen in der Bundesrep. Deutschland. In: Gegenwartskunde (2) 1990, S. 141-153.

PIAGET, JEAN: La construction du réel chez l'enfant. Neuchatel 1937.

POSTMAN, NEIL: Das Verschwinden der Kindheit. Frankfurt a. M. 1983.

POSTMAN, NEIL: Wir amüsieren uns zu Tode. Frankfurt a. M. 1988.

PROJEKTGRUPPE KINDERFERNSEHEN: Wenn Ernie mit der Maus in der Kiste rappelt. Fischer, 1975.

REGEL, GERHARD / WIELAND, AXEL JAN (Hg.): Offener Kindergarten konkret. Veränderte Pädagogik in Kindergarten und Hort. Hamburg 1993.

REMANN, BARBARA UND SIEGFRIED: Fotografieren mit Kindern. Ravensburg 1976.

RENDTORFF, BARBARA: Geschlecht und Kindheit; psychosexuelle Entwicklung und Geschlechtsidentität; Arbeitstexte für Erzieherinnen, Lehrerinnen und Mütter. Frankfurter Frauenschule (Hg.), Königstein / Taunus 1997.

ROGGE, JAN-UWE: Medienbezogene Elternbildung und Familienberatung als lebenspraktische Sozialisationshilfe. In: Charlton, Michael / Bachmair, Ben (Hg.): Medienkommunikation im Alltag. Interpretative Studien zum Medienhandeln von Kindern und Jugendlichen. München 1990/a, S. 270-280.

ROGGE, JAN-UWE: Kindliche Ängste und die Medien. Bausteine zur Medienerziehung jüngerer Kinder. Baustein 4. Niedersächsisches Kultusministerium (Hg.) 1990/b.

ROGGE, JAN-UWE: »Die Mahlzeit ist immer die gleiche, auf die Soße kommt es an.« Über Märchenhaftes und Archetypisches in Zeichentrickserein. In: medien und erziehung. (3) 1992, S. 125-130.

ROGGE, JAN-UWE: Kinder können fernsehen. Reinbeck 1992.

ROGGE, JAN-UWE: Kinder brauchen Grenzen. Reinbek 1993.

ROGGE, JAN-UWE: Wirkungen medialer Gewalt. In: Zeitschrift für Medienpädagogik: medien praktisch. Heft 1/1993, S. 15-20.

ROGGE, JAN-UWE: Wirkungen medialer Gewalt II. In: Zeitschrift für Medienpädagogik: medien praktisch. Heft 2/1993, S. 20-22.

ROGGE, JAN-UWE: Hören als Erlebnis. Die Bedeutung von Hörkassetten im (Medien-)Alltag von Kindern. In: Schill, Wolfgang / Baacke, Dieter (Hg.): Kinder und Radio. Zur medienpädagogischen Theorie und Praxis der auditiven Medien. Frankfurt a. M. 1996, S. 30-39.

ROGGE, JAN-UWE: Kinder haben Ängste. Von starken Gefühlen und schwachen Momenten. Reinbek 1997.

ROLFF, HANS-GÜNTHER: Kindheit heute. Leben aus zweiter Hand. Herausforderung an die Grundschule. Dokumentation des Bundesgrundschulkongresses, Frankfurt a. M. 1989.

ROUSSEAU, JEAN-JAQUES: Emile oder über die Erziehung. Leipzig (Reclam) 1990.

SCHÄFERS, BERNHARD: Erscheinungsbild und Probleme der Familie heute. In: Kind Jugend Gesellschaft. Zeitschrift für Jugendschutz. (2) 1992, S. 38-42.

SCHEFFER, BERND: Wie wir erkennen. Die soziale Konstruktion von Wirklichkeit im Individuum. In: Funkkolleg: Medien und Kommunikation, Studienbrief 2. Weinheim und Basel 1991, S. 46 - 81.

SCHEU, URSULA: Wir werden nicht als Mädchen geboren – wir werden dazu gemacht. Zur frühkindlichen Erziehung in unserer Gesellschaft. Frankfurt a. M. 1991.

Schill u.a. (Hg.): Medienpädagogisches Handeln in der Schule. Opladen 1992.

SCHMIDBAUER, MICHAEL: Der Markt der kommerziellen Kindermedien: eine Dokumentation. München 1985.

SCHMIDT, HANS-GERD: Kinder reproduzieren ihre Lebenswelt. Praxis der Medienarbeit in Kindergarten, Hort und Schule (GMK Schriftenreihe). Opladen 1988.

SCHNOOR, DETLEF: Sehen lernen in der Fernsehgesellschaft. Opladen 1992.

SCHÜTZ, HELMUT: Didaktische Ästhetik. München 1975.

SCHURIAN, WALTER: Film im Fernsehen. Göttingen 1998.

SIX, ULRIKE / FREY CHRISTOPH / GIMMLER, ROLAND: Medienerziehung im Kindergarten. Theoretische Grundlagen und empirische Befunde. LfR-Schriftenreihe, Bd. 28. Opladen 1998.

SPITZ, RENE: Vom Säugling zum Kleinkind. Stuttgart 1967.

STAUDTE, ADELHEID (Hg.): Ästhetisches Lernen auf neuen Wegen. Weinheim und Basel 1993.

STÖCKLIN-MEIER, SUSANNE: Sprechen und Spielen. Ravensburg 1980.

STÖRIG, HANS JOACHIM: Weltgeschichte der Philosophie. Stuttgart. Ohne Jahresangabe.

STRIEDTER, JURIJ (Hg.): Russischer Formalismus – Texte zur allgemeinen Literaturtheorie und zur Theorie der Prosa. 5. unveränderte Auflage, München 1994.

THEUNERT, HELGA (Hg.): Einsame Wölfe und schöne Bräute. Was Mädchen und Jungen in Cartoons finden. BLM-Schriftenreihe, Bd. 26. München 1993.

THIESEN, PETER: Mit allen Sinnen spielen. Wahrnehmungsförderung in Kindergarten, Grundschule und Familie – über 200 Spielideen. Weinheim, Basel 1996.

TILLMANN, KLAUS JÜRGEN: Sozialisationstheorien. Eine Einführung in den Zusammenhang von Gesellschaft, Institution und Subjektwerdung. Hamburg 1990.

Tippelt, Rudolf: Die Familie als Schutz gegen gesellschaftliche Gefährdungsquellen. In: Kind Jugend Gesellschaft. Zeitschrift für Jugendschutz. (2) 1992, S 43-50.

VOGELSANG, HEIDE: Spielpädagogik: Aspekte und Probleme des Spielens. Göttingen 1994.

WELSCH, WOLFGANG: Ästhetisches Denken. Reclam 1990.

WINNICOTT, DONALD WOODS: Vom Spiel zur Kreativität. Stuttgart 1973.

WOLMAN, BENJAMIN: Die Ängste des Kindes. Wie sie ihrem Kind helfen können, die Tyrannei der Furcht, der Ängste und Phobien zu überwinden. Frankfurt a. M. 1979.

ZACHARIAS, WOLFGANG (Hg.): Gelebter Raum. Beiträge zu einer Ökologie der Erfahrung. München 1989.

ZACHARIAS, WOLFGANG (Hg.): Schöne Aussichten. München 1991.

ZEITSCHRIFT FÜR MEDIENPÄDAGOGIK: medien praktisch: Der geschlechtsspezifische Aspekt. Gemeinschaftswerk der Ev. Publizistik e.V. (Hg.), Frankfurt, Heft 79, August 1996.

ZIMBARDO, PHILIP GEORGE: Psychologie. 6. unveränderte Auflage, Berlin u.a. 1995.

ZIMMER, JÜRGEN: Der Situationsansatz als Bezugsrahmen der Kindergartenreform. In: Zimmer, Jürgen (Hg.): Erziehung in früher Kindheit. Stuttgart 1995, S. 21-38.

ZIPF, JÜRGEN: Die Dinos kommen. In: Bachmair, Ben u.a. (Hg.): fernsehen zum Thema machen. München 1997.